场景传播
Situated Communication

新媒体环境下
移动终端的使用行为
与场景关系研究

*The Relationship Between
the Usage Behavior
and the Situation of Mobile Terminals
in the New Media Environment*

图书在版编目（CIP）数据

场景传播 / 周婷著 . -- 北京：中国书籍出版社，2023.4

ISBN 978-7-5068-9390-9

Ⅰ.①场… Ⅱ.①周… Ⅲ.①传播学 Ⅳ.①G206

中国国家版本馆CIP数据核字(2023)第065893号

场景传播

周 婷 著

图书策划	邹　浩
责任编辑	尹　浩　周　鑫
责任印制	孙马飞　马　芝
封面设计	简如茵
出版发行	中国书籍出版社
地　　址	北京市丰台区三路居路 97 号（邮编：100073）
电　　话	（010）52257143（总编室）　（010）52257140（发行部）
电子邮箱	eo@chinabp.com.cn
经　　销	全国新华书店
印　　厂	北京睿和名扬印刷有限公司
开　　本	710毫米×1000毫米　1/16
印　　张	18.25
字　　数	385千字
版　　次	2023 年 4 月第 1 版
印　　次	2023 年 4 月第 1 次印刷
书　　号	ISBN 978-7-5068-9390-9
定　　价	80.00元

版权所有　翻印必究

可以转发的场景

现在几乎所有人都知道新媒体影响大,因为每个人都是新媒体的用户,今天,可以这么说,如果你不使用新媒体,你就可能会被新媒体使用。换句话说,新媒体会给那些媒介边缘者和远离新媒体的人制造一种媒介压力和焦虑,让他们好像变成了一些脱离信息世界的游牧者。

虽然大家都知道新媒体势不可挡,但是没有多少人能够说清楚为什么新媒体会有如此巨大的影响力,这是我们研究新媒体的方向和任务。周婷的这本书在这方面做了有益的探索,她有在人民日报社媒体融合领域的实践经验和在韩国一年交流的经历,在读博期间跟我交流她对"场景""传播过程"的研究兴趣时,我非常肯定和支持,她以场景传播作为研究重点,力图对新媒体的空间偏向做一些细致的分析,从而合理解释新媒体的场景生产和开发,以及新媒体受众出现的场景幻觉和狂欢。

应该说到目前为止,场景和关系是两个最能够体现新媒体实力的结构元素。在传统媒体时代,场景都是固定化的,就像是电视机的框架,把场景固定在一个符合比例的视觉范围内,以至于在移动终端刚刚出现的时候,我们很难想象如今可以用移动终端看视频。新媒体的场景可以说无处不在,场景变成了可以携带的、可以传播的、可以转发的故事。这与张艺谋团队做的实景演出形成了鲜明对比和反差。互联网时代的场景是一种虚景,不过,这种虚景并非假景,而是虚拟现实的场景。

周婷的场景传播研究与之前的相关研究比较有一个明显的创新，就是她的研究侧重于人文的角度，而不是营销的角度。虽然她是文科出身，但是这并不妨碍她用定量的方式来研究场景传播，如今是融合的时代，不仅仅人们研究的内容是融合的，与此同时，研究方法也是融合的。研究人、场景、传播的关系是复杂且有难度的，写作中她也遇到了各种难以避免的写作瓶颈，但她一直都积极沟通找我讨论，问题一一解决，作为她的第一本学术专著，青涩中露有锋芒，可见其对研究问题的思考力。

至今为止，对媒介的研究似乎更多的集中在时间维度上，这也难怪，因为媒介的时间性一直都是最有冲击力的，给我们留下了深刻的印象，从新闻的时效性到地球村，我们自始至终都在与信息打交道。无论是说时间消灭空间，还是说时间征服或者驯化空间，我们看到的好像都是时间对空间的统治。正是在这个意义上，对空间的研究就显得格外重要，而场景就是空间研究的一个有趣的部分。今天对空间的研究恐怕不能是为空间而空间，至少应该是辩证地看待人类发展到现在的时空观，时间可以挤压空间，但是，时间却不能否定空间，正如现实不能否认历史，人类文明和文化都是产生并且保留在空间里的。

移动互联网给我们带来了移动的空间，这不是房车的概念，它是可以被转发的场景，是可以缺席审判的场所，是可以永远用现在来标注的场地。在我们被时间困住的时候，我们似乎获得了空间上的解放。我们不仅仅可以在网上匿名，还可以匿位置，这意味着没有人知道我们来自于哪里，或者要到哪里去，大家只是知道我们现在在哪里。我们实现了一种网络的存在主义。

场景的概念在中文里面容易和戏剧联系起来，类似的词语有布景和换景，还有转场。实际上，如今流行的景观一词也有这样的色彩，包括张艺谋出品的大型实景演出。西方的戏剧三一律就反映了人们对时空的朴素认识，时间和空间不仅仅要统一，并且虚拟时间和真实时间也要统一，也就是说，人们心目中的时间和现实时间是统一的，历史的时间和现在的时间是统一的。这不是今天的穿越剧，恰恰相反，它是反穿越的。

我们看不见时间，但是，我们可以看到空间。所以，时间必须通过一种媒介物表现出来，比如说，时钟，甚至是钟楼的声音。时间对我们来说是一种间接的存在，而空间对所有人而言都是一种直接的存在。空间通过我们的眼睛反映出来，用现在时髦的话说，就是空间注意力。

今天，我们已经可以看得比较清楚的就是新媒体的注意力阶段，也可以称之为新媒介发展的第一阶段，这个阶段最明显的特点就是新媒体把本来应该属于传统媒体的注意力都吸引到自己那里来了。说明新媒体的吸引力已经大大超过了传统媒体。反过来说，传统媒体的第一阶段并非是以吸引受众为主，而是内容为王，或者说是内容取胜，酒香不怕巷子深。接下来，就是传统媒体的第二阶段，我们可以称之为传播阶段，就是力图通过优秀的传播技巧来把好的内容传达给受众。这样一来，我们基本上就已经见识过传统媒体的传播全过程，而对新媒体的第二阶段，我们现在似乎还一无所知，或者至少是知之甚少。我们所看到的好像就是新媒体把传统媒体的第二阶段提前到了自己的第一阶段。而在新媒体的第一阶段中，场景是一个关键概念。

如今广播电视的戏剧化，或者说整个媒介的戏剧化都在某种程度上暗合了媒介的场景化。这一次新媒体对空间的生产和消费佐证了媒介化社会的到来，其中场景就是视觉化的空间，这一点非常重要，因为今天的时间是通过空间来表现的。

我们可以把短视频作为案例来考察新媒体时代的场景变化，短视频是目前为止非常直观的一种媒介形态，它和碎片化传播不谋而合。碎片化传播并不等同于琐碎化传播。短视频给我们一个错觉，好像短视频只是一种时间上的改变，而没有空间方面的改进。实际上，互联网是移动的，换句话说，连接本身就意味着移动，而长视频本身突出的是固定和稳定，所以，我们能够理解为什么电视需要固定在电视机上。好多人说长篇大论的时代过去了,现在是轻装上阵,说的就是场景已经变成了一种语境。

(刘宏,中国传媒大学教授、博士生导师)

/ 场景传播 / SITUATED COMMUNICATION

目 录

序　可以转发的场景 / 001

绪　论 / 001

　　第一节　研究缘起 / 002
　　　　一、研究背景 / 002
　　　　二、研究问题的界定 / 006
　　第二节　国内外相关研究综述 / 011
　　　　一、国外研究综述 / 011
　　　　二、国内研究综述 / 013
　　　　三、研究特点和存在问题 / 024
　　第三节　研究思路 / 026
　　　　一、研究方法 / 027
　　　　二、研究框架 / 028
　　　　三、研究创新性 / 030

第一章　场景传播的定义、理论溯源 / 031

第一节　新媒体语境下重新定义场景 / 032
　　一、场景的概念溯源及相关概念辨析 / 032
　　二、新媒体环境下场景的重新定义 / 040
第二节　场景传播在传播学中理论中的位置 / 041
　　一、从拟剧理论到媒介场景理论 / 041
　　二、媒介人性化趋势成为场景传播研究的立足点 / 045
　　三、与场景传播相似的概念区分 / 046
第三节　场景传播理论与社会学科理论的关系 / 049
　　一、发展心理学：人类行为的场景层次 / 049
　　二、社会互动理论：行为的场景意义 / 051
　　三、媒介现象学：媒介场景即社会生活场景 / 052
第四节　场景传播的定义 / 053
本章小结 / 056

第二章　新媒体与场景传播：传播的时空转向 / 057

第一节　新媒体—新场景—新时空观 / 060
　　一、对时间的影响：工业化—媒介化—场景化的演变 / 062
　　二、对空间的影响：边界的模糊与社会场景行为的重构 / 066
第二节　场景传播对传播时空的方法论意义 / 073
　　一、场景传播的时间观：传播的时宜性 / 073
　　二、场景传播的空间观：空间与媒介的融合 / 075
　　三、基于时空维度的新媒体环境下场景传播的分类 / 076
本章小结 / 080

第三章　场景传播的特点与新传播模式的建构 / 081

第一节　"身体"与"在场":场景传播下的质变 / 082
　　一、身体的绝对在场到"不在场"的在场 / 084
　　二、场景传播对"在场感"的提升 / 086

第二节　人性化传播:社交关系与心理氛围的适配 / 088
　　一、场景是人的延伸 / 089
　　二、场景传播:冷热交替、人媒交互 / 090
　　三、社交关系:可定制、可分享的传播 / 091
　　四、心理氛围:情感的、功能的传播 / 093
　　五、体验的传播:场景传播对人的适配 / 095

第三节　场景传播要素下的传播新模式 / 098
　　一、与"场景"有关的传播模式 / 098
　　二、场景传播模式 / 103

本章小结 / 106

第四章　移动终端使用的行为与场景关系调查综述 / 107

第一节　研究方法与问卷设计 / 108
　　一、问卷基本情况 / 108
　　二、理论框架及调查指标 / 109
　　三、问卷结构设计 / 112
　　四、测量方法 / 115
　　五、问卷的前测 / 115
　　六、问卷的正式发放和选择 / 117

第二节　调查样本的描述性统计 / 117

　　一、2021年调查样本的人口统计特征 / 117

　　二、2018年调查样本的人口统计特征 / 121

第三节　用户使用移动终端的类型与特点 / 124

　　一、用户使用移动终端的类型 / 124

　　二、移动终端使用的频率 / 125

　　三、移动终端的优缺点 / 126

第四节　用户使用移动终端的场景因素 / 128

　　一、用户使用移动终端的时间因素 / 129

　　二、用户使用移动终端的空间因素 / 142

　　三、用户使用移动终端的社交关系因素 / 148

　　四、用户使用移动终端的心理情绪因素 / 152

本章小结 / 157

第五章　手机的场景传播影响因素验证 / 163

第一节　影响手机传播内容和形式的场景因素 / 164

　　一、研究假设和研究方法 / 164

　　二、实证研究 / 165

　　三、研究结论 / 171

第二节　手机功能使用的场景因素 / 180

　　一、研究假设和研究方法 / 180

　　二、实证研究 / 181

　　三、研究结论 / 192

本章小结 / 203

第六章　场景传播的意义与反思 / 205

第一节　主观的融合：场景传播对传播的影响 / 207
　　一、传播内容：场景化的表达 / 207
　　二、传播形式：场景体验的适度与过度 / 208
　　三、传播过程：嵌入的关系互动与传统媒体的延伸 / 211
　　四、传播的真实性：场景的促进与阻碍 / 213

第二节　交流的无奈：场景传播对社会的影响 / 214
　　一、社会关系：信任的普遍化与不稳定性 / 215
　　二、社会认知：身份的叠加与认同的改变 / 217

第三节　消失的边界：场景传播对文化的影响 / 220
　　一、人的主体性的解放与束缚 / 221
　　二、场景化生存与人的异化 / 223

本章小结 / 225

结　论 / 227
后　记 / 235
参考文献 / 239
附　录 / 249

场景传播

SITUATED COMMUNICATION

绪 论

看过哈利·波特系列电影的朋友记得魔法界巫师们每天必看的会动的报纸——《预言家日报》吗？在预言家日报中，每种新闻图片上的人物会像动画一样移动，像纪录片一样配合着旁边的文字进行着新闻事件报道的自动播放。作为魔法界的第一大报，通过魔法轻易地实现了增强现实（AR）的效果，一张平面的报纸还包含图片、声音、视频等形式。我们惊讶甚至期待现实生活中也有这样的报纸，或者更多的要求是，当我们看到这些增强现实的报纸的同时，还可以根据我们的爱好进行点击，通过音频、视频学习报纸内容之外的东西，而这样的"魔法报纸"正在逐步成为现实。

2014年，科技领域的两位记者罗伯特·斯考伯和谢尔·伊斯雷尔的《即将到来的场景时代：大数据、移动设备、社交媒体、传感器、定位系统如何改变商业和生活》为读者们描述了未来25年互联网将进入的场景时代，并介绍了该时代的五种场景原力（大数据、移动设备、社交媒体、传感器和定位系统）及它们的联动效应。这个时代不仅有"魔法报纸"，还有各种还存在在你想象中的东西，一个万物互联的技术与人生态发展的时代，而这样的时代对于传播、对于人和社会而言意味着什么？

第一节 研究缘起

一、研究背景

传播活动总是在特定的时间、空间组成的场景中进行的，安东尼·吉登斯认为"社会系统的时空构成恰恰是社会理论的核心"[1]，时空关系不

---

[1] 安东尼·吉登斯. 社会的构成 [M]. 李康，李猛，译. 北京：三联书店，1998：195-196.

仅被看作是社会分析的边界，也是哲学、政治学、人类学等社会学科的分析框架，在这些学科的话语中，时间和空间通常是两种概念。大多数学者认同第二次世界大战以前，哲学社会科学的研究聚焦于时间性范畴，而20世纪下半期，哲学社会科学则呈现出整体的"空间转向"[1]。德国哲学家海德格尔较早地注意到了现代科学技术所带来的时空体验，他在1950年的一次演讲开篇中说道："时间和空间中的一切距离都在缩小。"[2]

英尼斯在互联网传播时代之前提出"媒介的时空偏向论"，将具有易于长期保存但却难以运输的媒介称为"偏向时间的媒介"，将易于远距离运送但长久保存性差的媒介称为"偏向空间的媒介"，前者代表性的媒介有建筑、石刻，后者代表性的媒介有文字、纸张。时空偏向论是一个相对的概念，偏向时间、空间的媒介不代表不具有另一方的特点。随着传播技术的进步和发展，互联网、移动终端等新媒体的出现被视为重塑了传统的线性的传播时空观，提高传播速度的同时也缩短了实际的传播距离，但同时也显示出了传播时间、空间的复杂性，也改变着整个社会对时间和空间的认知和态度，颠覆着人们传统的媒介观、工作观、生活观。移动终端不仅成为人的延伸，某种程度上也成为社会的延伸，建构了新的媒介系统和社会系统，这种包含时空元素的新的系统通常被描述为"场景"。

"场景"在当下是一个在新闻传播学研究领域的热门词汇，大部分国内学者认为"场景"概念进入到传播学领域最早是通过《即将到来的场景时代：大数据、移动设备、社交媒体、传感器、定位系统如何改变商业和生活》。书中所描绘的场景时代更多的是指和人们日常生活相关的服务场景、生活场景时代。2018年1月，中国互联网络信息中心指出："2017年，移动互联网主要呈现三个特点：服务场景不断丰富、移动终端规模加速提

---

[1] 冯雷. 理解空间：现代空间观念的批判与重构 [M]. 北京：中央编译出版社，2008：1.
[2] 海德格尔. 海德格尔选集（下卷）[M]. 孙周兴，译. 上海：三联出版社，1996：1165.

升、移动数据量持续扩大。"①其中服务场景不断丰富，表现在各类综合移动应用平台不断融合社交、信息服务、金融、交通出行及民生服务等功能，打造一体化服务平台，扩大服务范围和影响力。

　　如何让传播更好地融入日常的服务场景、生活场景也成为当下新媒体传播实践研究的着眼点。2015年，胡正荣教授从媒体融合角度指出，Web3.0即场景媒体时代已初露曙光，其特征为场景、细分和垂直、个性化服务。这个时代就是对内容、用户价值进行利用和拓展，要对价值进行深度开掘。每个人的角色都是在特定时间、空间、情境、场合和需要中实现和完成的，而围绕个体存在的这一切就是场景。这就需要以用户为中心（UC），位置为基准（LBS），服务为增值价值（VA）的思路和做法。这个时代的支撑技术有IT技术、大数据技术，还要有人工智能技术。②彭兰教授也指出："场景成为了继内容、形式、社交之后媒体的另一种核心要素。"③梁旭艳老师认为，在移动互联网高速发展的背景之下，掌握场景传播的意义至关重要。对于个人而言，了解场景传播可帮助我们清楚地了解和适应这一时代；而对于企业而言更是利益攸关，企业需要树立场景意识，才能够在新一轮的场景之争中占得先机，赢得商机。④

　　场景的研究需要与在场景中的人的行为结合起来，这里人的行为主要指人的使用行为和对场景的感知及表达，受到社会等环境的综合影响，媒体技术的发展无疑改变了人类行为的方式。中国互联网信息中心（CNNIC）在2022年9月发布的第50次《中国互联网络发展状况统计报告》显示，截至2022年6月，我国移动终端网民规模达10.47亿，网民使用移动终端上网的比例达99.6%，使用台式电脑、笔记本电脑、电视和平板电脑上网

---

① 第41次《中国互联网络发展状况统计报告》[R/OL].（2018-01-31）.http://www.cnnic.net.cn/hlwfzyj/hlwxzbg/hlwtjbg/201803/P020180305409870339136.pdf.
② 胡正荣.传统媒体与新兴媒体融合的关键与路径[J].新闻与写作，2015（5）：24.
③ 彭兰.场景：移动时代媒体的新要素[J].新闻记者，2015（3）：21.
④ 梁旭艳.场景传播：移动互联网时代的传播新变革[J].出版发行研究，2015（7）：53.

的比例分别为33.3%、32.6%、26.7%和27.6%。[①]手机等移动终端成为当下网民使用程度最高的媒介,并深入到人们日常生活的各种场景——商场、餐厅、交通工具上等,甚至走路时都能随处看到使用手机的"低头族"。2004年,保罗·莱文森在《手机,挡不住的呼唤》一书中指出,手机的出现让人类最基本的两种一开始分开的功能:说话和走路整合起来,打破了生活中使用媒介场景的固定性、现实性。移动场景、虚拟场景的出现,相较于传统媒体所营造的媒介场景,手机等移动终端所营造的场景打破了场景的时空壁垒和场景中人的行为壁垒,人们在移动终端场景中出现了不同于传统媒体场景中新的需求、新的行为,这也是对手机等移动终端的场景传播研究的逻辑起点。

近年来,我国围绕手机等移动终端的研究数量成幂数增长,但围绕场景元素的相关研究较少,且比较分散,未成系统,上述的几位学者的研究也主要围绕场景的定义、要素和意义几个方面。本研究是关于场景传播的研究,也是对新的传播形态的研究,更是对传播与社会文化关系的研究。研究内容上,本研究将从以场景传播概念的界定、理论历史的发展为"面",梳理传播因"场景"这一元素的改变而产生的一系列变化,并分析新媒体对于"场景"的改变,以期对场景传播形成统一的、完备的理论体系做出积极的尝试。同时,本研究以移动终端的场景传播为研究的"点",通过问卷调查、深度访谈的量化和质化研究结合的形式,对用户使用移动终端的行为与移动终端的场景之间的关系做出实证研究。

实践方面,本研究基于前人学者的研究成果,从移动终端的场景传播角度,从用户的视角,将重点研究用户使用移动终端的时间、空间、社交关系、心理(情绪)因素、功能的场景元素,构建新媒体环境下场景传播的研究框架,这也是顺应当下媒体转型、融合的趋势,以"人"为中心,

---

[①] 第50次中国互联网络发展状况统计报告[R].2022(2).http://cnnic.cn/NMediaFile/2022/1020/MAIN16662586615125EJOL1VKDF.pdf.

研究场景传播对构建新的媒介生态和社会关系等方面的影响。

二、研究问题的界定

研究之初，研究者只是有这样一种感觉，一种新的传播形态在影响着当下人们的日常生活，这种新的传播形态到底是一种新的媒介、新的传播模式，还是只是新的传播特点？这些都并不明确，带着这样的疑惑，按照传统的传播学研究基本框架：传播者、媒介、受众，本研究将从人们使用最多的移动终端出发，尤其以移动终端为代表引发的场景变化为入口，主要研究场景、移动终端、用户的关系，关注移动终端的新场景引发的用户行为模式的变化及其对传播、社会带来的影响，这引发的研究设问有：

从场景传播的理论与历史的角度：

1. 什么是场景？场景传播如何定义？

2. 场景传播对传播学理论有什么发展？

3. 场景传播对传播的变迁有什么影响？与社会、文明的进程有什么关系？

从场景传播与移动终端这一新媒体关系的角度：

1. 移动终端使用的场景有哪些？移动终端带来了怎样的媒介使用场景的变化？

2. 移动终端带来的新场景对传播模式和传播内容产生了什么影响？

3. 人在移动终端的使用中的场景意识是如何产生的，其社交关系和心理是怎样的？

从场景传播与移动终端文化的角度：

1. 移动终端这一新的场景带来了怎样的新的媒介文化？

2. 人们在新的移动终端场景文化中发生了怎样的行为改变？

3. 移动终端的场景传播带来的新的文化有哪些积极的和消极的影响？

除以上三个方面的研究设问外，本研究也试图探索场景传播对未来人类的传播内容、传播方式将产生怎样的影响？未来人类的传播将走向何处？研究中，研究者也试图在新媒体环境下对题目中场景、场景传播的概念做出界定。

（一）新媒体环境下的场景概念：**系统、数据、连接**

在传播学中，场景的概念不是一个新的概念，任何的传播都在一定的场景中进行，在传播学的研究中都零零散散地涉及场景的议题，只是没有形成系统的理论体系。新媒体环境下，场景的概念重回人们的视野，可以说是从一个较为边缘的状态有试图往主流的传播学研究进军之势，主要是伴随着5G、VR（虚拟现实）、AR（增强现实）、语音识别技术等新媒体技术引发的变革，让"场景"成为在当下的传播中不可忽视的重要元素，学界也亟待建立以"场景"为关键词的研究体系。

目前，关于场景的概念，学界尚缺乏准确的定义。"场景"在国内新媒体环境下提出是在彭兰的《场景：移动时代媒体的新要素》一文中，她指出场景成为继内容、形式、社交之后媒体的另一种核心要素，中国使用的"场景"更多的对应的是英文"Context"，并从广义的角度将"场景"定义为同时涵盖基于空间和基于行为与心理的环境氛围，[1]同时总结了空间与环境、实时状态、生活惯性、社交氛围是构成场景的四个基本要素。场景分析的最终目标是要提供特定场景下的适配信息或服务。[2]

赵建国以梅洛维茨的媒介场景理论为基础，认为场景是后工业社会发展模式创新研究的核心范畴，"场景即场面，它包括物质环境、社会氛围、人的活动、社会事实，场景就是一种社会空间、一种社会景观，它是设施、

---

[1] 彭兰. 场景：移动时代媒体的新要素[J]. 新闻记者，2015（3）：21.
[2] 同上.

组织、机构、活动等的总成"①。

邵书锴认为，场景是指人与周围景物的关系的总和，②其最为核心的要素是场景与景物等硬要素，以及与此密切相关的空间与氛围等软要素；并提出场景理论至少由数据迁移、图谱关系、感觉模仿、小数据、终极场景五个方面组成。场景建构的操作方法包括开发移动终端传感技术、利用好20秒规则、广泛借力可穿戴技术、运用蓝牙智能信号APP、重新思考隐私概念。③

喻国明、梁爽从界面的角度将场景理解为"场"，即场所、场域，是物质承载和信息传递的依托界面；"景"，即受众的一种内在模式，它基于个体的生活、教育、文化背景等，在某方面产生需求，从而衍生出一系列的信息交换。④同时，喻国明也指出场景是对于用户使用传播时的一种基于时空环境的规定性。这种规定性即对于人们接触、选择和使用内容该产品给予一定的"屏蔽"和限定，也为某种与"场景"需求相吻合的信息提供了长驱直入的可能性。⑤

Liang G Q 和 Cao J N 在 *Social Context-AwareMiddleware: A Survey* 一文中从技术层面上对场景尤其是社会场景进行定义，认为社会场景指的是不同用户相互关联的特征，如社会纽带和群体行为。⑥

马宁指出，场景是一种典型的空间描述，在相对固定的地点，时间、人物、事件等信息元素可进行多种组合。在电影、电视和戏剧等专业传播形态中，场景是构成剧目叙事的重要单元；在日常生活中，场景是进一步

---

① 赵建国. 身体在场与不在场的传播意义[J]. 现代传播，2015（8）：58.
② 邵书锴. 场景理论：开启移动传播的新思维[J]. 新闻界，2015（1）：44，39.
③ 同上：39.
④ 喻国明、梁爽. 移动互联时代：场景的凸显及其价值分析[J]. 新闻与传播研究，2017（1）：12.
⑤ 喻国明. 用"互联网+"新常态构造传播新景观[J]. 新闻与写作，2015（6）：42.
⑥ Guanqing Liang, Jiannong Cao.Social Context-AwareMiddleware: A Survey. Pervasive and Mobile Computing Journal (PMCJ), 2015(2): 207-219.

泛化的情境描述，常用来指代某些具有特别意义的事件；而在数字化设计，如 3D 建模、Flash 制作、游戏开发中，场景是虚拟呈现最为核心的构成要素。[1]

以上学者的定义涵盖对场景的特征、要素的总结，认为场景是一个以空间为基础的包含多种元素的概念，鲜有学者深入分析场景概念的由来及传播学的意义，大部分学者从营销学、戏剧影视学探讨场景的概念，认为场景是一个强调新的技术、用户及与用户相关的因素之间的关联性。

（二）场景传播概念的出现：实时、适配、连接、体验

与场景概念一样，目前所搜集的文献中缺少对场景传播的明确定义。场景传播的研究在国内最早被明确提出是在梁旭艳的《场景传播：移动互联网时代的传播新变革》中，文章提出移动互联网时代的场景传播，是基于特定时空下，也即具体场景下的个性化传播和服务。[2]并总结了场景使"时空消失"的速度至上转变"时空一体"的适时体验，由"注意为经济"转向"意向经济"的功能。蒋晓丽、梁旭艳指出，场景传播实质上就是特定情境下的个性化传播和精准服务，[3]场景的作用具体体现在三个方面：场景是商品符号价值的决定力、场景是青年亚文化符号社群形成的助推力、场景链接是流行的引爆力。

严小芳通过精准传播来定义了场景传播，认为 Web3.0 时代的场景传播实际上是精准传播在理念和技术层面的升级换代，[4]并指出，场景传播中的精准已经不再是简单的内容和渠道上的精准，而是包括用户体验在内的时空一体化精准，它兼顾了用户当前所处时间、空间特征和情绪、心理、

---

[1] 马宁. 移动互联网络的场景构建与传播模式变迁 [J]. 现代传播，2016（6）：138.
[2] 梁旭艳. 场景传播. 移动互联网时代的传播新变革 [J]. 出版与发行研究，2015（7）：53
[3] 蒋晓丽，梁旭艳. 场景：移动互联时代的新生力量——场景传播的符号学解读 [J]. 现代传播，2016（8）：12.
[4] 严小芳. 场景传播视阈下的网络直播探析 [J]. 新闻界 .2016（15）：52.

兴趣、意愿等多重需求，并基于此展开交互式信息传播，从而实现了精准传播从单线到多维、从平面到立体、从静态向动态的飞跃。

《移动新闻的用户场景传播》一文总结了移动新闻的用户使用场景呈现多维扩张、虚拟社群、跨时空互动的特点，除了题目外，内容并未见对于场景传播的概念解释。① 《封面新闻：技术驱动下的场景传播》一文以封面新闻为例，分析了场景与新闻信息传播的关系，总结了封面传媒算法推荐与用户画像两种场景传播的实践。② 《场景传播：城市 APP 未来发展的一种探索——基于江苏省三家城市 APP 的考察》中提到场景传播的操作路径是通过感知用户所处的场景，匹配恰当的服务，为用户提供"适时体验"。③

综合以上学者对于场景传播的界定，场景传播主要的关键词有：特定的、具体的情境或场景，适时的、精准的、个性的服务或体验。但以上的关键词仅局限在实践意义上的场景传播，即场景传播是一种服务或者体验，并没有指出场景传播对传播、人及所在的社会的影响。本研究认同严小芳在对于场景传播的三个新媒体属性的描述：适配式传播、社交浸润式传播、时空融合的体验传播。实时、连接、适配、体验确实是场景传播的关键词，但本文认为"场景"的定义应有狭义和广义之分，狭义上的"场景"包括当下所依靠的数据、感知技术，也包括未来可能出现的新媒体技术；广义上的"场景"应包括社会大背景，还有人历时的、具体的、实时的场景，可以是现实的，也可以是虚拟的。这里的"人"包括传播者和接受者，是社会中大多数的个人，而不是一类人或所有人。

---

① 杨惠涵，吴心悦. 移动新闻的用户场景传播 [J]. 新闻战线，2018（7）：94.
② 王军峰. 封面新闻：技术驱动下的场景传播 [J]. 视听，2018（2）：13-14.
③ 陈田雨. 场景传播：城市 APP 未来发展的一种探索——基于江苏省三家城市 APP 的考察 [J]. 青年记者，2017（11）：100.

第二节 国内外相关研究综述

本研究除了围绕移动终端的场景传播用户使用行为与场景关系进行问卷调查和实证分析之外，更主要的是利用已有的场景传播相关的文献资料进行研究，为本研究完成做出贡献的文献资料主要来源于两个方面，一是以传统媒介场景理论为代表的媒介环境学、媒介地理学研究；二是社会学、心理学中有关行为分析学的研究。麦克卢汉、英尼斯、莱文森等学者关于传播时空的理论和媒介技术的理论，鲍威尔斯的传播分层模型，詹姆斯·W·凯瑞的仪式传播理论等。在社会学理论方面，从社会互动理论和拟剧理论论述场景与新媒体的关系；在传播学理论方面，从景观理论、时空偏向理论、互动仪式理论等论述新媒体构建的场景的价值、意义和可能产生的传播方面的问题；在心理学理论方面，从发展心理学、使用与满足、自我认同等理论进行分析用户在不同场景中心理因素对媒介使用行为的影响。

一、国外研究综述

场景的研究由来已久，主要见于人文科学、社会科学中的许多学科，如修辞学、语用学、社会心理学、美学等，这些学科中都有提到类似"场景"的概念，如"情境""语境""上下文"等，但传播学的研究并不多见，这为传播学的研究提供了一个跨学科的视角。场景在英文的译著文献中有多种翻译，常见的如 Context, Scenery, Situation, Setting, Field, Place 等。

研究者更赞同 Situation 的翻译，因为从词源中包含位置和行为的概念即"manner of being situated; location or position with reference to environment"（在环境中的行为；以环境为参考的位置）。本研究以"Situated

Communication"为关键词，在西文数据库 Proquest-Academic Research Library 搜索引擎中进行查询，并将搜索范围限定在学术期刊及会议论文、记录之中，搜索结果从1972—2021年（数据截至2021年10月15日）为1019728篇。文章包含的主要主题如图0.1所示：

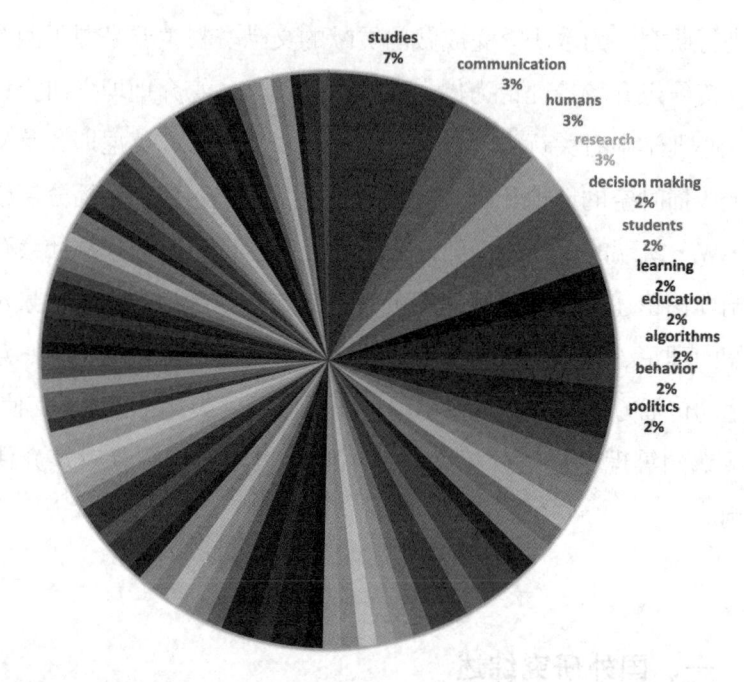

图 0.1　场景传播的英文研究文献统计（1972—2021年，数据截至2021年10月15日）

从图0.1可以看出，英文的文章研究主题集中在戏剧、电影、纪实、文化、音乐、历史、民俗语言等领域，具体而言只是将场景作为戏剧、电影传播中的要素进行研究，这也和场景一词起源于戏剧、电影中的画面有关，除此之外，也有从语用学、人机交互角度对于场景传播的研究。

A Cognitive Account of Situated Communication 从认知科学的角度，解释了人机互动是在场景中进行物理世界和精神世界的整合，认为物理世界

是精神世界的象征符号，并说明 Situated Communication 的定义是整合了 situation，scene，scenery，scenario 的概念，强调精神世界和物理世界通过场景传播进行相互作用。①

英文的研究也多从技术、技巧层面进行分析，或指出场景在其中的作用，将媒介、场景和传播结合起来进行的研究较少。

国外与场景传播相关的研究众多，从布尔迪厄的场域理论到西方的媒介环境学派的媒介场景论，尤其以英尼斯、麦克卢汉、尼尔·波兹曼、莱文森、约书亚·梅罗维茨等学者为代表的关于媒介技术、媒介环境的论述都成为本研究重要的理论来源，将在第一章详细叙述。

除场景与场景传播的研究之外，国外关于移动终端的研究较多，集中于信息技术领域，新闻传播领域的研究较少，在中国知网（CNKI）上以 mobile devices 为关键词搜索，截至 2020 年 1 月，共搜索到一万余篇外文文献，集中在 2008 年以后，2016 年是一个高峰，关键词集中在 smartphone（智能移动终端）、information privacy（信息隐私），讨论移动终端和传播关系的研究较少。

二、国内研究综述

（一）关于场景的研究

国内期刊文献的新闻传播中关于场景的研究始于 2004 年，2015—2017 年，每年以"场景"为主题的论文有几千余篇，达到一个研究高峰。国内迄今为止关于场景的研究有吴声的《场景革命》（2015）、徐琳然的《新

---

① 参见：Ardito, Rita B, Bara, et al. (2002). A Cognitive Account of Situated Communication. Proceedings of the Annual Meeting of the Cognitive Science Society, 24. Retrieved from https://escholarship.org/uc/item/5zb956gh.

商业时代移动互联网时代的场景革命》（2016）、孔斌的《场景营销——互联时代企业制胜的方法+应用+实践》（2016）等，都是对场景在商业中的实践尤其是在新媒体营销方面的论述。

就目前所搜集到的文献来看，关于场景的研究主要有以下两个方面：一是对场景的概念研究；二是把场景理论当作对某一传播现象的背景解释或理论支撑。

场景概念的研究主要是针对场景与相似的词语之间的辨析、场景的英文翻译的辨析等，如从心理学、语用学和传播学的视角，研究传播过程中情境、社会场景和语境的本质属性，研究认为，这一组概念指称的是传播活动中主体的主观心理因素的集合体，社会场景是在特定的传播活动中，与具体的传播活动"共生"的、作用于符号信息而又不属于符号自身的、传播主体与符号作品之间的"中介场"。社会场景的基本特征是主观性、完整性、可变性和个体差异性。[①]

《情境即信息：兼论新媒体传播情境的三重特性》从历史的角度梳理了传播情境的含义，并指出传播情境就是对特定的（交流）传播行为直接或间接产生影响的"外部"事物、条件或因素的总称。[②]

《弹幕、场景和社会角色》中对场景的英文翻译 situation 和 context 进行了辨析，认为伯特·斯考伯使用的"场景"（context）一词与梅罗维茨的"场景"（situation）虽然表述和用词不同，但都是指信息环境，前者指向具体的媒介内容，后者指向媒介本身，并认为移动应用技术构建的具体的内容"场景"（context）是基于梅罗维茨"新媒介——新情境——

[①] 冯炜.社会场景传播主体的心理场[A]//全球信息化时代的华人传播研究：力量汇聚与学术创新——2003中国传播学论坛暨CAC/CCA中华传播学术研讨会论文集[C].上海：复旦大学出版社，2004：179.

[②] 原平方.情境即信息：兼论新媒体传播情境的三重特性[J].现代传播，2015（6）：22.

新行为"的媒介"场景理论"（situation）的一场新的媒体实践。[①]

《场景：一个传播学概念的界定——兼论与情境的比较》一文是在原平方的文章基础上着重探讨了场景与情境的异同，观点也颇为相似，认为 situation 多翻译为情境，情境包括场景，场景是移动互联时代的情境，出现了新的特质，如互动的、时空融合的。[②]

上述的几种对场景概念的探讨一定程度上帮助我们厘清了场景的部分特征，但都比较局部，如《社会场景传播主体的心理场》一文中认为，社会场景是主观心理因素的一部分，《弹幕、场景和社会角色》中将"场景"（context）视为指向内容的新的媒体实践，但研究者认为场景的含义应有广义和狭义之分，广义的场景包括社会场景。对场景在移动互联网时代的新意义，后面两篇均有涉及，但对于场景是否应该被翻译为"context"还是"situation"只是给出了解释，认为 situation 的翻译应该是情境，context 是场景当下含义的翻译。研究者认为 context 更接近的翻译应为"语境""上下文"，偏向连接的含义，但不足以解释"场景"包含的时空背景。研究者更赞同 situation 作为对场景的翻译，只有用 situation 作为场景的翻译，才能对在移动互联时代，新媒体如移动终端创造的媒介场景与社会场景、自然场景之间的关系研究作出合理的分析，因为场景不仅仅只提供内容。

对于用场景理论来解释当下的传播现象，相关的硕士论文较多，主要是以场景的理论为出发点，从媒介、品牌传播、受众等角度做实践层面的研究，如《幕后的表演——场景理论视角下的网络直播》《"场景"在移动媒体新闻传播中的应用研究》《移动互联网时代的场景营销研究》《场景视域下的星巴克品牌传播》等。对场景所作的专门研究较少，以研究场

[①] 谭雪芳.弹幕、场景和社会角色的改变[J].福建论坛（人文社会科学版），2015（12）：140.

[②] 梁旭艳.场景：一个传播学概念的界定——兼论与情境的比较[J].新闻界，2018（9）：58-59.

景和行为的关系为主的有程蕾的《作为场景的社交媒体对个体行为的影响研究——基于"安大合工大京东派福利社群"微信群的个案考察》，文章基于"安大合工大京东派福利社群"微信群的个案考察，对于微信场景对个体行为产生的影响进行了探究，谈国鹏的《论社交网络场景的建构和影响》借助媒介场景的视角，试图揭示社会化媒体建构社会网络场景的特点：社交性、虚拟性，并尝试找出新场景的出现对现有社会场景的影响，及新场景下受众行为的变化。[1]

博士论文中，迄今对于场景的研究有《"场景"即生活世界——媒介化社会视野中的"场景"传播研究》，文章通过场景技术、场景生产、场景传播三个部分完整地描述了场景的社会化生产全过程，关注场景对人的主体性的影响、媒介化的生活、场景化的叙事。其研究将场景等同于网络化、新媒体化，少有对于现实场景、虚拟场景的关注。在少量的论文中，场景成为其研究的一部分，如《表演的狂欢：网络社会的个体自我呈现与交往行为——以微博客使用者之日常生活实践为例》中，从受众的交往场景的理论视角，通过深度访谈研究以微博客为例的新媒介形态下的社会交往行为，尤其是新型移动互联网受众的行为进行研究，对本研究有一定的借鉴之处。《互联网交往形态的演化》一文从历史学的角度，以媒介环境学的技术文化史为视角在其中一节讨论了媒介技术重构互联网交往的场景。

国内期刊中研究"场景"的热潮主要基于 Web3.0 的媒介进化语境，在移动互联网对媒介生态格局发生巨大影响的背景下，从传播模式、传播技术、传播环境的角度对场景进行定义。国内学者大部分认为"场景"概念进入到传播学领域最早是《即将到来的场景时代：移动、传感、数据和未来隐私》，书中将大数据、移动设备、社交媒体、传感器、定位系统定义为场景的五种原力。

---

[1] 谈国鹏. 论社交网络场景的建构和影响[D]. 苏州：苏州大学，2012：6-39.

（二）关于场景传播的研究

以场景传播为主题的硕博论文几乎没有，相关的两篇一是《少数民族题材影视作品的仪式场景传播》，文章从仪式的角度，研究少数民族文化场和异文化场这两个文化范畴内少数民族文化信息的传播模式。《场景革命下的品牌传播——以耐克跑步为例》以场景为研究入口研究移动互联下品牌传播的解决方案。与场景的研究一样，这两篇场景传播的研究更着眼于场景在互联网背景下的营销实践意义。

国内关于场景传播的理论专著有梁旭艳的《空间视角下的场景传播研究——以社会化媒体为切入点》（2019），该研究以社会化媒体为切入点，从空间视角主要论述了场景传播中的空间与时间、空间与技术、空间与权力、空间与主体、空间与交往。还有学者围绕场景的时空元素进行的研究，如邵培仁的《媒介地理学》（2010）。媒介地理学是一门研究人类同媒介、社会、地理的相互关系及其互动规律的学科，关注地理因素对媒介内容、传播符号和媒介形态的影响，也关注媒介对社会环境、地理样本、地理尺度的建构。[1] 其理论和实践性问题研究的八个方面包括媒介产业的地理形势研究、大众媒介的生态状况研究、大众媒介的传播环境研究、媒介传播的"地形图"研究、媒介的地方性和本土性研究、媒介的扩散性和整合性研究、媒介的时间性和空间性研究、各类媒介与地理环境的互动研究。[2] 综合看来，媒介地理学中将"地理元素"作为最核心的研究元素，在媒介的时间性与空间性研究方面，媒介地理学也偏向对具有时间性质的空间的研究。

本研究认为，场景传播的研究不仅在空间层面，其研究对象包括人、

---

[1] 邵培仁，杨丽萍. 媒介地理学：媒介作为文化图景的研究[M]. 北京：中国传媒大学出版社，2010：20，13-15.
[2] 同上：13-15.

媒介、时间、空间四者的关系上,是以人为核心,探究人所在的包括有形的、物质的、历史的、虚拟的、精神的场景中的行为、媒介之间的联系。场景传播关注特定的场景产生的特定的媒介内容和形式,以及相同的媒介呈现出的不同场景,认同不同场景下人的不同行为和媒介的传播特点。

与场景传播相似的一个在新媒体环境下常常提出的概念叫"沉浸传播",或称为"沉浸式传播""沉浸式新闻"等。2013年,清华大学李沁博士提出了"沉浸传播",在其著作《沉浸传播——第三媒介时代的传播范式》中将沉浸传播定义为:以人为中心,以连接了所有媒介形态的人类大环境而实现的无时不在、无处不在、无所不能的传播。它是使一个人完全专注于个人的动态定制的传播过程。它所实现的理想传播效果是人看不到、摸不到、觉不到的超越时空的泛在体验。[1] 这是广义的沉浸传播。狭义的沉浸传播多从技术的角度,认为沉浸传播是基于虚拟现实的交流技术、界面设计而产生的传播交流方式。

同样强调以人为中心、强调传播过程的传播方式,二者有相似的地方,也有不同。从传播的应用看,沉浸传播主要应用于虚拟场景中的传播,场景传播的应用不止在虚拟场景中;从接受者的感受看,场景传播也是包含沉浸传播的,沉浸传播是场景传播进一步的表现,场景传播强调的是"刚刚注意"到的传播体验,沉浸传播强调的是"完全专注",这种完全专注依靠的不仅是技术还有内容、形式的配合,也需要接受者时间和精力的投入,所以沉浸通常伴随完整的感受。在当下传播的速度与碎片交织的时代,沉浸传播是一个较为模糊的标准,也是一个难以达到的标准。相较而言,场景传播满足的是当下人们对媒体使用的不同层次的需求,强调的是对场景的体验、表达以及场景和行为的连接。

---

[1] 李沁.沉浸传播:第三媒介时代的传播范式[M].北京:清华大学出版社,2013:43.

（三）关于移动终端与场景关系的研究

国内在中国知网以"移动终端"为主题的文献多达 2.8 万余篇，新闻与传播类的文献多达一千余篇（截至 2020 年 2 月 8 日），最早提到移动终端的期刊文献是 2005 年 3 月发表在南通大学学报（哲学社会科学版）的《"第五媒体"与手机短信》，文中提到"手机短信不过是第四媒体接收终端的移动化"；2006 年 8 月《中国记者》杂志发表了《跟上人们移动的步伐——传统媒体的手机终端试验场》，文中明确提到了手机是移动终端的概念。有关移动终端的专著主要在技术、营销领域，如《决胜移动终端：移动互联时代影响消费者决策的 6 大关键》（2014）、《移动位置服务及其在嵌入式移动终端的应用实践》（2017）。有对于移动终端的用户在阅读方面的研究调查：《移动终端社会化阅读》（2019），在传播方面对于移动终端的研究多见于专著的篇章中，主要以对移动媒体的研究为主，总体上论及移动终端和场景关系的专著还没有、期刊文献并不多，相较而言，关于"手机"这一代表性的移动终端的研究更为丰富。2003 年，匡文波的《论手机媒体》一文较早地提出手机媒体将实现网络化、宽带化，手机将成为随身携带的、交互式、多媒体的大众媒体。[1] 伴随智能手机的出现，手机媒体的研究更是每年数以千计，2012—2014 年达到研究高峰，每年以"手机传播"为主题的论文有千余篇。靖鸣的《手机传播学》（2008），匡文波的《手机媒体概论》（2012），刘滢的《手机：个性化的大众媒体》（2012），孙慧英的《手机媒体与社会文化》（2012），秦艳华、路英勇的《全媒体时代的手机媒介研究》（2013）等专著对手机媒体的理论、历史发展、手机传播的内容、引发的问题等都进行了较为系统、综合地论述。

论及手机这一移动终端和场景关系的专著、文章并不多，《手机媒

---
[1] 匡文波. 论手机媒体 [J]. 国际新闻界，2003（6）：9.

体与社会文化》中分析了手机拍摄与语境的关系，书中提出语境包括语言性语境和非语言性语境。其中，"语言性语境"指交际过程中某一话语结构表达某种特定意义时所依赖的各种表现为言辞的上下文，"非语言性语境"指交流过程中某一话语结构表达某种特定意义时所依赖的各种主客观因素，包括时间、地点、场合、话题、交际者的身份、地位、心理背景、文化背景、交际目的、交际方式、交际内容所涉及的对象以及各种与话语结构同时出现的非语言符号（如姿势、手势）等。[①] 文中人文语境架构起了人们一般行为的规范，对人类传播过程有规定性作用。这里的语境和场景的作用有相似的地方，但语境不等于场景，语境多伴随表达，但场景并不仅仅在表达中才有。同语境一样，场景与手机的使用行为之间有一定的互相影响，书中也提到当人们意识到自己被记录的时候，他们的行为通常会建立在一种有意识的表演。这也给了本研究在做"用户使用手机行为和场景关系调查"时以启发，人们是否会因为意识到做行为调查而有意识地回答或展示部分答案，如何辨别人们回答问卷时的真实性，需要通过一些深度访谈、现场观察来弥补调查问卷的不足。

《全媒体时代的手机媒介研究》中分析了手机使用的私密化，因为手机所建立的虚拟环境，手机社区成为人们现实生活的延伸和补充，也保护了人与人之间的私密性，所以人们对于事件的意见发表更大胆，削弱了"沉默的螺旋"理论中人们容易受到"意见气候"的压力而产生恐惧孤立心理。[②] 这一论点给了媒介场景的私密化和媒介虚拟场景的构建对人们表达的影响启发，这里可以探讨的几个问题有：人们在手机的场景中是变得更愿意表达还是更沉默了？人们会不会因为手机对现实场景和媒介场景变得难以区分？人们在使用手机的过程中对手机中场景的暴露，如定位系统的使用，

[①] 张朝慧，邵广宇. 试论母语环境对二语词汇习得的影响 [J]. 首都医科大学学报（社会科学版），2010（12）：372.

[②] 秦艳华，路英勇. 全媒体时代的手机媒介研究 [M]. 北京：北京大学出版社，2013：97.

是否会有隐私暴露的担心?

关于手机这一移动终端和场景关系的期刊文献研究,在中国知网(CNKI)中以"手机""场景"为主题词搜索到的新闻传播类文献有483篇,时间跨度从2007—2021年(截至2021年6月12日),其中期刊文章77篇、学位论文401篇、会议报纸文章2篇、学术辑刊3篇。

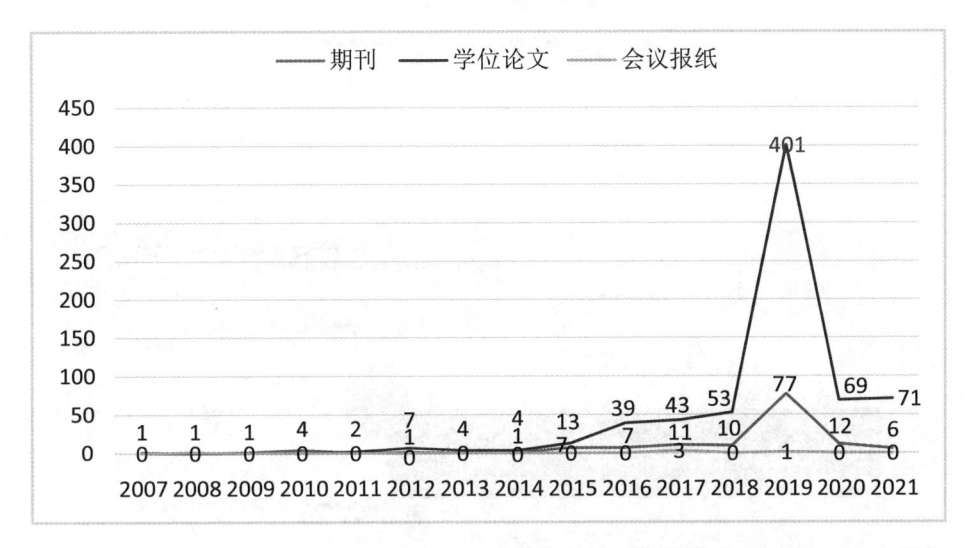

(单位:篇,数据截至2021年6月12日)

图0.2 2007—2021年关于"手机""场景"的研究文章数量变化

围绕手机、场景的学术研究文章在2019年进入到多产时期,共有超过400篇文章(见图0.2)。2017年1月,中国互联网络信息中心发布的《2016年中国互联网新闻市场研究报告》中对互联网新闻用户浏览新闻的场景做了调查,这也是首次在调查报告中关注到场景元素。2018—2020年与之相对应的学术研究也出现了数量上的激增,尤其是总体研究文章数量和期刊文献在这一期间都出现了一个大幅度增长高峰。

表 0.1　2007—2021 年关于"手机""场景"的研究文章总体引用情况（前 200 篇）

文献数	总参考数	总被引数	总下载数	篇均参考数	篇均被引数	篇均下载数	下载被引比
200 篇	1388 篇	5092 次	347558 次	6.94 次	25.46 次	1737.79 次	0.01

（数据截至 2021 年 6 月 12 日）

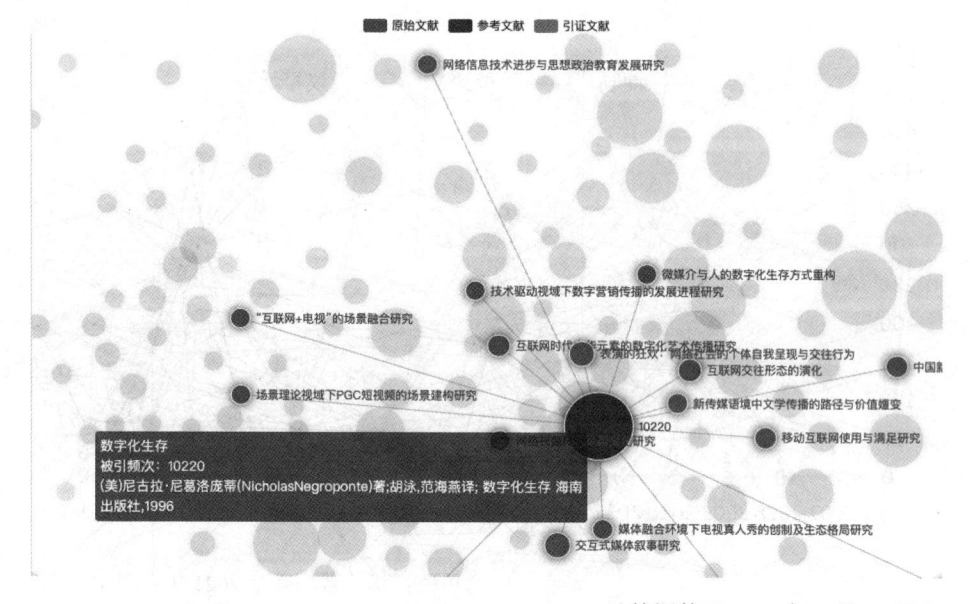

（数据截至 2021 年 6 月 12 日）

图 0.3　2007—2021 年关于"手机""场景"的研究文章互引情况

　　基于对文献互引网络的研究分析，可在一定程度上梳理关于"场景"的研究脉络，了解学术研究之间的交流与渗透。本研究在梳理的时候基于 2007 年至 2021 年的 483 篇研究文献，按照被引次数由高至低排列，选取其中被引次数大于 1 的前 200 个样本进行文献互引网络数据统计。由于文献互引轨迹复杂，为了更加清晰地聚焦主流研究领域，本章截取了互引网络最集中的核心区域，得出了可视化网络图（见图 0.3）。图中圆形的颜色分别代表原始文献、参考文献、引证文献，圆形的大小代表被引用的频次。

从该图可以看出，2007至2021年的核心学术研究之间有着密切良好的互动趋势，尼古拉·尼葛洛庞蒂、尼尔·波兹曼、赫伯特·马歇尔·麦克卢汉、皮埃尔·布迪厄、让·波德里亚、欧文·戈夫曼等早期媒介环境学派研究者的成果依然是当下关于场景的最主要理论根基，国内郭庆光教授的《传播学教程》一书也成为主要的理论来源。

综合手机移动终端与场景的关系研究主要集中在以下几个方面。

1. 手机移动终端的场景建构与时空关系

孙玮的《微信：中国人的"在世存有"》从技术论的角度分析了微信怎样在实体空间与大众媒介的虚拟空间之间创造联结，形成新型的社会场景——"移动场景"。[1] 这里的移动场景表明人置身于多种场景之间的即刻的、互动的状态，文中对戈夫曼的场景理论与梅洛维茨的场景理论作了区分和解释，并指出主流传播学对"场景"的忽视和误解，以及大量的移动终端研究关注在移动性，聚焦媒介的功能主义，忽略技术与人之间存有的关系。

2. 手机移动终端与传统媒体的场景共建

谭天、张冰冰的《"互联网+电视"的场景构建》提出场景构建需要整合多方资源，电视媒体与互联网媒体需要利用各自的优势，探索场景构建的两种模式：民生服务模式和电商化模式。充分发挥互联网媒体中以移动终端为代表的移动社交互动的优势。[2]

关于手机这一移动终端的研究非常多，为探讨手机和场景传播的关系提供了较强的研究基础，但关于移动终端和场景的关系研究，现有研究数量较少，研究中关注到社交媒体如微信、微博与场景，网络直播与场景的关系，多聚焦传播介质本身，缺少从理论到实践的整体构建。

---

[1] 孙玮. 微信：中国人的"在世存有"[J]. 学术月刊, 2015（12）: 7.
[2] 谭天, 张冰冰. "互联网+电视"的场景构建[J]. 视听界, 2015（04）: 28-29.

三、研究特点和存在问题

（一）概念不清晰

对于场景的概念，目前的研究中仅限于定义而缺乏区分，研究者在整理有关场景定义的同时，发现从语言学的角度，它的含义还包含上下文、情景、背景、环境等。场景在学术概念上和景观、仪式、媒介事件也容易混淆，但在现有所查阅的资料中，专门论述"场景"概念的学术论文仅有冯炜的《社会场景传播主体的心理场》、原平方的《情境即信息：兼论新媒体传播情境的三重特性》、谭雪芳的《弹幕、场景和社会角色的改变》、梁旭艳的《场景：一个传播学概念的界定——兼论与情境的比较》。四篇文章兼顾社会学、心理学、语用学、传播学的角度，主要区分了与场景相似的概念情境、语境，缺乏从对与场景相似的其他学术概念的区分。

彭兰的场景研究引发了很多学者对场景理论研究的思考，但更像提出了一个思考点，并没有进行综合性、多角度、多维度的理论研究，研究者大多围绕实践现象进行浅层次的研究和分析，针对场景传播的概念阐述和进一步解读的内容不多，更没有将场景传播与仪式传播、事件传播等概念进行比较，排除相似概念的干扰。

（二）缺乏多角度研究

学术界对于"场景"的认识产生于新媒体时代，这一认识源于传统的媒介场景理论中对于媒介空间、时间的认识，然而大部分场景传播的研究是研究社会场景，并且是在媒介技术及其传播模式变迁的大背景下，遵循的是约书亚·梅罗维茨新媒介—新场景—新行为—新传播的关系模型，集中在"媒介如何创造新的社会场景""新的社会场景如何塑造人们的社会行为"这些领域。然而，在新媒体环境下，场景的范围已经扩大，不仅是媒介场景，还有现实场景、虚拟场景、心理场景、碎片的场景、流动的场景等，以及场景之间的转化，涉及传播的时间和空间关系的改变，场景的压缩、时间消灭空间，场景传播的外延更丰富。

（三）缺乏实证研究

目前，大多数对于场景的研究是实践层面的分析，对于场景与受众行为的关系缺乏实证的研究，目前仅见于吴文汐、喻国明的《竞争还是共生：移动互联网对当前媒介格局的影响——基于媒介接触时间的研究》一文。该研究结合日记法和问卷法在三座城市展开调查，以时间为核心，分析移动互联网使用行为与PC互联网、传统媒介使用行为间的关系。但研究结果主要表明了场景因素对媒介格局的影响，主要以时间为出发点，并未区分受众在不同场景下的不同需求，也未涉及对于社会文化的理论层面讨论，这也给本研究提供了可参考的研究方法和新的思路。

（四）对于场景传播的前沿研究较多，经典研究涉及较少

新媒体研究在目前存在的重要问题是对"新"的追逐，有关场景、场景传播的研究也大多围绕其作为互联网时代的新特征、新现象来进行，并指出其对新媒体运营、营销等实践的实用性价值，缺乏社会学、人类学、哲学等综合性、深度性研究。彭兰、郜书锴等学者指出了场景传播可能带来的时空焦虑、信任、隐私泄漏等问题。彭兰指出，移动传播带来的信息消费场景或社交场景的变化，并非都是在向着更人性、更友好的方向发展，甚至它可能是在一定程度上侵蚀人的良好天性，破坏人与环境（空间的或人际的）的友好关系。因此，对于场景的开发与应用，也应该保持一定的警惕与节制。未来的移动服务提供商未必要将自己侵入到每一个场景中。

某些时候，场景分析的目标也许并非是渗透，而是"规避"。[1]"无限时间使工作学习模式更具弹性，但长期同时应对不同场景，人会产生时空焦虑"，"无限时间改变了人们的时间认知，使我们的生活周期日渐模糊"。郜书锴在《场景理论的内容框架与困境对策》一文中指出场景应用的困境——人与人、人与数据、数据与数据之间的信任，并从大数据的角度指出两点信任危机：一是如果数据应用场景明确，就可能有人刻意制造数据，营造某种假象，诱导分析者得出对其有利的结论，由于虚假信息隐藏于大量数据中，使得人们无法鉴别真伪从而做出错误判断。二是数据在传播中逐步失真，人工干预的数据采集过程可能引入误差，最终影响数据分析结果的准确性。蒋晓丽、梁旭艳在《场景：移动互联时代的新生力量——场景传播的符号学解读》中也指出，场景单轴组合链接使得流行缺少深度便是明证，更严重的表现是对隐私的暴露。

第三节　研究思路

本研究主要建立在理论建构的基础上，通过问卷调查、采访的实证研究来反哺理论，因此第一步研究者将在查阅大量的中外文献资料、专著的基础上做出文献综述，了解国内外相关研究的现状和不足，从而为自己的课题研究做好充分的准备；做好文献综述后，提出理论假设，根据论文框架章节和研究设计进行论文初稿的撰写和修改。

第二步，围绕场景传播中时间、空间与用户对于移动终端使用行为的

---

[1] 彭兰．场景：移动时代媒体的新要素[J]．新闻记者，2015（3）：27．

关系做出调查问卷，确定调查时间。

第三步，对调查问卷进行网络发放和线下实地发放，并将配合深度访谈，访谈的对象要有代表性，样本要有说服力。

第四步，样本收集回来后，就着手进行统计，并且根据统计数据做出曲线图、对比图，得出初步结论，并根据统计数据撰写调查报告。结合理论和调查报告，分析场景传播与用户媒介使用行为的关系。

第五步，结合调查报告，对移动终端的场景传播研究最初的理论假设进行证伪、分析、修改，完成终稿。

一、研究方法

本研究通过问卷调查法、随机访谈法等对该课题展开研究。

（一）问卷调查法

本研究采取问卷调查的方法收集资料，分为两大调查时间段。

第一时间段为 2018 年 10 月至 2018 年 11 月，这一时段核心是调查手机这一代表性移动终端，以一天作为调查时间取样，调查工具为自编的《用户的手机使用行为与场景关系调查问卷》，涉及每日用户手机使用场景、不同场景下手机使用偏好、态度和行为等 141 个条目。本次调查采用概率抽样与非概率抽样相结合的方式抽取样本 1075 个，采用定量分析方法。报告数据收集和分析主要通过问卷星（https：//www.wjx.cn/）在线链接进行问卷调查和调查员走访调查相结合的方式进行。样本也采用了科学的研究方法，确定了样本的数量，具有一定可靠性和真实性。本研究采用实证调查的方法收集数据，全部数据经检验核实后，为确保录入质量，研究者采用人工审核的方式输入 SPSS21.0 统计软件。采用相关分析的方法，建立两个问题之间的相关性假设，并对假设进行检验，分析用户使用手机的行为与场景的关系。

　　第二时间段为 2021 年 2 月至 2021 年 4 月，这一时段主要补充了上一时段调查中未涉及的关于手机以外的移动终端如笔记本电脑、平板电脑、车载移动设备、可穿戴设备（智能耳机、智能手表、智能眼镜）的使用场景，调查工具为自编的《用户的移动终端使用场景调查问卷》，条目涉及用户使用移动终端时间、地点、使用动机、行为特点、心理特征等 44 条目内容，采用定量分析方法。报告数据收集和分析主要通过和立信（重庆）数据采集公司合作，通过线上调查进行，共收集有效样本 2541 个。全部数据经检验核实后，研究者采用相关分析的方法，建立两个问题之间的相关性假设，并对假设进行检验，得出影响移动终端用户使用习惯的场景因素，进而研究移动终端带来的场景的改变以及反作用于移动终端这一媒介传播的作用。

（二）随机访谈法

　　对于用户使用移动终端的行为与场景的关系，研究者认为问卷调查法中虽然有大量的数据作为支撑，但被调查对象依然有可能对自己的媒介使用行为存在无意识，反映不全面或者不真实的现象。研究者在线下的问卷调查中，对不同年龄段的问卷调查者进行抽样的随机访谈，如在不同场景中媒介使用的偶然性或具体原因等，就受访者的媒介使用行为和场景的关系作更为深入的调查。

二、研究框架

　　本研究以场景传播为主题，以传播的时空关系为切入，探讨新媒体时代由于场景的改变而产生的传播学意义上的变化，从大传播视角解读场景传播的概念、本质和发展趋势。以场景传播概念的界定，理论历史的发展，传播特点，与新媒体、受众的关系等为研究内容，试图梳理场景传播因场景这一元素的改变而产生的对传播、社会、文化的一系列变化，以对场景传播初步形成统一的、完备的理论体系和研究框架做出积极的尝试。

绪论，介绍论文的研究背景、研究资料、研究思路和研究方法。

第一章是场景传播的理论、历史及发展。首先梳理场景传播概念的形成，给出本研究的界定，在社会学、心理学和传播学理论方面进行论述。

第二章是场景与新媒体传播。以新媒体—新场景—新时空观为逻辑起点，通过传播的时空历史和案例探究新媒体带来的传播的时空转向及方法论意义，并基于时空元素对新媒体环境下的场景传播所研究的类型分为四类：现实的场景传播、虚拟的场景传播、精神的场景传播、融合的场景传播。

第三章是场景传播的特点和新传播模式的建构。从人性化传播和身体、在场概念在新媒体环境下的场景传播中发生的质变入手，明确提出"场景"在传播模式中的重要性，并构建了以人为中心的场景传播模式，主要包括传播要素、传播过程及之间的传播关系和结构。

第四章和第五章是《用户的移动终端使用行为与场景关系调查问卷》实证研究，这一部分采取问卷调查的方法收集资料，进行定量分析。通过建立研究假设进行相关性分析，对不同场景中传播用户行为的场景特点、尤其分析了以手机为代表的移动终端用户使用行为与场景因素即时间、空间、社交关系、心理（情绪）的关系，最终形成结论与建议，验证场景传播模式中传播要素对用户移动终端使用行为的影响。

第六章是探讨场景传播的意义和反思。从传播的角度分析传播场景的改变带来的传播要素、内容、技术、方式的人性化回归，从重视传播效果到重视传播过程的回归、从传播场景的文化考量到传播场景的人性考量。从社会的角度分析移动终端对传播时空的折叠与统一所造成的社会场景边界的模糊，从文化的角度探讨场景传播可能引起的场景的过度体验，传播的真实与虚拟，人与人、人与数据的信任危机、认同危机等，人的物化等负面影响。

结语对场景传播的影响和问题进行分析,同时对未来趋势进行展望。对科技带来的场景化、智能化、人性化传播这些内容都可能在未来得到长足发展。

三、研究创新性

本研究在学术思想、学术观点、研究方法等方面的特色和创新。

通过对以往研究文献的梳理,这些研究成果与方法给予了论文研究很多启发性的帮助。同时,以往研究成果中不足或不完善的地方,将在论文中得到补充。这也构成了论文研究的创新点。

研究主题——对于"场景传播"这一理论的研究,目前国内外对于这一概念的解释存在不明晰之处,现有的相关研究多为营销学领域的场景传播实践研究,缺少从传播学理论和历史角度的系统梳理,选题对于这一理论的定义与梳理有一定补充作用。

研究视角——综合多维的研究视角,具有解决传媒产业可持续发展的现实意义。本研究将从宏观角度分析探讨场景传播的概念、历史发展、新媒体语境下的内涵外延,对场景传播重塑传播的时空观,对传播客观性、智能化、人性化进行再思考。场景被认为是移动传播时代的核心要素,更有"得场景者得天下"的论断,媒介融合作为传媒产业可持续发展的必由之路,从新闻传播学、社会学、心理学等多学科综合分析场景传播的价值及意义。

研究方法——实证的研究方法。除了在理论上的补充,本研究从手机等移动终端的场景传播出发,对于用户使用移动终端的场景行为与传播的关系,不同场景下用户使用手机等移动终端的不同需求,本研究将采用问卷调查、随机访谈、现场观察相结合的调查方式进行实证研究。

第一章
场景传播的定义、理论溯源

第一节 新媒体语境下重新定义场景

一、场景的概念溯源及相关概念辨析

"场景"概念的溯源可以从语言学的角度,场景包含两个概念:"场"和"景"。"场"在说文解字中的解释是"祭神道也。一曰田不耕。一曰治穀田也"①。现代汉语词典中对"场"的解释是"适应某种需要的比较大的地方、某种活动范围"和"物质存在的一种基本形态,具有能量、动量和质量"②。两个解释综合起来可以看出"场"的原始之意和祭祀、农业所需的场地有关,"场"后来发展的含义更多见于物理学概念,如布尔迪厄的"场域"概念,与当下所提的传播场、舆论场的概念类似,是指一种综合的政治、经济、文化关系网络。

将"场"的理论引入社会科学的是心理学研究中的"格式塔"心理学,产生于德国、发展于美国的"格式塔"心理学派,借用"场"的概念描述和论证心理学现象,并提出了"知觉场"的概念,强调以知觉的完整性为中心,是一种综合的心理现象包括心理环境、心理需求和反应能力三个方面。格式塔心理学的代表人物考夫卡的"行为环境"研究与"场"的概念研究最为密切。他在其名著《格式塔心理学原理》中研究了行为与环境的关系。考夫卡把"环境"分为"地理环境"和"行为环境",前者指的是现实环境(并非纯客观的自然环境,而是有其自身结构的);后者指的是意想中的环境(应该被认作一种"知觉场")。考夫卡认为,行为与行为

---

① 许慎. 说文解字 [Z]. 北京:中华书局,2013:291.
② 中国社会科学院语言研究所词典编辑室. 现代汉语词典(第六版)[Z]. 北京:商务印书馆,2015:149.

环境是相互作用、相互调节的。① 这里的"环境"更偏向"场"的概念，而"场"的含义综合来看是更偏向空间的。受格式塔心理学的影响，库尔特·卢因提出了"场论"的概念，他使用力场的概念来分析社会中人的行为，认为人的心理活动发生于一种心理场中，② 并据此建立了群体动力学，因此卢因描述的"场"更偏向综合的社会环境因素。

但以上对"场"的研究主要从语言学、心理学的角度，"场"是一个包涵物体活动的自然环境和社会环境的空间概念。在新媒体语境下，"场"不仅包括现实的地理空间、心理空间，还包括媒介创造的虚拟空间，甚至是虚拟现实、增强现实的融合空间。

"景"在说文解字中的解释是"光也"。③ 现代汉语词典中"景"与"场"相关的解释是"戏剧、影视的布景和摄影棚外的景物""剧本的一幕中因布景不同而划分的段落"。④ "景"的含义比"场"更抽象一些，偏向视觉上的感知，这种视觉上的感知可以是现实的具体的场所，也可以是人为或者媒介构建的环境。常见的有风景、图景、摄影摄像中的景别等，这种"景"的概念可以与"画"的概念来对比，"画"既是动词又是名词，画中的景为"画"，画景则是一种动作和诠释，这其实是象征景本身和对景的诠释两个部分，所以"景"的观念不仅包含自然的可供描述的物体的观念，还包含人们对景的诠释，可以说"景"是具有自然和社会意义的，文艺复兴时期的绘画表现的就是"景"的社会含义，代表的是对宗教观念的突破及人本思想的出现。

---

① 冯炜. 社会场景传播主体的心理场 [A]. 全球信息化时代的华人传播研究：力量汇聚与学术创新——2003 中国传播学论坛暨 CAC/CCA 中华传播学术研讨会论文集（上册）[C]. 上海：复旦大学出版社，2004，178-179.
② 舒尔茨. 现代心理学史（第十版）[M]. 叶浩生，杨文登，译. 北京：中国轻工业出版社，2014：383.
③ 许慎. 说文解字 [Z]. 北京：中华书局，2013：134.
④ 中国社会科学院语言研究所词典编辑室. 现代汉语词典（第6版）[Z]. 北京：商务印书馆，2015：687.

综合"场"和"景"的概念含义，可以看出"场景"的原始意义是一个偏向空间的概念，有着自然和社会的综合意义，这其实也是新媒体语境中谈论的"场景"的基础，场景不仅仅是一个物理的空间概念，如果说空间是场景的一个"硬要素"的话，那么基于空间这一"硬要素"的时间、空间下的人们的行为与心理要素则是新媒体环境下"场景"的"软要素"，这种"场景"不仅仅是自然环境，还包括媒介环境、社会环境，是新媒体传播的碎片化、可体验性的传播特点的体现，而"人"则是处于媒介与场景的连接地位。

（一）场景与情境、语境：由外而内与由内及外

与"场景"概念容易混淆的概念综合起来有两组，一是"情境""语境"，二是"场所""地方"。语境侧重于文字语言的上下文，可以很好地区别于场景，最容易混淆的一组概念是场景与情境。现有的研究中，大部分学者认为情境是包含场景的，场景是移动互联时代的情境，出现了新的特质，[①]还有学者提出"社会场景"的概念，指在特定的传播活动中，与具体的传播活动"共生"的、作用于符号信息而又不属于符号自身的、传播主体与符号作品之间的"中介场"，并总结了"社会场景"的基本特征是主观性、完整性、可变性和个体差异性。[②]还有学者指出传播情境就是对特定的（交流）传播行为直接或间接产生影响的"外部"事物、条件或因素的总称。[③]最新的相关研究认为伯特·斯考伯使用的"场景"（context）一词与梅罗维茨的"场景"（situation）虽然表述和用词不同，但都是指

[①] 梁旭艳.场景：一个传播学概念的界定——兼论与情境的比较[J].新闻界，2018（9）：55-56.

[②] 冯炜.社会场景传播主体的心理场[A].全球信息化时代的华人传播研究：力量汇聚与学术创新——2003中国传播学论坛暨CAC/CCA中华传播学术研讨会论文集（上册）[C].上海：复旦大学出版社，2004：179.

[③] 原平方.情境即信息：兼论新媒体传播情境的三重特性[J].现代传播，2015（6）：22.

信息环境，前者偏向具体的媒介内容，后者指向综合内容，并认为移动应用技术构建的具体的内容"场景"（context）是基于梅罗维茨"新媒介——新情境——新行为"的媒介"场景理论"（situation）的一场新的媒体实践。[1] 这样的推断有一定道理，毕竟 context 作为场景的提出，与新媒体技术有关，上下文不仅是指向内容，更指向连接，context 的英文释义是 "the situation in which sth happens and that helps you to understand it"（背景、环境、来龙去脉）"the words that come just before and after a word, phrase or statement and help you to understand its meaning."[2] situation 的英文释义是 "all the circumstances and things that are happening at a particular time and in a particular place"（一定时间、地点发生的情况、状况、形式、局面）"the kind of area or surroundings that a building or town has"（建筑物或者城镇的地理位置、环境特点）。[3] 研究者认为，如果从梅洛维茨对于场景是一个信息系统的思考出发，context 和 situation 都包含了背景的意思，从约定俗称来说，目前所能查到的国外文献对于"situation"的翻译更多的为"情境"，例如阿尔文·托夫勒《未来的冲击》中的"situation"、兰德尔·柯林斯《互动仪式链》中的"situation"都被翻译成了"情境"，从翻译上说"场景"更偏向"situation"和"context"的综合概念，强调新的技术、系统、联系、背景，situation 的综合性较 context 更强，更包含时空的背景，所以研究者更赞同 situation 作为场景的翻译。

阿尔文·托夫勒在《未来的冲击》中比较系统地阐述了"情境"概念和特征，他提到了情境的沟通，认为对于情境，目前还没有简洁的定义，但每一个情境本身又有某种"完整性"，某种同一性。这里阿尔文·托夫

---

[1] 谭雪芳. 弹幕、场景和社会角色 [J]. 福建论坛·人文社会科学版，2015（12）：140.
[2] Oxford Advanced Learner's English-Chinese Dictionary (7th editon) [M]. Beijing, New York: The commercial Press, Oxford University Press, 2009: 429, 1877.
[3] 同上：1877.

勒虽然没有给出情境的定义，但却指出了每一个情境具有某种完整性、同一性，[1]并且每个情境的组成部分包括：物品——由天然或人造物体构成的物质背景；场合——行动发生的舞台或地点；一批"角色"——人；社会组织系统的"场所"；概念和信息的来龙去脉。[2]简而言之就是事物、地点、人、组织及这几部分之间的联系组成了"情境"。阿尔文·托夫勒还认为，情境的加速流动给当代人对情境的注意力增加了负担和应付生活问题的困难。

阿尔文·托夫勒给出的实际是situation的一些相关特征，被翻译为"情境"的这个词被认为是相对独立的，由物品、场合、角色组成，与梅洛维茨强调的场景是一种系统、综合概念一样，阿尔文·托夫勒的情境包括物质背景、现场人为的创造及这个场所中的人之间的关系，但这里的情境是外化的，没有关注到人的心理场景。

本质上，"情境"是一个源于中国文化的词概念，这个概念是一个相较于"场景"更为传统的概念，强调的是一种感受。在中国文化中，"情境"是一个重要的美学概念，表达的是情与境的相互交融、和谐统一。如王国维在《人间词话》（删稿第十条）中曰："昔人论诗词，有景语、情语之别。不知一切景语，皆情语也。"王昌龄在《诗格》中提出"诗有三境：一曰物境，二曰情境，三曰意境"[3]，而"情境"意指人生喜怒哀乐的情感和心境。

"场景"概念是一个和新媒体技术的发展密不可分的概念。从"景"和"境"的词意可以看出，"景"在视觉上比"境"更近，常常听到的"触景生情"和"境由心生"是有区别的，"景"更外在一些，"境"更偏向内心，"景"是由外而里，"境"是由里而外。"情境"更接近中国传统文化所倡导的"深邃"与"高度"，更偏向文学，"场景"更倾向于技术；"情境"给人以想象，

---

[1] 阿尔文·托夫勒.未来的冲击[M].北京：中国地外翻译出版公司，1985：30.
[2] 同上：30-31.
[3] 参见：王昌龄.《诗格》，乾隆敦本《诗学指南》卷三。

重视"再现",而"场景"重视表现,可以有虚拟的场景,但不会有虚拟的情境,二者并不是"情境"包含"场景"这样的关系,场景所包含的心理场景要素在某种程度上与情境的内向性一致,是需要外在场景所触发的。

(二)场景与地方、场所:抽象与具体

场所、地方是媒介地理学中的关键概念,从范围来说,地方是更大的概念,对于地方的定义,《现代汉语词典》上的含义有20多种。关于"地方"的研究可以追溯到20世纪30年代美国地理学家哈特向首次提出将"地方"作为地理学研究的重点。段义孚在其所著《空间与地方:经验的视角》中论述了"地方"的含义,认为"地方是任何能够吸引人注目的固定目标。注视一方全景时,视线只会驻留在我们感兴趣的点上,每次停顿都足以产生地方意象,在我们的视野中,暂时形成庞大的阴影"[1]。爱德华·瑞尔夫在《地方与无地方性》中认为:"地方既非独立的经验,亦非刻意用地点或外表的简单表述所能定义清楚的个体,而是在场景的明暗度、地景、仪典、日常生活、他人、个人经验、对家的操心挂念,以及与其它地方的关系中被感觉到。"[2]这里爱德华·瑞尔夫想要表达的是地方意识和地方感,这与场景意识和场景感有相同也有不同。相同的是,场景传播强调场景意识和场景感,但这种意识和感受是一种综合效果,与地方感、地方意识一样,不同之处在于地方是更为实在的一种感受,场景的感受就较为虚拟,而"场所"是相较于"地方"更小的概念,"地方"可以作为"场所"来讲,强调人们日常生活和交往的背景。[3]

---

[1] 段义孚.空间与地方[M].明尼苏达大学出版社,1977:161.引自专著:邵培仁,杨丽萍.媒介地理学:媒介作为文化图景的研究[M].北京:中国传媒大学出版社,2010.09:98.
[2] 王志弘.流动、空间与社会:1991—1997论文选[M].台湾:田园城市文化事业有限公司,1998:145.
[3] 萨拉·L.霍洛韦,斯蒂芬·P.赖斯,吉尔·瓦伦丁.当代地理学要义:概念、思维与方法[M].黄润华,孙颖,译.北京:商务印书馆,2008:133.

政治地理学家阿格纽在《地点与政治》中对"地方"做出了三个基本面向的定义,一是区位(location)、二是场所(locale)、三是地方感(sense of place),其中区位指客观的地理坐标,场所值的是承载社会关系的物质环境,地方感指的是人类对于地方的主观情感上的依附。[1]Creswell 进一步提出"地方"是区别于空间(space)和景观(landscape)的概念,当人们对特定的空间投入意义,空间就变成了地方,而景观与地方的主要区别在于我群与他群的观看角度的不同,景观是他者从外观看的结果,地方强调一种内向性群体的边界。[2]

综合以上可以看出,场所、地方是更具有实体意义的空间概念,而且地方是更为宏大的概念,有着政治、经济、文化的综合背景。在新闻报道中,更容易看到的是场所、地方这类词,这在一定程度上与新闻的真实性和具体性分不开。比较而言,场景是更为抽象和虚拟的概念,这也就是为什么新媒体可以激活场景这一概念的一个原因,场景可以被设计、创造,场所、地方具有不可创造性。

(三)场域、媒介域与场景:宏观与中观

著名社会学家布尔迪厄提出"场域理论",他认为,"场域是由不同的位置之间的客观关系构成的一个网络,或一个构造"[3]。他在《区隔》一书中提出了一个实践分析公式:[(习性)(资本)]+场域=实践。[4] 这两个也是场域理论的关键词即:习性和资本。"习性"指在某一场域中形成的心智习惯,"资本"指人们在场域中占有的社会资源。布尔迪厄的场

---

[1] 转自 Cresswell T. 地方:记忆、想象与认同[M]. 徐苔玲,王志弘,译. 新水市:群学出版社有限公司,2006:14-15.
[2] 同上:1-86.
[3] 皮埃尔·布尔迪厄. 文化资本与社会炼金术:布尔迪厄访谈录[M]. 包亚明,译. 上海:上海人民出版社,1997:42.
[4] 同上:169.

域概念是一个更偏向政治、权力、文化、符号意义的空间概念，强调场域与场域之间的历史性的博弈，相较而言，"场景"的概念也具有文化、符号的意义，但较为去政治化。

同时，"场域"指出了时间、空间的不同所构造的客观关系不同对场景有着重要的参考。他所强调的场域对人们习惯和资本的影响，在场景中也同样适用，这也给研究者提供了研究场景传播中"场景"的文化符号等意义，布尔迪厄在《关于电视》中也提到新闻场、电视场的概念，移动终端等新媒体的出现构建了新的媒介场域，在移动终端出现的早期，拥有移动终端这一媒介也是资本的一种象征。新的场域的出现也伴随新的场域运行法则，移动终端媒介场域也受着政治场域、经济场域的影响，同时也直接影响接受移动终端媒介内容和形式的用户。不仅如此，新的媒介场域和传统媒介场域有着不同的规则和运行方式，两个场域的变动和相互影响会导致整体的媒介场域边界的变化，对用户使用新媒介产生新的影响。

吉斯·德布雷在1991年的著作《普通媒介学教程》中提出"媒介域"（Médiasphères）这个概念。媒介域是更具体的"场域"，德布雷指出媒介域对社会观念、文化和秩序的影响，他说："每个媒介域都会产生一个特有的空间—时间组合，也就是一个不同的现实主义。"[1] "每个媒介域都是已有做法和新工具相互妥协的结果，并嵌入不同时代的技术网络。"[2]

总体看来，"域"是一个更宏观的概念，强调无形的能量的影响，媒介域是一种传媒的"传递"观，媒介域是把媒介技术的符号形式和关系结构作为整体来看，从而确定一个信息传播格局的存在方式或存在状态。[3] 媒介域强调从宏观的视角研究媒介的内容、形式对于社会的信仰形成、人

---

[1] 雷吉斯·德布雷. 普通媒介学教程[M]. 陈卫星，王杨，译. 北京：清华大学出版社，2014：262.
[2] 同上：262.
[3] 陈卫星. 媒介域的方法论意义[J]. 国际新闻界，2018（2）：13.

的思维方式的影响，媒介域是更宏观的场景，虽然梅洛维茨认为场景是一个系统的概念，但他所探讨的场景更强调电子媒介自身的技术对媒介内容和社会环境的影响，如群体身份、社会场合的交叉，但对于社会这一大场景如何影响到媒介并没有涉及。本文所研究的"场景"更偏向一个中观的概念，以人为中心，兼顾人所处的具体场景和社会背景，不着重于社会整体对人的影响。

二、新媒体环境下场景的重新定义

通过对场景的概念以及与相关概念的对比，可以发现，场景在最初的概念中主要是用于具体的、现实的空间描述，媒介技术的发展改变着人们日常使用媒介的习惯，也模糊了现实和虚拟空间的界限，当下人们重新热议场景的概念是因为这一概念突破了传统的空间概念的描述，伴随着新媒体技术尤其是虚拟现实等技术的出现而出现了全新的概念。研究者认为，新媒体环境下激活的"场景"可以被定义为"以人为中心的，以数据和连接为基础，人与传播内容所共生的时间、空间、社交关系、心理氛围的综合系统"。这个概念已不仅是一个空间概念，还主要包含以下几种特征。

第一，场景是一个系统的概念，是人与人所处的时间、空间关系的集合域，包含人、时间、空间、媒介的元素，以数据和连接为基础，且强调实时性。

第二，场景中的场和景可以分开，场是偏向空间的概念，景是偏向包含具有符号、文化意义的时空概念，从分类上，场景包括现实场景、虚拟场景、心理场景等，混合场景，尤其以混合场景为人们日常所面临的主要场景类型，而场景之间是可以切换变化的，这种类型的划分可以根据不同的角度。

第三，场景是可以创造的，媒介本身就是一种场景，媒介创造的场景可以给用户带入式的体验，但用户的体验性取决于媒介所提供的场景是否与用户的心理场景匹配。

第四，场景中"人"是所有要素的核心，时间、空间、媒介等要素的连接基于人而存在，人与人之间的社交关系、人的心理氛围成为分析场景的关键要素，人也作为场景的一部分，与场景融合。

第二节 场景传播在传播学中理论中的位置

一、从拟剧理论到媒介场景理论

国外最早出现的与场景相关的理论是沃尔特·李普曼在1922年出版的《公众舆论》中提到的"拟态环境"，拟态环境指出现代人的传播行为并不是在真实的客观环境中进行的，而是在大众传播形成的拟态环境中进行的，拟态环境在一定程度上可以被称为大众传播所创造的"场景"。1958年，传播学者理查德·布雷多克在拉斯维尔的"5W"基础上，加上了"情境"和"动机"，构成"7W"模式。20世纪70年代，埃尔温·戈夫曼的拟剧理论指出了区域及区域的行为，认为环境的限定影响个体行为，恰当的社会环境和观众组成的差异会对个体的行为带来影响。场景理论从戏剧和影视中产生，偏重于文学、戏剧和游戏，强调人为搭建和虚拟形成。

（一）拟剧理论：区域与行为的一致性

美国社会学家欧文·戈夫曼在拟剧理论中提出，"前台"和"后台"的理论本质上是探讨了场景对人的行为的影响，戈夫曼借用戏剧的表演来描述社会生活，人们为了表演，可能会区分出前台和后台。前台指称特定表演的场所。① 这个场所是演员个人形象展示的舞台，在前台的人们会用"体面"来要求自己在这个场所中的表演，以让观众认为符合这一区域对行为的要求。后台被称为与给定的表演相关联，在这里的表演所促成的印象，故意要制造出与前台表演相反的效果的场所。② 这是一个表演者、工作者较为放松的场所，工作区域和娱乐区域代表了后台控制的两个领域。戈夫曼强调场景、角色、行为一致性的重要，他认为前台和后台有着明显的分界线，不同的场景有着不同的语言，当然他也承认场景的区分与时间的关系，前台和后台的定义也具有相对性。这种场景的划分与场景中的角色保持和谐一致是社会稳定的基石之一，这也是他被称为早期的场景主义者的原因之一，但同时戈夫曼也提出了"表达与行动对峙"，说明场景与行为也具有不统一性，萨特说过："一个试图显得很专注听讲的学生，两眼紧盯着老师，竖起耳朵，投入全部精力用来扮演一个专心听讲者的角色，结果却什么也没听见。"这与心理学家格根关于"不在场的在场"（absent presence）异曲同工，"不在场的在场"指在社交场合中一种身体在场，但注意力已经被传播技术媒介化的其他世界所吸引的现象，"人们沉浸在私人空间而不是集体世界"③。这种在新媒体环境下尤其明显，萨特所描述的是学生在教室中扮演一个专心听讲者的角色而实际沉浸在自己脑子的其他场景中，这在现实生活中更常见的是学生在教室中连扮演的心思都没有，在老师讲课的同时自己玩着移动终端，跟别人分享、讨论，周围人也不会觉得奇怪，人们以往所强调的场景中扮演者的行为与场景一致的情况确切地应该是媒介场景中的扮演者的行为与场景一致，也可以说现实场景被媒介场景逐渐侵蚀，人们对这种"不在场的在场"越来越习以为常。

---

① 欧文·戈夫曼. 日常生活中的自我呈现[M]. 冯钢，译. 北京：北京大学出版社，2008：94.
② 同上：97.
③ Gergen, K. J. The challenge of absent presence[M]//Perpetual contact: Mobile communication, private talk, public performance. Cambridge: Cambridge University Press, 2002: 227-241.

（二）媒介场景理论：新媒介的新场景对拟剧理论的颠覆

媒介场景理论脱域于戈夫曼的"拟剧理论"，尤其是以约书亚·梅罗维茨为代表的媒介环境学派。传播学可以大致分为三大学派：经验学派、批判学派和媒介环境学派。经验学派注重实证研究，长期雄踞北美的传播学界，以施拉姆和四位先驱为代表。批判学派的代表有德国法兰克福学派、英国文化研究学派、传播政治经济学派和法国结构主义学派，以新马克思主义者和其他左翼学者为骨干。媒介环境学发轫于20世纪初的相对论思想。经过三代学人的开拓走向成熟，以麦克卢汉、英尼斯、波斯曼、莱文森为代表，经验学派埋头实用问题和短期效应，重器而不重道；批判学派固守意识形态批判，重道而不重器；媒介环境学派着重媒介的长效影响，偏重宏观的分析、描绘和批评，缺少微观的务实和个案研究……真正摆脱服务现存体制，解放传播学的却是以麦克卢汉为代表的北美传播学的媒介环境学派。[1]

大众传播理论中的两个重要目标：一是解释大众传播的效果；二是解释人们用大众传播来做什么。[2] 相较于解释大众传播的传播效果，考察人们使用大众传播的行为，更强调接受者在传播中的能动角色，尤其是关注人们使用媒介的行为。媒介环境学派主张从媒介发展变化的角度看待传播，[3] 将媒介作为环境来研究，试图揭示媒介对于人的感知、理解和感情的影响。

麦克卢汉在《理解媒介论人的延伸》中提出了三个著名的观点"媒介即讯息""媒介即人的延伸"以及"热媒介"与"冷媒介"，这三个观点

---

[1] 何道宽.媒介环境学：从边缘到庙堂[J].新闻与传播研究，2015（3）：123-124.
[2] 沃纳·塞佛林，小詹姆斯·坦卡得.传播理论：起源、方法与应用（第四版）[M].郭镇之，等，译.北京：华夏出版社，2000：12-13.
[3] 哈罗德·英尼斯.帝国与传播[M].何道宽，译.北京：中国传媒大学出版社，2015：2-3.

构成了麦克卢汉媒介学说的主要内容。媒介是"作为感知生活的延伸和加速器，任何媒介都立刻影响人体感觉的整体场"，这里初步提到了媒介所营造的场景对人的生活的影响。

集中提出媒介场景理论的是约书亚·梅罗维茨，他在1985年出版的《消失的地域：电子媒介对社会行为的影响》中将将麦克卢汉"媒介即讯息"的观点和戈夫曼的"拟剧理论"结合起来，发展了戈夫曼关于"前区""后区"的概念，提出混合场景中的"中区""深后台""前前区"的概念，认为电子媒介发展让观众有了同时看到前区、后区的情况，所谓"中区"，而人们会更多注意到中区行为的后区偏向，[①] 从而产生了更不愿意被他人发现的更深的"后区"和更前的"前区"。

梅洛维茨场景理论是彻底颠覆了传统的媒体的工具性特点，将媒体中的场景与人类生活的场景相通，其最重要的观点是将电子媒介营造的"社会场景"作为研究社会秩序和社会行为的情境因素，视为一种信息系统和重要的变量，并且深入地探讨了"社会场景"的功能与特征。他提出，电子媒介通过改变社会场景的界限，不仅使我们更迅速、更详细地接近事件或行为，还给了我们新事件和新行为。[②] 他将社会场景看作是"信息系统"，将其作为"接触社会信息的某种模式"和"与他人接触的行为的某种模式"。他强调在电子媒介研究中，将场景看成是"信息系统"而不是地点。[③] 梅洛维茨较早地意识到人们容易将场景与地点、空间、位置等物理意义上的区位混淆，也明确指出了"场景"是一个综合的概念。

除此之外，梅洛维茨强调每一种独特的行为需要一种独特的场景，他认为个体的行为是根据其所处社会所定义的场景来塑造和修改的。虽然在

[①] 约书亚·梅罗维茨.消失的地域：电子媒介对社会行为的影响[M].肖亚军，译.北京：清华大学出版社，2002：45.
[②] 同上：39.
[③] 同上.

某个特定场景中，个体的差异是存在的，但是当人们从一个场景进入另一个场景时，大部分人所展示的变化模式有很多的共性。① 同时，媒介场景理论也强调场景是动态的、可变的，大众媒介混淆了不同场景的界限，电子媒介能促成原来不同场景的合并，包括不同类型的受众群的合并等和私人场景对公共场景的投进等。②

二、媒介人性化趋势成为场景传播研究的立足点

刘易斯·芒福德在其著作《技术与文明》中提出，人类在技术的革新过程中不断创造摆脱自然束缚的工具和机器。早期的技术发明在于"实实在在地模仿人或动物的机械动作"，工业革命后，"飞行、电话通信、照相和电影都源于对于生命有机体的更科学的研究，生理学的研究补充了物理学的研究"。麦克卢汉后期，媒介是人体的延伸的观点与芒福德的观点有着相似之处，他认为任何媒介都只不过是人体的延伸。有学者认为，麦克卢汉泛化了"媒介"的概念本身，而这一论断虽然一直存在争议，但麦克卢汉的观点确实证明了媒介与人之间的相互影响。

1979年，莱文森在他的博士论文《人类历程回顾：媒介进化理论》中阐释媒介的进化规律，提出"人性化趋势"，其核心是"媒介以达尔文进化论的方式演进，人创造媒介，而且选择媒介"。媒介环境学认为，媒介是作为感知环境的媒介，人们通过媒介来建构或者重构现实，同时媒介也是作为符号环境的媒介。媒介固有的物质结构和符号形式发挥着规定性的作用，塑造着信息编码、传输、解码的方式。尼斯特罗姆认为，媒介不仅有时空偏向，还具有感知偏向、政治偏向、社会偏向、形而上的偏向、内

---

① 约书亚·梅罗维茨.消失的地域：电子媒介对社会行为的影响[M].肖亚军，译.北京：清华大学出版社，2002：24.
② 同上：93.

容偏向、认识论的偏向。从这一语境中可以说明媒介影响了人们对社会环境的认知。

媒介与人互动的方式更像是人与人互动的方式，尼尔·波兹曼强调媒介环境学的人文关怀，他说："以人性化的观点去思考媒介时，必须考虑人们对善恶好坏持不同的观点。"[1] 他认为评价新的媒介是否符合人性时需要考虑时间性。这也是场景传播研究的立足点，场景传播强调以人所在的场景为传播的核心与关键要素，这里的场景是通过新媒体技术、人与社会彼此间的互动而建构的，并将彼此融合的时间、空间、媒介等元素纳入到场景传播的重要元素中，本质是强调传播的场景化对人的服务价值。

三、与场景传播相似的概念区分

（一）场景传播与仪式传播：个性与共性

美国传播学者詹姆斯·W·凯瑞在1975年发表的《传播的文化研究取向》中，从源头对传播进行考察并提出了两种传播观的划分，即传播的传递观和传播的仪式观。两者都强调宗教是传播的起源，传播的"传递观"有着一个渐进发展的过程，在科学和世俗化力量得到普及后，其宗教暗示变成了一种隐喻，在当代强调人们通过传播技术和传播行为，在地域范围内拓展信息，以达到控制空间和人的目的。[2]

他认为，传播的"仪式观"并非指讯息在空中的扩散，而是指时间上对一个社会的维系；不是指分享信息的行为，而是共享信仰的表征，它并

---

[1] 林文刚. 媒介环境学：思想沿革与多维视野[M]. 何道宽, 译. 北京：北京大学出版社, 2007：45.
[2] 詹姆斯·凯瑞. 作为文化的传播："媒介与社会"论文集[M]. 丁未, 译. 北京：华夏出版社, 2005：6.

不看重布道、说教和教诲的作用，为的是强调祷告者、圣歌和典礼的重要性。《仪式传播：从日常会话到媒介庆典》中比较系统地研究了仪式传播，阐述了文化与传播的仪式观，并提出了"仪式即传播，传播即仪式"的观点。凯瑞认为，传播的起源及最高境界是建构并维系一个有秩序、有意义、能够用来支配和容纳人类行为的文化世界。[1] 传播的仪式观把传播的本质看作是情境的、社会的，这与通过场景的视角看待传播有着相似的地方，但是仪式强调秩序、规则、共性，场景从某种程度上对于仪式是一种解构，场景强调的是定制、个性、共鸣。

如今我们审视媒介和传播，更多的是传播的传递观视角，强调传播的效果和对传播的控制，传播的仪式观更强调传播的过程，场景传播则是强调传播的内外环境。仪式作为传播中一种单独出现的现象，有着群体注目的显性特点，但场景元素在传播所研究的对象中，是一种太熟悉以至于被忽视的元素，正如马歇尔·麦克卢汉所说，就像鱼没有意识到谁的存在，媒介构成了我们的环境，并维持着这种环境的存在。[2] 我们的个性、经验、成长环境塑造了我们的思想和生活，构成了我们理解传播的内在场景，我们所处的时间、地点、媒介的传播内容和方式构成了我们理解传播的外在场景，在传播的过程中，与其说人们在理解媒介和传播，不如说媒介和传播在"捕捉"人们的理解力、注意力，捕捉的方式和内容受到人们内在场景和外在场景的制约，只有发生了共鸣，适时精准的传播，才能形成较好的传播效果。

仪式是重要的场景，从传播学理论来看，仪式传播理论已经成为传播学的一个稳定的分支，给本文梳理场景传播的理论架构做了很好的借鉴。从内涵来看，仪式传播本质上是一个"想象的共同体"，仪式传播中的人

---

[1] 詹姆斯·凯瑞. 作为文化的传播："媒介与社会"论文集[M]. 丁未，译. 北京：华夏出版社，2005：7.
[2] 同上：12.

是群体，强调仪式中所有人约定俗成的行为，具有一整套规范和规则，但场景传播本质是一种体验的传播方式，场景中的不同的人可以定制自己的体验，换句话说，人只是仪式传播中的一个环节、一个部分，可以是策划者、组织者、参与者，人为仪式服务，但在场景传播中，人是核心是主体，场景传播为人的所见、所闻、所感服务，媒介的内容与形式可以"私人定制"。

（二）场景传播与景观社会：界内和界外

研究者认为，景观也是重要的场景，《景观社会》的作者居伊·德波指出生活本身展现为景观的庞大堆聚，[1]景观是以影像为中介的人们之间的社会关系，受"景观社会"的启发，美国学者凯尔纳提出了"媒介奇观"，认为"能体现当代社会的基本价值观、引导个人适应现代生活方式，并将当代社会中的冲突和其解决方式戏剧化的媒体文化现象，它包括媒体制造的各种豪华场面、体育比赛、政治事件等"[2]。从内涵来看，景观更像是站在他者从外观看的结果，媒介景观本质上是对媒介的一种批判，从场景的角度，媒介景观更像是对梅洛维茨讨论的社会场景的批判性概念，而场景传播更强调一种从内到外，再从外到内地观看视角，强调边界。

德波在《景观社会》中用了很大的篇幅去分析时间、空间的异化现状，如不可逆时间、循环时间与生产消费的关系，就德波看来，时间、空间成为可供交换的商品，优势阶级利用时间巩固了阶级关系，景观控制了时间的社会特性，大众的非生产时间被扭曲为消费时间，是充斥着引导消费的景观。对时空的批判性观点给了场景传播的时空观更理性的视角，尤其是时间、空间改变与权力、阶层的关系，给了场景传播新的研究点。

波兹曼在《娱乐至死》中提出"媒介即隐喻"的论断。他认为，媒介

---

[1] 居伊·德波.景观社会[M].张新木,译.南京：南京大学出版社，2017：3.
[2] 道格拉斯·凯尔纳.媒体奇观：当代美国社会文化透视[M].史安斌,译.北京：清华大学出版社，2003：2.

用隐蔽而强大的暗示来定义现实世界，除了现实环境外，我们还生存在由语言、技术和其他符号组成的媒介环境中，媒介环境塑造了我们头脑中的图像。这给本研究的思考是新媒体环境下，我们强调场景的积极作用的同时，警惕媒介所创造的场景的真实性，现实真实与场景真实之间的关系是怎样的。

第三节　场景传播理论与社会学科理论的关系

一、发展心理学：人类行为的场景层次

人在场景中是本研究的一个立足点，这里的场景在较早的社会科学的研究中常被作为"环境"来说，对场景传播的模式和形态的描述具有借鉴意义的是发展心理学。发展心理学强调社会对于个人发展的意义，其理论认为社会同一性（社会化过程）最终会赋予社会人的个体身份自群体身份的存在价值和情感意义。发展心理学的生态系统论由心理学家布朗芬布伦纳提出，他认为，发展心理学研究应当是在自然环境和具体的社会背景下探讨个体发展问题的一种研究取向，[①] 生态系统论的理论模型提出行为系统是人所在的行为系统，人与其相互作用，且不断变化发展，其模型如图1.1所示：

[①] 朱丽. 近50年来发展心理学生态化研究的回顾与前瞻[J]. 心理科学，2005，28（4）：922–925；Ceci S J. Urie Bronfenbrenner (1917~2005)[J]. Am Psychol，2006，61（2）：173–174.

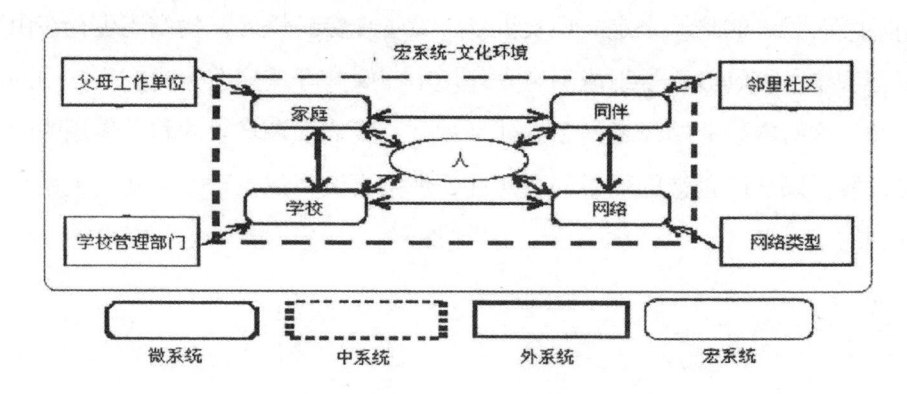

图 1.1　生态系统理论的行为系统模型[1]

从模型中可以看出，生态系统论主要包括：

微观系统即个体活动和社会交往的直接环境如学校、家庭；中间系统即围观系统之间的联系或相互联系；外部系统指自己无法参与，但间接发生影响的外部环境如网络、邻里、学校单位；宏观系统指包含前面三个系统在内的较大的文化背景如政治、经济、文化等。布朗芬布伦纳的模型还包括了时间纬度，或称作历时系统，将时间作为研究个体成长中心理变化的参照体系，与环境相结合来考察个体发展的动态过程。[2]

五个系统与场景传播中强调的场景传播的层次不谋而合。本研究从一开始将"场景"定义为一个包含了多种元素的集合体，上述五个环境系统对于场景的内涵提供了较为积极的参考。

除此之外，社会心理学中对于环境的因素对人的心理影响有着较为丰富的理论基础。美国心理学家爱德华·德斯（Edward L.Deci）和瑞恩（Richard M.Ryan）等人在 20 世纪 80 年代提出一种关于人类自我决定行为的动机过

---

[1] 刘杰，孟会敏.关于布朗芬布伦纳发展心理学生态系统理论[J].中国健康心理学杂志，2009（2）：250-252.
[2] 龚维义，刘新民.发展心理学[M].北京：科学技术出版社，2004：12-50.

程理论。① 理论认为，人的自我决定能力在于能够灵活地控制自己和环境之间的相互作用，同时也强调了社会环境对人潜能发挥的重要影响。② 自我决定理论强调人的先天的主观能动性，这种自我决定的潜能可以引导人们从事感兴趣的、有益于能力发展的行为。

文化过程是动态的，依赖于语境的，这里的语境不仅仅包括文化观念广泛存在的文化社区，还包括知识条目的语境特异含义、当下环境中的文化线索、知识条目在当下行为语境中的适用性、个体的认知状态和动机状态、个体如何定义他/她的文化认同。③

综合来看，两种社会心理学主要强调个体的行为在环境的影响下依然具有较强的自主能动性，这和先天的心理成长、个体的文化认知相关，总体上，人的行为趋向于自己感兴趣和有益于自己发展的方向。

二、社会互动理论：行为的场景意义

社会互动一词最早出现在1908年德国社会学家齐美尔所著的《社会学》中，他认为社会学的研究对象应该是与互动内容相对应的互动形式。④ 理论包含符号互动、角色互动、情境互动等。以乔治·米德提出的符号互动理论为代表，该理论认为人类互动是基于有意义的符号之上的一种行动过程。所谓符号，是指能够有意义地代表其他事物的事物。⑤ 符号互动论认为，符号在人们的社会互动过程中起着重要的中介作用，要理解某个行为，就要对行为者赋予其活动的意义作出解释，而意义的确定有赖于互动

---

① 刘海燕,闫荣双,郭德俊.认知动机理论的新进展——自我决定论[J].心理科学,2003(6).
② 沙莲香.社会心理学（第三版）[M].北京：中国人民大学出版社,2009：174.
③ 赵志裕,康萤仪.文化社会心理学[M].刘爽,译.北京：中国人民大学出版社,2011：237.
④ 梁执群.社交心理学[M].北京：开明出版社,2012：95.
⑤ 徐祥运,刘杰.社会学概论（第四版）[M].大连：东北财经大学出版社,2015：125.

的背景和情境，是在互动过程中通过双方的协作而产生、修正、发展和变化的。作为布鲁姆（米德的学生）的学生，戈夫曼拟剧理论本质上也是对符号互动理论的发展，指出人们通过扮演他人的角色来理解思想和意向，并据此来认识和指导自己的行为和观念。

美国芝加哥学派的一位学者托马斯提出了情景定义（definitions of the situation）的观点："如果人们认为某种情景是真的，这些情景就会变成真的。"[①]这里的情境即是场景，人们不仅对场景的客观方面有反应，对场景的符号意义也会有所反映，并认为场景的真实性和人们对其赋予的真实性有关，而因此人们的行为也会受到影响。托马斯认为，人们在行动之前，通常会经过一个对所处的场景的看法、想法做出解释的阶段，这种解释其实是对所处场景的定义，根据对场景中的事物与事件的看法判断行为的意义。社会互动理论对于分析社会对人类行为的影响有着积极意义，新媒体技术与社会的互动共同构建了人类行为的社会场域，在互动的过程中逐步形成新的场景中的规则、符号意义、传播关系，也从社会符号理论中更好地理解场景对于身在场景中的角色的身份、表达、认同的意义。

三、媒介现象学：媒介场景即社会生活场景

这是一个发端于哲学和人类学的媒介学派，德国哲学家胡塞尔指出："现象学：它标志着一门科学，一种诸科学学科之间的联系；但现象学同时并且首先标志着一种方法和态度：特殊的哲学思维态度和特殊的哲学方法。"[②]从哲学的角度看，现象学是一种精神观，现象学传统认为"世界是人们通过直接体验认识的世界"。现象学的三项基本原则是：第一，知

[①] Tomas W L, Thomas D S.The Child in American[M]. New York: Knopf.1928: 572.
[②] 埃德蒙德·胡塞尔.现象学的观念[M].倪梁康，译.上海：上海译文出版社，1986: 24.

识是在有意识的体验中直接被发现的；第二，事物的意义是由该事物在人们生活中所具有的潜在性构成的；第三，语言是意义的工具。[1] 在传播学中有关场景的理论最初是李普曼的"拟态环境"，虽然他谈到了环境，却是将真实的环境和媒介的环境对立起来看待的，是一种二元对立的视角，也是将媒体作为工具的视角，媒介现象学的出现让人们意识到媒体环境就是真实的环境，媒体本身就是人类存在和发现的场所。有学者据此提出了传媒的本体论专向，要求人们的认知对日常生活经验开放，经验本身寻找并发现表达它的领域，这意味着将媒体看作从属于对象本身。[2] 这其实是将媒体看作有生命的个体，所有在媒体中发生的事情都是人类社会的真实存在，是人类社会为了被认知而选择了传媒的表达。媒介现象学是突出了人和人的思想有关的事物作为传播的主体性地位，这与场景传播所强调的以人为核心的万物为媒、万物互联的人性化传播有着本质的一致性。

第四节　场景传播的定义

《即将到来的场景时代：移动、传感、数据和未来隐私》一书在新媒体、大数据的语境下，将大数据、移动设备、社交媒体、传感器和定位系统进行了探讨，并关注了它们之间的联动效应。将这五种技术力量称之为场景五力，并指出这"五种原力正在改变你作为消费者、患者、观众或

---

[1] 斯蒂芬·李特约翰，凯伦·福布斯.人类传播理论（第九版）[M].史安斌，译.北京：清华大学出版社，2009：44.
[2] 张骋.传媒本体论——新媒体时代的理论转向[M].北京：中国社会科学出版社，2016：12.

在线旅行者的体验,他们同样改变着大大小小的企业"。在他们看来,大数据时代之后,下一个科技大趋势就是场景时代,而谁能够占据场景,谁就能够赢得未来。

总体看来,从李普曼的拟态环境到罗伯特·斯考伯和谢尔·伊斯雷尔德场景时代,"场景"的研究语境已经发生了重大的变化,传统的媒介场景理论的研究只是将"场景"作为研究传播流程、传播效果、媒介功能等问题时的一个极小的部分,主要探讨媒介场景对受众的影响,对场景的概念缺少严谨有效的内涵规定,更缺乏系统的理论、历史梳理,没有使其成为一个成熟而科学的概念,新媒体语境下的场景研究缺乏学术的理论总结,多以场景的商业实践研究为主。

基于绪论部分收集到的对场景传播的定义,本文从新媒体语境中,尝试对场景传播(situated communication)作出如下定义:在人的成长和社会大背景下,以人所处的时间、空间、社交关系、心理(情绪)氛围为中心,依靠数据、感知等技术,进行的实时的、连接的、适配的传播方式,所实现的是传播与场景融合的体验。

这个定义主要包含以下几个部分的含义:

1. 场景传播中的传播者、传播内容、传播方式、接受者是相互联系的,整个传播过程嵌入人所处的时间、空间、社交关系、心理氛围的大环境中。

2. 场景传播中的场景要素分为社会背景、媒介场景、现实场景、心理场景。

媒介场景包含媒介中的时间、空间、角色、内容,可以是虚拟的、被创造的,内容也可以是包罗万象的;

现实场景则包含人所处的实时的时间、空间、人,其中时间,不是抽象的时间,也不是单一的时间,是人主宰的时间,并且有空间背景;空间,不是单纯的场所,是被媒介激活的现场;

心理场景主要指传播中的核心人的实时心理氛围,新媒体环境下媒介场景和现实场景是可以分离的、融合的，但内容与形式一定是和人的心里场景适配的。

3.人是场景传播的核心，不是少数的群体，而是众多的个人，是有别于技术创造的人，也不同于市场营销瞄准的人，场景传播几个要素构成的场景是现实与虚拟、个人与集体、外在与内在等场景的融合、交替，没有明显的时空边界。

4.场景传播的媒介是包括人自己在内的所有物体，其内容已不仅仅是新闻，而是一个包含万物的信息中心。例如在现代的智能厨房中，冰箱成为在厨房这一场景中较好的传播媒介，人们可以通过冰箱上的屏幕查找菜谱、播放音乐、视频甚至管理厨房的分布，查询冰箱内的食物存量和质量等。

5.场景传播所需要的感知、数据技术目前是以移动设备、社交媒体、传感器、大数据、定位系统、语音识别为代表的新媒体技术，也包括未来出现的新技术，移动设备和社交媒体提供人们连接、分享的入口，传感器、大数据、定位系统提供个性化、精准化的整合。

6.场景传播的传播过程是适配的、体验的、连接的动态过程，需要不断地对传播的对象进行定位，调整并提供实时的、精准的、个性的信息或服务。

总体而言，场景传播是一种人与环境相互融合的，对人实时所处的时空、心理、社交等状态进行匹配的传播，借助了移动设备、社交媒体、传感器、大数据、定位系统等新媒体技术，伴随万物皆媒的媒介演进路径，使传播突破时空限制，模糊人、媒介、环境之间界限，引发人与场景的沟通、对话，促进两者关系变革的新的传播方式。

本章小结

  本章对场景传播中涉及的关键概念进行了梳理，从语言学的角度对"场景"的概念进行追溯，并与之容易混淆的情境、语境、场所、地方等概念进行了区分，确定新媒体环境下"场景"的含义已经突破了传统的空间概念，是一个系统的、集合的包含人、时空、社交、心理等综合因素的，以数据和连接为基础的，以人为核心的，强调实时的、可分类、可创造的新媒体概念。并将传播学中与场景传播相关的拟剧理论、媒介场景理论、媒介人性化趋势理论进行梳理，区别了场景传播与媒介域、场景传播与仪式传播等相似概念。将场景传播与发展心理学、社会互动理论、媒介现象学结合起来，指出行为的场景层次、场景意义，即社会场景和媒介场景的互通。结合新媒体的语境，尝试将场景传播定义为：在人的成长和社会大背景下，以人所处的时间、空间、社交关系、心理（情绪）氛围为中心，依靠数据、感知等技术，进行的实时的、连接的、适配的传播方式，所实现的是传播与场景融合的体验。并从传播者、传播内容、传播要素、传播过程、接受者几个方面对场景传播进行了含义的解释。指出场景传播是以人为核心的，伴随万物皆媒的媒介演进路径，使传播突破时空限制，模糊人、媒介、环境之间界限，引发人与场景沟通、对话，促进二者关系变革的一种新的传播方式。

第二章
新媒体与场景传播:传播的时空转向

关于新媒体的概念，至今没有一个定论。正如英文中的 Media 在中文语境中被翻译为媒介还是媒体一直存在争议一样。Media 源于拉丁文 medium，指具有中介作用的某种实体或状态。20世纪60年代，"媒介"成为一个术语，用于描述实现跨时空社会交往的不同技术与机构。[1] "媒介"强调的是这一实体的交流性质或功能特征，而"媒体"更多的强调其技术属性或身份特征，[2] 所以本研究更倾向于认为新的传播中介最根本的是技术发展的结果，其交流性质、功能、身份特征也是建立在新技术呈现的新样态上的，而媒介是自古存在，新的媒介在于发现，新的媒体在于创造，于是本文以"新媒体"而非"新媒介"来作为场景传播的研究视域。

目前，国内学者一般把1967年P.戈尔德马克在其电子录像商品计划中提出新媒介的事件作为"新媒体"概念早期使用的例证，20世纪90年代以后，"新媒体"一词得到了大量使用。在以"新媒体"为篇名，研究者在知网的搜索文献高达10万余篇（数据截至2022年10月20日），对新媒体的认识有百家之言，主要存在以下几个视角。

一是相对视角，认为新媒体是相较于旧媒体的一个动态概念，就像广播之于报刊、电视之于广播是一种新媒体一样。也有学者强调相对视角中新媒体的补充、改变、再现的作用，如麦克卢汉认为，每一种新媒体一是提升人的某种功能；二是使得已有的某种媒介或技术过时；三是再现以前的旧媒介，推进到新的程度；四是逆转为一种补足形式（形成新的媒介阶段及样式）。[3]

二是技术视角，认为"新媒体是报刊、广播、电视等传统媒体以后发展起来的新的媒介形态，是利用数字技术、网络技术，通过互联网、

---

[1] 克劳斯·布鲁恩·延森. 媒介融合：网络传播、大众传播和人际传播的三重维度 [M]. 上海：复旦大学出版社，2012：59—60.
[2] 陈卫星. 新媒体的媒介学问题 [J]. 南京社会科学，2016：121.
[3] 伯特·洛根. 理解新媒介——延伸麦克卢汉 [M]. 何道宽，译. 上海：复旦大学出版社，2012：33.

无线通信网、卫星等渠道以及电脑、移动终端、数字电视等终端,向用户提供信息和娱乐服务的传播形态和媒体形态"[1]。新媒体研究的开拓人物列夫·曼诺维奇便从五个方面描述了新媒体:数值化呈现(numerical representation)、自动化(automation)、模块化(modularity)、变异性(variability)、跨码性(transcoding)。其中,数值化呈现是指媒介以数值形态表达和传播;自动化是指基于数值化而实现的创作和进入的技术便利;模块化是指特定媒介具备稳定的模块结构,而不同媒介又可以组成更高端的媒介。[2]

三是社会视角。如美国《连线》杂志对新媒体的定义是"所有人对所有人的传播"[3],还有从现象学出发,认为"新媒体倾向于构建一个所有人能直接体验的景观世界以取代真实世界,并引导人们以'所感即所得'的方式来获得知识并得到'即刻的心理满足'"[4]。

作为一个有着多重认识视角的概念,本研究更倾向从社会的视角定义新媒体,认为如果是相对的视角不足以说明新媒体的新技术以及新媒体所带来的社会变化,技术视角是新媒体这一概念的自然属性,认识新旧媒体,必然要清楚报纸、广播、电视之所以被称为旧媒体,是传播方式和观念的"旧",而不是时间的"旧",传统媒体的传播是一对多的传播,缺少即时的反馈,有着明显的传播主体与客体,倾向于对社会集体的传播,而新媒体的传播在融合了以往各种传播方式和语言元素的基础上,更强调多对多的传播,正是美国连线杂志所说的"所有人对所有人的传播",新的媒体重视连接性、交互性,模糊了传播的主体与客体,在社会意义传播的背景下,强调个人意义即个性化的传播,从理论的角度,新媒体可以理解为"推

---

[1] 宫承波.新媒体概论[M].北京:中国传媒大学出版社,2009:17.
[2] Manoviech, Lev. The Language of New Media[M]. Cambridge: The MIT Press, 2001: 27–48.
[3] 转引自张波著,新媒体通论[M].济南:山东人民出版社,2015:3.
[4] 谢圣华.新媒体的新闻观[M].北京:中国传媒大学出版社,2014:23.

动最广泛的社会大众全方位参与社会构建的媒体类型"①。

如今的生活时代是一个新媒体爆发的时代,新媒体对人们日常生活的渗透已达到方方面面,走在街上随处能见到正在使用移动终端聊天、电话、扫码支付的人们,上下班赶公交、地铁的路上随处可见的地铁、公交电视、户外LED屏广告,回到家中小区走进电梯能马上看到电梯里的广告屏,人们用新媒体完成工作、休闲娱乐的各个方面,同时也影响着人们对时空的认识。

第一节 新媒体—新场景—新时空观

时间、空间是人类日常生活行为中的最基本参考,安东尼·吉登斯在《社会的构成》等著作中强烈批评西方社会理论对时空问题的忽视,时间、空间不仅仅是纯内生的变量,还是我们理解社会结构和历史变迁的关键。马歇尔·伯曼把现代性(同其他一些东西一样)等同于体验空间和时间的某种方式,②作为社会结构的一部分,传播从本质上也是对于时空的体验,时空观是常见于传播的研究当中,传播技术的发展创造了新的社会场景,场景中重要的时间、空间要素也发生重要的影响,新场景的时空特点是:

一是时空分离。时空分离主要指现实的时间和物理的空间的分离。口语传播、文字传播时期,人必须在统一的时间、空间中才能接收传播的内容,

---

① 罗伯特·洛根.理解新媒介——延伸麦克卢汉[M].何道宽,译.上海:复旦大学出版社,2012:13.
② 转引自戴维·哈维.后现代的状况——对文化变迁之缘起的探究[M].阎嘉,译.北京:商务印书馆,2004:201.

我们常常在电视剧中看到古代战场中的军情通过八百里加急快报，跑死几匹马、几个人才能传送到对方手里，这在新媒体技术发展的今天，前方的战事可以瞬间传到世界各地，新媒体技术促进了传播的时效，也因此促进了时空的分离，人们的身体不再受空间的限制，无论个人身在世界各地，都能同时接收信息，时空就此分离。时空统一的本质是标准化的世界运行方式，吉登斯将时空分离作为社会现代性的动力机制之一，他认为，因为时空分离为现代社会生活的独特特征及其合理化组织提供了运行的机制，[①]例如突破了一些习俗和实践的限制，开启了变迁的可能性，形成"脱域"，即社会关系从彼此互动的地域性关联中，从通过对不确定的时间的无限穿越而被重构的关联中"脱离出来"。[②]麦克卢汉也指出，"在电子媒介对现存社会形式的冲击中，最主要的因素是速度与断裂"[③]。脱域意味着一种高度独立的流动能力。

二是时空压缩。马克思早在19世纪提出了"用时间消灭空间"的观点，用来解释信息传播与物流关系。[④]他把时间和空间看作生产的要素，他注意到当时的电报、书信等媒介对于缩短生产时间的作用。戴维·哈维以"时空压缩"这个词语呈现了资本主义的当前转化，社会开始以一种即时的方式来运作，而新媒体正是这一转化的重要动力，将"时空"观念引入到传播学研究中的代表人物是英尼斯，他关注传播技术、媒介的时空偏向性。他认为，文字、纸张等是易于空间流通不易于保存的偏向空间的媒介，而如黏土、羊皮纸等，能长久保存但不易于空间流通的属于偏向时间的媒介。麦克卢汉也认为新的媒介改变了人们认知世界的方式，并提出"媒介即讯息""媒介是人的延伸""地球村"的著名论断，其中"地球村"的概念

[①] 安东尼·吉登斯.现代性的后果[M].田禾，译.南京：译林出版社，2011：17.
[②] 同上：18.
[③] McLuhan, M. 1964. Understanding media: The extension of man [M].Cambridge: The MIT Press: p94–95.
[④] 陈力丹，王晶.马克思"用时间消灭空间"的思想[J].新闻前哨，2011（5）：89-90.

指出电子媒介打破了人类传统的传播中的时空边界,而出现了时空压缩,原先依赖于地方、文化差异建立起来的地理空间变得不再边界分明,这也是对"时间消灭空间"的回应,"媒介是人的延伸"所提到的人们通过技术的发展获得感官的延伸,也会影响到人们自己对真实空间、虚拟空间、网络空间的感受与认识,更是对当下"万物皆媒"的阐释。

一、对时间的影响:工业化—媒介化—场景化的演变

"时间的视域意味着一种决定在实质上影响着我们所做出的那种决定。"[1] 这是戴维在后现代的状况中提出的影响人们决定的重要尺度——时间,人们不关注"此时此地"而关注"未来",这是传统的时间观念所带来的对个体行为的影响。从时间观念的演变历史看,人类曾先后经历了四次时间革命,即自然时间的革命、钟表时间的革命、媒介时间的革命,现在也许正在面临受众时间的革命。[2] 或许所谓受众时间的革命,就是场景时间的革命。

(一)时间从自然化到工业化

口语、文字传播时期,自然时间与物理空间一样是原始社会、农业社会的象征,自然时间还通常具有神秘感和神圣感,"日出而作、日落而息""春耕、夏耘、秋收、冬藏"是时间对劳动实践的参考,太阳、月亮、影子、日晷、圭表、节气、历法是当时的人们对时间的记录的介质,而这些工具对于时间的记录是遵循自然规律,朴素且基于人们长期生活观察的结果,

---

[1] 戴维·哈维. 后现代的状况——对文化变迁之缘起的探究 [M]. 阎嘉,译. 北京:商务印书馆,2004:253.
[2] 邵培仁,杨丽萍. 媒介地理学:媒介作为文化图景的研究 [M]. 北京:中国传媒大学,2010:77.

当然这些记录时间的介质精度并不高，甚至是模糊的，时间与时间之间也没有明确的界限，万物皆有时间。与自然时间不同的是，以钟表刻度为代表的时间记录的介质是人造的时间，是工业社会的标志，时间被机械时钟这种手段重组了，时间被分为 24 小时，工作时间也开始伴随出现，记录时间的观念逐渐过渡为遵守时间、计算时间和分配时间。[①] 时间开始出现时区的分类，时间从对劳动实践的参考变为一种规则，开始束缚人的自由，这是伴随工业社会的发展，资本的差异而形成的，戴维说："工业时间按照由无止境地追寻资本积累所造就的技术和场所变化的强有力节奏来把劳动分配与再分配给各种任务。"[②] 而伴随媒介技术的发展，人们日常生活的时间观发生着新的建构。

（二）时间从工业化到媒介化

从原始社会、农业社会到工业社会，记载时间的介质越来越先进，测量时间的精度越来越准确，这也意味着计时工具可以被更精确的介质来替代。手表是一个典型的代表，手表是显性时间，是以时间为中心介质，手表的突出作用就是代表工业时间，以准确地满足工作的需要。到广播、电视等电子媒介出现后，时间的开始以媒介内容为重要的参考标准，媒介化逐渐形成。"媒介时间所代表的不仅仅是电子媒介技术的进步，也是电子媒介内容的体现方式。人类新的时间观念正是电子媒介技术和媒介内容共同作用的结果。"[③] 例如，"在美国，对大数城市居民而言，春天的到来不是以草木突然萌发的嫩芽为标志（在曼哈顿很少见到绿色）而以棒球赛

---

① Mumford L. Technics and civilization[M]. New York: Harcourt Brace. 1934: 14.
② 戴维·哈维. 后现代的状况——对文化变迁之缘起的探究 [M]. 阎嘉，译. 北京：商务印书馆，2004：252.
③ 邵培仁，黄庆. 媒介时间论——针对媒介时间观念的研究 [J]. 当代传播，2009（3）：22.

季节的开始为标志"①。《新闻联播》成为很多家庭安排晚饭、休息的时间点,某个电视节目也成为家庭活动的时间点等,有的家庭要看完每天的天气预报才出门散步,或者看完某一节目才去做别的事。在这一过程中,时间是被记载的,属于客观的、理性的、判断的结果,因为"时间是重新安排并具有相对独立的叙事能力的,时间的多少可以体现时间的重要与否"②。广播、电视也进一步缩短了传播的时间,而且也因为广播、电视的稍纵即逝,使得媒介化的时间出现即时性、不可存储性的特点,这种媒介化的时间也影响着社会中人的行为。典型的是电视的现场直播,直接导致了媒介事件的出现。另外,在网络中,电视变成了可以重复的画面,不是依靠电视台的重播,而是网络的回放,长期以来难以解决的电视文本问题轻而易举地就被网络破解了,这种方式甚至有一点喜剧色彩,电视仿佛在网络中复活了,或者说电视的线性时间被解构了。

(三)时间从媒介化到场景化

由于互联网以及移动终端、笔记本电脑、穿戴式设备等新媒介工具的出现,时间的媒介化出现了新的拐点,时间的即时性和不可存储性得到了某种修正,互联网开始记录并且存储时间,例如很多的节目可以回看并用于搜索,时间的记录开始突破传统的、线性的、完整的特点,让时间的呈现更具有压缩性、个人性、碎片性、虚拟性,这些特点可以统称为"场景化"。时间受到新媒体的影响进行了空间的分割,新媒体的内容开始根据场景化的时间进行推送,例如"罗辑思维"公众号每天早上七点左右推送一条"罗胖60秒"语音,简短、伴随式的音频应用与这一时间段大部分人刚刚苏醒或正准备上班时的场景有关。传统的广播电视节目时间段的划分是持续

---

① 阿尔文·托夫勒. 未来的震荡 [M]. 任小明,译. 成都:四川人民出版社,1985:440.
② 邵培仁,杨丽萍. 媒介地理学:媒介作为文化图景的研究 [M]. 北京:中国传媒大学,2010:77.

的，接受者的可选择性低，而新媒体的内容时间段的划分是瞬时的，用户的可选择性提高了。比如用户虽然打开了微信公众号进行阅读但可能只有一分钟，甚至一秒就转向别的内容了，这也导致人们开始花大量的时间去关注新媒体中的信息。实际上，这也是碎片化传播时代的一个特点，就是积少成多，人们很少有完整的阅读时间，媒介的进入和退出都是碎片化的，但如果我们把这些分散的碎片拼接起来，它仍然是一种完整的还原。我们显然已经进入了碎片化时代，喜欢快速地接入和转换，既而不得不用后现代的拼接方式来恢复整体性。

（四）虚拟时间创造的新的规训

新媒体的另一个影响是模糊人们对时间的感知，让人们开始沉浸在虚拟时间中，这种虚拟时间是指"当代人尤其是网络成瘾者生活在一个既沉浸其中又超脱之外的社会结构里，过着一种既活着又不活着、既存在又不存在的特殊生活"[1]。即卡斯特所说的"无时间的时间"，产生于某个既定脉络，亦即信息化范式和网络社会的特征，导致在该脉络里运作之现象的序列秩序发生系统性扰乱之时。[2] 即网络社会将传统的、线性的、具有序列的时间系统性地混合了各种时态的立即的瞬间，或者在序列中引入随机的不连续性。序列的消除创造了未分化的时间，而这形同永恒。[3] 这种虚拟时间和虚拟空间并存，例如很多人可以一整天沉浸在网络游戏、网络聊天、网络视频中，这种虚拟时间的存在是对新媒体的深度使用，忘却现实的世界，就像韩剧《来自星星的你》中拥有让时间静止的能力的都教授，生活在虚拟的时间中的人对现实生活中时间的可感性降低，虚拟时间之外

---

[1] 邵培仁，杨丽萍.媒介地理学：媒介作为文化图景的研究[M].北京：中国传媒大学，2010：82.
[2] 曼纽尔·卡斯特.网络社会的崛起[M].夏铸九，等，译.北京：社会科学文献出版社，2001：564.
[3] 同上：564.

的现实时间是静止的，与自己所在的时间界限分明，出现人的异化。

有人认为，生活在虚拟时间中是对人的解放，从时间的历史发展来看，传统工业社会中的钟表实际上是工业社会对人的一种规训，是福柯所描述的权力对身体的控制，他认为规训带来了"驯服的"肉体，新媒体的发展让人从传统的工业社会的规训中解放出来。屏幕取代了格子间、时钟，合并家庭、工作等各个场景，人们开始不受传统的时间的束缚，但新媒体所带来的新的时间边界的消失让人们的私人时间和公共时间变得模糊，所以当下很多人选择拥有两个移动终端以区分工作和私人生活，这种新的规则其实是另外一种对身体的控制即另外一种规训。同时，新媒体所带来的沉浸感在没有外力提醒的情况下，人们更容易忘却时间，产生时间的错觉，大部分人使用互联网都有一种感受，当我们上网搜索了一些信息、聊了会儿天、发了封邮件，几个小时就不知不觉地过去了，于是有些身在网络中的人们通过"订阅时钟"等移动终端上的软件来提醒自己时间，而新的时间介质和时钟一样制定着新的规则。以前工业社会的规训，在信息社会并没有减轻，反而增强了，人们对时间的选择度看似增大了，但人的身体被这些新的介质控制的程度又加强了。

二、对空间的影响：边界的模糊与社会场景行为的重构

场景最初更多被认为是一个偏向空间的概念，但实际上是一个系统的概念，从空间这一元素来说，不仅仅是完全独立的物理的空间概念，有学者认为空间可以被看作是一个"连续统"，开始是感知，然后是描述，最后是分析和评价，每一个过程也不是相互独立的。[①] 对空间的描述、评价和分析依赖于人们的感知，相较于理性的时间，空间更加感性，需要触摸的，

---

① 罗伯特·戴维·萨克. 社会思想中的空间观：一种地理学的视角 [M]. 黄春芳，译. 北京：北京师范大学出版社，2010：5.

需要依赖感知以及对感知的描述。媒介在人们对空间的感知中起到了重要作用。媒介重建了人类的时间观念，这与改变空间是同步的，同时也让空间有了理智的成分，相当于我们用感性的方式来表达理性的结果。

（一）空间观的演变

关于空间观的历史，卡尔·马克思、亨利·列斐伏尔、大卫·哈维、米歇尔·福柯、爱德华·苏贾等人都有叙述。总结起来，空间观大致经历了绝对空间观、相对空间观、媒介空间观、虚拟空间观四个阶段。

1. 绝对空间观

古典空间理论认为，与时间一样，空间是一种无力事实，不受人们感知方式的影响，结构也是固定不变的，空格是指事物占有的位置的总和，空间本身是有限的，静止的。[1]牛顿在1867年的《自然哲学的数学原理》中指出，绝对的空间，其自身本性与一切外在事物无关，它处处均匀，永不迁移。[2]传统的空间观是形而上学的空间观，认为空间是固定的、单一的、有边界的，一个空间就是一个场景，空间与人的身体相连，传统的空间移动也是人的身体的移动，一个人离开了原来的空间意味着与这一空间中的社会关系的分裂，所以传统的空间观也限制着人们的交往，公共空间与私人空间，不同社会地位、不同身份的人所处的空间，如领导者和被领导者的空间、男女的空间、儿童与成人的空间、少数群体与多数群体的空间……这些空间之间界限分明，在传统的空间观下，彼此很难进入。

2. 相对空间观

爱因斯坦的相对论提出后打破了人们将空间作为静止的背景这一看法，空间被认为是非均衡的，也不是连续性的，因为事物之间的联系是多种多样的，而这些关系的连接也没有固定的形态。爱因斯坦提出了广义相

---

[1] 冯雷.理解空间—现代空间观念的批判与重构.北京：中央编译出版社，2008：31.
[2] 转引自关洪.空间：从相对论到M理论的历史[M].北京：清华大学出版社，2004：7-8.

对论，认为"时空是弯曲的"，时空不能独立存在，只能作为场的结构性质而存在。[①] 也许我们可以用一个例子来说明这种空间观念，一个专业工作者很有可能会在公立和私立两种工作场所之间转换角色，这并非是说一个职业人在不同性质的工作场合会有不同的责任心，而是说场景在一定程度上决定了他的态度，这不是纯粹的经济学意义。

3. 媒介空间观

传播研究中，空间概念作为一个关键的因素，具有多重含义，不止是地理的和自然的空间，还是社会的、环境的和人心理的空间，空间是有形的，也可以是被想象的，在人们的体验、传播、重构中，空间还不断地发生变形。梅洛维茨在《消失的地域：电子媒介对社会行为的影响》中认为，媒介对于空间的作用能够改变人的行为表现和角色扮演。电子媒介绕过以前传播的种种限制，改变传播变量中的时间、空间和物理障碍的重要程度，并且越来越多地介入了空间结构划分的场景。[②] 媒介的介入让具有空间结构的场景划分更加复杂，现实空间、社会空间、媒介空间都存在虚拟的边界，具体的如权力、表达的边界。通常社会中的普通角色对权力拥有者角色了解得越少，权威感越重，权威角色的表达影响力越强，而空间的边界也影响着身在空间中的群体和个体的信息表达，这种表达也会对当时的媒介内容产生影响，这种影响无论在传统媒体和新媒体都是一条不变的规则，所谓"媒介讯息变化的共同点是信息系统和它们的内容之间的环形关系，社会信息流整体模式的人和重要变化都影响所有媒介的内容"[③]。

4. 虚拟空间观

口语传播、纸质传播时期，空间的界限还比较明显，从印刷传播到电

[①] 王玉峰. 时间、空间：永无止境的探索 [J]. 江苏科技大学学报，2005（3）：11.
[②] 约书亚·梅罗维茨. 消失的地域：电子媒介对社会行为的影响 [M]. 肖军，译. 北京：清华大学出版社，2002：7.
[③] 同上：171.

子媒介再到如今的新媒体，媒介技术的发展让空间的界限变得越来越模糊。新媒体技术发展下，虚拟空间的出现让空间从现实中剥离，不同于媒介空间观，虚拟空间观强调空间的媒介化，在游戏、虚拟现实（VR）、增强现实（AR）的场景中，虚拟的空间强调现实有形空间的虚拟呈现，虚拟更需要空间元素，例如已故歌手的虚拟演唱会，当下的虚拟主播等。虚拟需要借助新的技术或设备，离真实更近，从某种程度上，媒介所营造的场景更偏向虚拟场景，虚拟场景仍然可以被感知，它的呈现形式非常的多样，更偏向空间的虚拟。

（二）新媒体空间演变的影响

卡斯特认为，"空间是共享时间之社会实践的物质支持"。新的技术对社会结构的影响引起空间的变化，在网络社会的背景下，空间转向了一种更具流动的形式，即"流动的空间"，"通过流动而运作的共享时间之社会实践的物质组织"。[1]所谓的流动，指的是"在社会的经济、政治与象征结构中，社会行动者所占有的物理上分离的位置之间那些有所企图的、重复的、可程式化的交换与互动序列"[2]。网络节点、占据支配地位的精英以及全球化的信息流动三个层次构成了流动的空间。这样的转变其实质是空间的组织原则从邻近性到功能性，两个不相邻的空间位置依靠信息网络相互连接，在社会场景方面主要影响如下。

1. 私人领域在公共领域的投射面积和深度增大

"所谓公共领域，我们首先意指我们的社会生活中的一个领域，某种接近于公众舆论的东西能够在其中形成……他们作为一个公共团体行事——也就是说，对于涉及公众利益的事务有聚会、结社的自由和发表意见

---

[1] 曼纽尔·卡斯特.网络社会的崛起[M].夏铸九，等，译.北京：社会科学文献出版社，2001：505.
[2] 同上：505-506.

的自由。在一个大型公共团体中,这种交流需要特殊的手段来传递信息并影响信息接受者。今天,报纸、杂志、广播和电视就是公共领域的媒介。"[1] 从哈贝马斯对于公共领域的经典界定看出,公共领域由众多的私人领域构成,但讨论的是具有普遍意义的、关系集体利益的问题,依托的是媒介进行沟通,公私领域之间的区分并不明显,但也有研究认为公共领域形成的前提是国家与社会分离从而塑造出一个独立的私人领域。电子媒介、互联网的兴起降低了私人对公共领域问题探讨的门槛,也模糊了私人领域与公共领域的边界,让私人领域在公共领域的投射面积无论从广度上还是深度上都增大了,传统的观点认为,家庭环境是属于更为私人的领域,工作是更为公共的领域,在新媒体的影响下,原本在公共领域中完成的事变得越来越私人化,人们的工作从原来的定点变成了任何地点;同时,以前较为私人甚至私密的话题因为媒体的公共领域属性变得放大,如婚恋话题、两性话题、性取向话题等这些原本是属于亲人、朋友、恋人之间讨论的话题,或者原本比较禁忌的话题通过新的媒体这一公共领域变得更加开放、恰当,让"恰当"的行为和话题被重新定义,还成为新媒体传播的内容。

但是,新媒体中具有影响力的自媒体仍然可以算作公共领域,好比微博中的"大V",通过公共领域讨论私人话题如果太过,对于话题中的主角是一种无形的舆论压力,如互联网环境下对隐私的窥探,网民对媒介事件中的人物的人肉搜索行为甚至引发网络暴力、媒介审判等。私人领域对公共领域的投射看似是新媒体带来的新的公私场景的构建,是对传统的一些表达或者权力的解放,形成新的生活行为方式,但对于私人领域的讨论仍然要把握场景的边界,"世界上的任何话题都是可以谈论的,只要有理

---

[1] 尤根·哈贝马斯.公共领域的结构转型[M].曹卫东,等,译.上海:学林出版社,1999:39.

由去谈论它，且讨论的过程是有品位和谨慎的……"①而对于公共领域对私人领域的入侵所带来的传播伦理、法律问题仍然要引起足够的重视，需要加强对网民的网络素养教育。

2. 不同身份在新媒体场景中的有限融合

马克思认为，身份是指"人的出身、地位或资格，是人在一定社会关系中的地位，因而人人皆有身份"②。从定义可以看出，身份主要和地位、权力有关，前面提到，传统的空间中，不同身份地位的人是很难进入彼此的空间场景里的，但随着电子媒介、新媒体的出现，人们开始进入以前无法进入的空间，如普通人可以通过新媒体与国家领导人沟通，普通人可以通过 VR、AR 技术像记者一样进入每年两会的现场，漂泊在外的人可以无论身在何处都可以网购自己家乡的特产……梅洛维茨指出电子媒介弱化了"这里"与在"其他地方"的区别，也弱化了"这里"与"其他地方"的人之间的区别，任何地方发生的事可以像发生在身边一样，人们虽然不在同一个地方，但可以像在同一个地方一样在新媒体上进行交流、讨论，并且在接触的速度、灵活性上都有显著的提高。在社会层面，物理空间和媒体空间的分离，社会空间边界的模糊让社会各个阶层、不同身份的人通过新媒体体验到其他阶层的人的生活，不同身份的人之间开始不陌生彼此的谈话方式、生活方式。新媒体虽然让不同身份的人之间可以对话和互相了解，减少了普通人社会参与的成本，但根本上没有改变参与的不平等，高低身份的融合是一种有限的融合。

3. 前台与后台的中区化

戈夫曼的拟剧理论将人们日常生活中的行为解释为特定场景中的角色表演，并用舞台表演的语言"前台""后台"来形容人们在日常生活

---

① 转引自约书亚·梅罗维茨. 消失的地域：电子媒介对社会行为的影响 [M]. 肖军, 译. 北京：清华大学出版社, 2002：166.
② 马克思, 恩格斯. 马克思恩格斯选集（第一卷）[M]. 北京：人民出版社, 1997：18.

中的表演区域。总体来看，前台是人们面向他人较为理想化呈现的舞台，在这个舞台中表演者通常遵循着普遍的礼仪规则来塑造自己在他人心目中的形象；后台则是人们面向自己的坦诚区域，也可以说是较为真实地展现与前台不一样的自己的场所。在电子媒介诞生前，前后台的区域划分可以说是像戈夫曼所认为的那样分明，在电子媒介诞生后，前后台的区分和关系发生了显著的变化。梅洛维茨发展了戈夫曼的前台、后台理论提出了"中区"的行为概念。梅洛维茨认为在中区行为中，表演者和观众不再拥有绝对的后台或者前台，电子媒介也让更多的后台前台化，梅洛维茨分析电视的出现对前后台的影响时提到，电视尤其是现场直播将原本之前面对面才能捕捉到的人的表情放在了公开的媒体上，让部分后台才能看到的表情展示在了前台，因为直播的不可逆性，给予后台准备的时间也减少，导致在直播中容易看到错误，同时，不同的群体之间的相对前后台的界限也被打破。

新媒体在一定程度上既是前台又是后台，尤其以当下人们使用程度最高的短视频平台，人们在短视频上可以选择性地展示自己理想化的一面，也可以进行情绪的发泄、丑陋的自拍等原本以前更倾向于在后台展示的内容，短视频直播更是将传播的内容扩展到以前在后台显示的人们的日常生活等。而对于新闻传播来说，因为前后台的界限模糊，观众也越来越热衷对后台的窥视，许多后台的内容成为新闻传播的素材，例如算法新闻出现后，人们要求公开算法的技术过程，公开、透明成为当下新媒体传播新的要求，这也是源于新媒体技术带来的前后台场景界限的打通，扩大了对后台行为的接触和意识，这也导致封闭的社会系统都有了坏名声，秘密的会议、不公开的信息在新媒体迅速的流通速度中容易遭到公开的怀疑和抵制。

需要指出的是，电子媒介在打破原有的空间格局的同时，也在重构新的空间格局，新旧场景的融合和交替也会导致与旧场景中的社会关系和规则的矛盾与博弈，这种矛盾与博弈开始成为新的媒介内容，这也是为什么当下传统媒体所遇到的转型出现阻碍的原因之一。

第二节 场景传播对传播时空的方法论意义

一、场景传播的时间观：传播的时宜性

"时宜性"是在新闻报道中经常出现的词，主要指新闻为谋取理想传播效果而选择最佳发表时机的一种社会传播机制，[①]新媒体传播中，新闻报道虽然占有较大的比例，但更大的比例在于信息的推送，无论是自媒体还是个人在新媒体平台上的传播，将场景因素纳入传播当中时就会考虑传播的时宜性，相较而言，自媒体的传播更加随意，但我们日常生活中还是会有这样的经历，大部分人选择在朋友生日的零点送出祝福，在大年三十的零点放烟花爆竹，公关行业还流传着危机公关黄金24小时之说……这些都在说明传播讲究最佳的时机。传播的时宜性似乎是对传播时效性的一种挑战，某种程度上这两者是一对矛盾的统一体。传播的时效性要求"抢"着发，传播的时宜性要求"等"着发，这里的"等"不代表一定要延后发，等的是"时机"，这里的"时机"可以是预发、首发，也可以是后发，还可以不发。在之前所举例的微信公众号发布规律可以看到，每天的每个时间段都可能成为发布文章的最佳时间段，但最佳的时间与传播的内外场景如传播的定位、内容、方式、环境相关。所以传播的时宜性从某种程度上不仅仅是传播的问题，还是政治、经济、文化等综合的问题，也是对传播效果的考量，这里的传播者好比一个外交发言人，需要非常综合的素质。

---

① 童兵.功能的两重性和新闻的时宜性[J].新闻与写作，1989（10）：17.

但是在实际的生活中传播的时宜性应用比较困难，在个人较为随意的传播中很难做到传播讲究时机，但对于机构或者组织，掌握传播的时宜性将会大大增强传播的效果。以 2018 年 2 月 1 日在优酷首播的陈可辛为苹果拍摄的一条视频广告为例（封面见图 2.3），广告根据真实故事改编，由 iPhone X 拍摄，讲述了一位女乘务员与儿子在火车站见面的 3 分钟。苹果选择在春运的第一天来发布，因为《三分钟》这则短片讲述的就是发生在春运路上的故事，该广告播出一天时间优酷点击量 1000 万 +，苹果微信公众号一夜之间迎来首篇 10 万 +，这是传播的时宜性的典型应用，所谓时宜，以个人感受做比就是我此时正需要的时候，你来了，我此时不知道需要什么的时候，你的到来让我知道我需要什么。

图 2.3　陈可辛 iPhone X 拍摄广告封面《三分钟》

二、场景传播的空间观：空间与媒介的融合

梅洛-庞蒂指出："空间不是物体得以排列的（实在或逻辑）环境，而是物体的位置得以成为可能的方式。也就是说，我们不应该把空间想象为充满所有物体的一个苍穹，或把空间抽象地设想为物体共有的一种特性，而是应该把空间构想为连接物体的普遍能力。"[①] 空间在场景传播中相较于时间而言，是更为重要的角色，从传播与空间的结合来看，无论是传统的空间观还是新媒体下的空间观，传播适用于当下的空间这一观点一直没变，例如在婚礼、葬礼等场景中也遵循一定的表达和行为规则，所以行为要符合场合，传播也需要符合场合。但传统的空间观与场景传播中的空间观最大的不同在于，传统的传播空间观认为空间仅仅是传播的一个场所，传播的内容适合这个场所，但在传播的过程中不一定要用到场所本身具有的物体或者特质；场景传播的空间观强调的是，不同的空间都有适配的媒介，不是所有的媒介都适合在同一个空间中作为传播的载体，最适配的一定是与传播的空间最融合的，让空间成为媒介的空间，让媒介成为空间的媒介是场景传播空间观的核心特征。例如，2021年以来，裸眼3D显示屏（见图2.5）频繁登上热搜，视频转发播放量超过十万次，裸眼3D作为传播媒介实质是连接了观众的眼睛与现实的实体空间，达到了让观众身临其境之感，本质是传播媒介与现实空间的融合。

---

① 梅洛-庞蒂. 知觉现象学[M]. 姜志辉，译. 北京：商务印书馆，2001：310-311.

图 2.5　成都太古里裸眼 3D 屏幕 ①

三、基于时空维度的新媒体环境下场景传播的分类

时空观念的影响促使了场景传播的时空原则：时宜性和空间与媒介的融合，同时也促使了基于时空元素的场景传播分类的出现。场景传播的分类是建立在场景分类的基础上的，对于场景的分类有不同的角度，大多基于空间分类的基础，历史上对空间分类比较常见的是列斐伏尔在他的批判理论中提出的三个方法论的空间概念：空间实践、空间表象、表象的空间；梅洛-庞蒂把空间分为身体空间、客观空间和知觉空间；卡西尔提出了有机体空间、知觉空间、神话空间和抽象空间四种类型。②《"场景"即生活世界——媒介化社会视野中的"场景"传播研究》一文以超链接的数字

---

① 裸眼 3D——公共艺术与商业趋势"新革命"[EB/OL].（2020-11-30）.https://ishare.ifeng.com/c/s/v002mRD59y H4mi76QRXe--FXikIH3JsuggcWz4DbzyTM8s9Y_
② 冯雷. 理解空间：现代空间观念的批判与重构 [M]. 北京：中央编译出版社，2008：127-128.

化情境作为场景定义,将场景分为时间型场景、活动型场景、超"真实"型场景。[①]这些空间的分类大多基于不同时期人们对空间的认识,总体而言,从时空元素的角度,新媒体环境下的场景传播可以分为以下四类。

(一)现实场景的传播

这里的现实场景指真实存在的场景,包括自然存在的场景和人造的社会场景。场景传播的研究所基于的时空维度第一层就是自然的时间和现实的物理空间,这也是人类时空体系中的核心和根本,也是场景传播研究的时空维度的基础和前提,也是现阶段出现最多的场景传播类型。这里的时间主要指日常的二十四小时和历时的变化,而现实的物理空间主要指有形的、客观的、物质的,包括自然的也有人造的,例如房屋、学校、街道等。如纽约时代广场的大屏,当它只是播放中国形象宣传片而里面的人物和现场的时间、空间无法互动的时候,它只是一个传播不能称之为场景传播,而当里面的人物看起来不是虚拟的人物,而是可以从屏幕中走出来的人物,可以和现场的时间、空间进行互动,甚至和看广告的人进行互动的时候,这可以称之为场景传播。场景传播大到人类在宇宙中探索时可以用到的卫星传播,小到家中、商场、地铁里的布置或者一个小道具,如果能与现实的时间、空间结合起来,都可以被称为现实场景的传播。

社会场景是指人类在现实社会中发生的场景关系,本质上人是作为社会时空的存在者和行为者。相较于有着具体的方位、方向意识的自然场景,社会场景具有一定的象征性和抽象性,有着无形的时空边界,比如男性和女性的场景、粉丝文化和摇滚文化的场景等,社会场景所基于的时空边界通常是以社会角色、社会资本、权力作为边界符号的。例如,历史上的女权运动虽然可以说是争夺女性在社会中的平等权利的运动,也可以说是女

---

① 阎峰. "场景"即生活世界——媒介化社会视野中的"场景"传播研究[D]. 上海:上海师范大学,2018:25.

性争夺社会场景的传播运动,争夺的是与男性共同的社会资本和权利。

(二)虚拟场景的传播

与理解时空的种类一样,虚拟的时间和空间对应虚拟场景。研究者更愿意将其称为虚拟的现实场景传播,这是新媒体技术发展下更常见的场景传播类型,主要依靠新媒体技术创造的虚拟场景提供的仿真感,常见于游戏场景、虚拟现实(VR)、增强现实(AR)场景中,这里的虚拟强调对有形的环境的虚拟,虚拟的场景虽然有时间、空间的背景却常常让我们与现实的时间、空间隔绝,出现沉浸其中的情况。从某种程度上,媒介所营造的场景更偏向虚拟场景,虚拟场景仍然可以被感知,它的呈现形式非常的多样,例如游乐园中所构建的环球影城、迪士尼乐园、漫威乐园、童话乐园等,覆盖哲学、艺术、文学相关的世界。但随着新技术的发展,这一时空想象也开始和现实对话,甚至成为现实,例如,2021年起成为热词的"元宇宙",出自1992年尼尔史蒂芬森的科幻小说《雪崩》,小说描绘了一个超现实主义的数字空间元宇宙,为地理空间所阻隔的人们可通过各自"化身"相互交往,相比于网络场景,元宇宙所描述的虚拟场景更强调虚拟、现实、网络世界的融合。

(三)精神场景的传播

第三层维度的时空观是精神场景的传播,精神的时间和空间。特意将精神场景和虚拟场景分开,是想突出人的心理、精神等因素在场景传播中的作用,是对外部的传播活动的反应,研究者认为这是场景传播中的人内传播层面,或者叫自我传播。"自我传播,也称为内向传播、内在传播,指的是个人接受外部信息并在人体内部进行信息处理的活动。"[1] 这一层

---

[1] 郭庆光. 传播学教程 [M]. 北京:中国人民大学出版社,1999:73.

的时间、空间概念被认为是完全抽象的，不容易被测量的，这类时间、空间通常在想象中，有着不确定性和无限性。这类场景与人的生理机制、本身的成长环境、认知习惯有关，常见于更多未知的层面，例如心理场景、梦的场景、神话场景等，可以被称为精神场景的传播。精神场景的传播需要被现实场景、虚拟场景中的符号来触发，才能形成个人输入、编码、解码、输出的过程，也是一个通过外部的场景在内部场景进行综合处理的过程。

（四）融合场景的传播

这一层场景的传播在时间和空间不同于前几层单一的物质、技术或者精神层面，比较接近爱德华·苏贾在《第三空间：去往洛杉矶和其他真实与想象地方的旅程》中提出的"第三空间"的概念，这是相对于第一物质空间和第二精神空间提出的。他认为，第三空间是主体与客体、真实与想象、可知与不可知、抽象与具象交织的空间。这种空间的特点对应的时间的特点是即时与历史，现实与未来交织的时间。本文将其称之为融合场景的传播，这一层的时空是一个包罗万象的时空，也是一个无处不在的时空，尤其当新媒体发展起来，人们生活着的就是这样一个时空，人们可以在当下的时空环境中，通过新的媒介看到古人们的生活重现，通过虚拟技术体验未来的生活或者是完全达不到的如火星、月球上的生活。现实和历史、未来在新媒体的发展和影响下交织、融合。

综上所述，场景传播中的时间、空间具有多重维度，包含现实的、社会的、虚拟的、精神的、融合的时空维度，不是单一的作为时间或者空间的概念，其时间、空间互为背景，相互依存，从确定性来说，除了现实场景的传播有着明显的时间、空间界限外，其余几类场景的时空特点都相对而言比较模糊，社会场景和融合场景的界限最为模糊，融合性越来越强，尤其是融合场景的传播实际上是包含了前面四种场景传播类型的分类，这几类场景传播间的界限也因为技术的发展而逐渐模糊。

本章小结

本章从新媒体－新场景－新时空观的逻辑出发，在梳理对新媒体的认识和定义的同时从技术和社会视角认为，新媒体是基于新媒体技术的"推动最广泛的社会大众全方位参与社会构建的媒体类型"，也从新媒体创造的新的社会场景分析了对传播的时空观的影响主要在于传播的时空分离和时空压缩，并分别论述了传播时间的工业化－媒介化－场景化的演变路径，指出虚拟时间在将人从工业社会中解放出来的同时，也对人形成了新的规训，以及从人类的时间演变中指出，当下人们所面临的不是受众时间的革命而是场景时间的革命。在论述场景传播对空间的影响时，主要梳理了空间观从绝对空间、相对空间到媒介空间、虚拟空间的演变和影响，包括私人领域对公共领域的深度投射、不同身份的场景之间的有限融合、前台和后台的共时三类社会场景的变化来说明新媒体的新场景中传播空间边界的模糊以及对社会场景行为的重构。最后从传播的时空观的角度阐释场景传播对传播时间、空间的方法论要求即传播的时宜性和内容与空间的融合性原则，并基于时空元素对新媒体环境下所研究的场景传播分为四类：现实的场景传播、虚拟的场景传播、精神的场景传播、融合的场景传播。总的说来，任何社会科学的理论都有着不同时代的时空背景，传播的时空观不仅是场景传播的两大最重要的研究维度，而且是传播学的重要研究维度。场景传播的本质是传播的时空体验，理解场景传播对传播的时空影响有助于我们理解场景传播的信息传播模式、内容表达、形态特征和对人类传播的整体影响。

第三章
场景传播的特点与新传播模式的建构

作为一种对人实时所处的时间、空间、心理、社交等状态进行匹配的传播方式，场景传播的本质是对于传播时空的体验，也是对传播与人的关系的探索。新的传播形态往往会拓展人们日常的时间、空间，改变人与人之间的社交关系和心理。那么场景传播的形态特征是什么？如何定义一个传播方式属于场景传播，本章试图从媒介现象学的视角探讨以人为核心的场景传播的特点并试图建立新媒体环境下场景传播的传播模式。

第一节 "身体"与"在场"：场景传播下的质变

从前文对场景传播的定义及场景传播中的时空关系可以看出，场景传播的核心特点为人性化传播，场景传播是以人为核心的，展现人与世界互动关系的融合传播，是人与媒介、人与世界的即时融合，正如海德格尔所倡导的"人与世界应该是'融为一体'的"。传播学对于"人"的关注大多来自对"身体"的关注，了解人，先了解身体，吉登斯在《现代性的后果》中提出了"在场"与"缺场"的概念，这里的"在场"主要指身体的在场，这里的"场"更接近特定的事件所处的空间场景，而"身体"是一个具有争议性的概念。了解"身体"是了解人的"在场"的前提。

对于身体的定义，大多数的研究都认为"身体是承担着诸如呼吸、自我滋养、排泄、成长、繁衍和死亡之类生物学进程的天然的肉体的对象"[①]，即生物性质的身体。社会学的研究中对身体的定义大都不仅是身体性的，还是社会性的，如"身体（body）似乎是个简单概念，但实际上它不仅仅

[①] 约翰·罗布，奥利弗·J·T·哈里斯.历史上的身体：从旧石器时代到未来的欧洲[M].吴莉苇,译.上海：格致出版社,上海人民出版社：2016：361.

是我们拥有的物理实体，也是一个行动系统，一种实践模式。并且在日常互动中，身体的实际嵌入，是维持连贯的自我认同感的基本途径"[1]。对于生物性质的身体、社会性质的身体观的讨论本质是主客体本质的争论，将肉身看作主体，将精神看作客体，这其实是一种二元对立的视角，认为肉身和精神是分离的，但身体本身并不是一个分离的概念。媒介现象学的视角下，将身体看作"自然的我和知觉的主体"[2]，即生物的、社会的、精神的相融合的主体。

对身体的重新关注和对场景一样，源于新媒体技术的新的发展，身体从机械化的时间、空间中解放了出来，可以进入到虚拟的场景中，身体可以与所在的时空分离，而在与时空统一的环境下，我们感觉到身体"在场"，是整个肉身和精神的共同在场，可以说技术是身体在场的参照物。而因为虚拟场景的出现，"身体"发生着重新的定义，不仅包含生物的、社会的、精神的，还包括虚拟的、数据的身体，这也是身体的延伸。虽然新媒体技术解放了人的身体的绝对在场，但也生发出虚拟的身体如虚拟场景中扮演的角色；数据的身体如虽然人的身体本身不存在的网络场景，但个人在网络中的数据依然扮演者你之为你的角色。

关于"在场"的讨论始于古希腊时期对于"存在"的讨论，在场理论最早是 Williams 与 Christie 于 1976 年提出，当时他们的观点是，在场是电子媒介使用者在沟通时所能感知到的对方存在的程度。[3]

对于身体而言，"在场"是一种存在状态，也是身体与身体、身体与周围"场"的一种关系。[4] 身体在场很多时候意味着一种隐形的互动关系，

---

[1] 安东尼·吉登斯. 现代性与社会认同 [M]. 赵旭东，方文，译. 上海：生活·读书·新知三联书店，1998：111.
[2] 莫里斯·梅洛-庞蒂. 知觉现象学 [M]. 北京：商务印书馆，2001：265，196.
[3] Short, J., Williams, E., Christie, B. The Social Psychology of Telecommunications[M]. London: John Wiley, 1976: 65.
[4] 赵建国. 身体在场与不在场的传播意义 [J]. 现代传播，2015（8）：58.

和身体的权利、身份有关,如名人、领导人的在场容易形成较好的在场效应即公众人物、明星、政治领袖等著名人物出现在现场时所产生的实际社会反应、影响和效果。① 作为以人为中心的传播方式,场景传播重视人的身体在传播中的作用,无论是传统的传播方式还是新媒体环境下的传播方式,身体都是主观上参与的,但伴随技术的发展,人的身体开始出现远程在场、虚拟在场,甚至超现实在场,而身体的实体在场其实沉浸在另一个虚拟场景中的情况也更加普遍。

一、身体的绝对在场到"不在场"的在场

如果从二元论的角度,人类的传播史很容易得出是从身体在场到缺场的发展过程,然而从媒介现象学的角度,人类的传播史经历了从人的身体的绝对在场、相对在场、虚拟在场到"不在场"的在场的四个阶段,在这个过程中,人类的身体从未"缺场"。

口语传播时期,由于口头传播范围和人类记忆的局限性,使人类社会的变化发展基本靠经验和世代沿袭,身体是必须绝对在场的。文字传播时代和印刷传播时代同样是身体的相对在场时期,传播突破了时空的限制,不同时空的人可以通过文字或者印刷作品了解、沟通,但因为文字、印刷作品的保存也具有时间的限制,这里的文字、印刷的符号其实是身体的载体,例如作者与读者在不同时空的沟通,一方有感觉另一方就在眼前的共鸣。

电子传播时代,这种相对在场开始向虚拟在场转换,传播可以做到全世界同时发生,抵达的速度也较之前大大提高,广播、电视营造的身临其境之感让很多受众感受到虚拟的在场,梅洛维茨在《消失的地域:电子媒介对社会行为的影响》中指出一个人生活的地方与他的知识或经历越来越

---

① 赵建国.身体在场与不在场的传播意义[J].现代传播,2015(8):60.

不相关，电子媒介改变了时间和空间对于社会交往的重要意义。人所处的物理场景和社会交往会影响行为方式，但电子媒介让物理场景的限制消失，打破了人类有形的物理"地点"和"地点"之间的本来联系，使人类的交往逻辑和生活环境发生变化和重构。人也必须在新的环境和社会结构中重新获得身份认同、表达定位等。

而在当下新媒体时代，一个以数据、新技术为主导的时代，传播的速度以秒甚至更小的单位计算，时空的压缩范围和速度是更惊人的，绝对身体已经完全可以不用在场就能获得信息或者服务，例如当下快递行业的发展，让大部分人可以足不出户就享受以前必须要在场才能尝试到的事物。也可以说，当下的在场已经变为"不在场"的在场，这里的第一个"场"是真实的现场，第二个"场"是在虚拟的、数据的现场，因为人自己本身就是一个场景，过去人们必须要身体到达现场才能获得的东西可以不用必须在真实现场了，绝对的身体转化为媒介的、虚拟的、数据的身体，有学者提出："网络空间作为一种符号化的信息存储库，实际也就决定了人们在网络空间中的互动在本质上就是一种符号化的互动，数字在某种意义上决定了人们的存在方式和交往方式。"[1] 即在数字技术的影响下，人已经被数字化后，在网络社会中存在的只是符号化或者数字化的身体，而数字化的身体本身也是人的身体的真实感受。同时，人们每天在不同的场景下，身体有着不同程度的在场，或者绝对、或者相对，或者是媒介的、虚拟的、数据的，且之间可以相互转换，而且转换频率较以往越来越低，因为大多数的情况是媒介的、虚拟的、数据的身体在场，任何人的活动不受时空的限制，因为互联网已经让人和任何事物无处不在，这也可以理解为什么有的身在异国的人觉得通过屏幕和家人团圆是正常的，也能享受到团圆的喜悦与感动，还可以理解为什么有人足不出户在家就能完成生活的全过程。"不

---

[1] 何明升，白淑英. 网络互动：从技术幻境到生活世界 [M]. 北京：中国社会科学出版社，2008：36.

在场"的在场并不容易理解，因为个人的身体和场景在很长一段时间是分离的，但新媒体的出现让身体和场景开始融为一体，身体即场景，但不可否认的是，"在场"从狭义来看仍然指绝对的身体在场，而绝对的身体在场的感受是其它类型的在场无法代替的，这也是为什么很多人愿意去到各种演唱会、音乐会、话剧的现场去感受，这种对在场的感受本质是对真实场景的感受，因为在场可以获得的不仅仅是内容，还有所在场景的氛围。

除此之外，"不在场"的在场另一种体现是虚拟真实身体的出现，人开始出现了可替代物如"机器人"，这种身体有着模仿的人的思维和仿真的人的形态，但与人本身无关，目前的机器人大多是工具性的，可以代替真实的人完成部分身体必须在场，或者需要完成但真实身体无法完成的任务，这种身体的意义是完全意义上的不在场，但机器人的控制由人完成，而人工智能技术的未来发展是无法想象的，可能存在的是机器的身体开始脱离人的控制而单独存在和发展，如同电影《我，机器人》中所描绘的和人类社会几乎一致的，但更加智能化的机器社会一样。

二、场景传播对"在场感"的提升

场景传播所致力于提高人们在接受信息的过程中对具体场景的感受，更确切地说，这种接受者在场景中的感受更多的被称为"在场感"，有学者认为，电子媒介的出现，让人类的空间感由实境转向虚境，由亲身体验转向媒介体验。[1]但媒介体验本质上也是人的亲身体验，身体的相对在场到"不在场"的在场，获得体验的人是本人而非他人。

在身体绝对在场的口语传播时代，人们对于传播中人是否出现没有强烈的要求，当文字、印刷传播开始突破身体的绝对在场的限制时，人们开

---

[1] 李沁. 第三媒介时代的传播范式：沉浸传播[M]. 北京：清华大学出版社，2013：9.

始对人是否出现在"纸"这一介质上或者能否与报纸进行沟通开始有一定的要求，而在电子媒介出现后，人们开始期待人在媒介场景中的"在场感"，这种在场感包括身临其境的感受、与他人共享场景中的感受等。例如对与电视的互动要求也逐渐提高，从以往的只能写信到后来的热线电话，再到后来希望出现在电视上。互联网出现后，人们从一开始只能接收互联网传递的信息，到后来开始积极地与互联网即时互动，评论、转发、点赞等行为开始出现。不管新的媒介形态是怎样的，或者达到了怎样的突破时空限制的效果，人们对于在场感的需求是一直存在，甚至是越来越强烈的。

场景传播对于在场感的提升有着重要的作用，因为身在场景中，则更容易受到场景氛围的影响，让在场感更加强烈，戈夫曼深受布鲁默等符号互动论者的影响。他认为，一场演出要包括三种人，演员、观众和观察者。人是场景传播的核心，场景传播之所以在当下被频繁地提出，一个重要的原因就是人们对在场感的需求，新媒体技术创造了有着广泛外延的虚拟场景，但虚拟场景所提供的是真实在场的"在场感"，从而影响人们的行为和感受，正如梅洛维茨所推断的电子媒介对人们产生的影响不是通过内容，而是通过改变生活场景和地点来实现的，生活场景和物理的地点边界被模糊，过去较为独立的场景中的行为因此也发生了新的组合和排序。

综合来看，身体是一种融合了生物意义、社会意义和精神意义的主体，不可否认，新媒体技术的发展让生物意义上的身体开始与场景分离，绝对在场开始向相对在场、不在场的在场转化，但因为传播对象的存在，社会和精神意义上的身体一直"在场"，而两者又是和生物意义的身体相通，直到虚拟场景的出现，身体开始被赋予"数据"意义，身体的在场也开始转换成不在场的在场，而接受者对于传播的感受，则是在场感逐渐增强的过程，人们越来越愿意获得接近真实身体的真实体验，场景传播则是提高在场感的有效传播方式，人们通过在场景中获得的体验影响着自己的社会行为。

第二节 人性化传播：社交关系与心理氛围的适配

什么是人性化？人性是讲人是怎样的，人的本质是怎样的。关于人的本质从哲学到社会科学有很多的定义，解开何为人如同解开斯芬克司之谜一样没有正确的答案。马克思认为，"一个种的全部特性，种的类特性就在于生命活动的性质，而人的类特性恰恰就是自由的自觉的活动"[1]。马克思所认为的人是具有特有的劳动的方式种类即社会属性；哲学人类学的创立者舍勒从现象学的角度认为，"（精神）作为一种思想者、期望着、意欲者、领悟着、体验着、爱恋着的意向性活动……构成人的本质"[2]。他所认为的人的本质是身体与精神的一体；媒介环境学的代表人物刘易斯·芒福德认为符号的创造是人与动物的根本区别，"人在社会生活中不断地深化人性，靠的是把自己的经历转变为符号和把符号转变为生活经历的能力，只有通过符号人才能拓展自己的识别能力和作出选择的能力"[3]。这里将人的符号创造能力和用符号沟通的能力视为人之为人的标志，从这一角度，场景也是一种符号，场景传播以人为核心，也是将场景中的符号与生活中的符号融合而相互转换的传播方式，由此也能证明人与身体一样是具有自然、社会、精神的多重属性的综合体。

把"人"作为核心并不是说完全以人为唯一标准，让传播内容、形式都以满足人的需求为唯一指标，而是强调传播与人的场景的契合。人性化传播依靠的是传播者、接收者发挥人的主观能动性与技术、机器等互动协调，克服机器对人的控制而实现的走向生活的传播。

---

[1] 马克思，恩格斯. 马克思恩格斯全集（第1卷）[M]. 北京：人民出版社，1995：46.
[2] 刘放桐. 现代西方哲学 [M]. 北京，人民出版社，1990：698.
[3] Mumford L. The condition of Man[M]. America: Harcourt Brace and Company, 1944: 9.

一、场景是人的延伸

在传播技术的研究中,马歇尔·麦克卢汉经常被称为是技术决定论者,研究者认为是对麦克卢汉的误解,他的"媒介是人的延伸"与"冷热媒介"的理论充分反映了麦克卢汉对于人性化传播的期待。在阐述媒介与技术关系的时候,麦克卢汉是延续了芒福德对技术是对于人的生命模仿的观点,并提出了"媒介是人的延伸"和"冷热媒介"的理论。"媒介是人的延伸"认为媒介与技术是人的身体或心灵的延伸,麦克卢汉曾说媒介是"人身上最富有人性的东西"[①]。他在《理解媒介》中开宗明义地指出:"在机械时代,我们完成了身体的空间延伸。今天,经过一个世纪的电力技术发展以后,我们的中枢神经系统又得到了延伸,以至于能拥抱全球。就我们这颗行星而言,时间差异和空间差异已不复存在。我们正在迅速逼近人类延伸的最后一个阶段——从技术上模拟意识的阶段。在这个阶段,创造性的认识过程将会在群体中和在总体上得到延伸,并进入人类社会的一切领域,正像我们的感觉器官和神经系统凭借各种媒介而得以延伸一样。刊登广告推销产品的客户长期以来所谋求的,正是人的意识的延伸。意识延伸究竟是不是'好事',这个问题允许范围宽广的解答。回答诸如此类的问题时,如果不把各种延伸放在一起同时考虑,那几乎是不可能的。人的任何一种延伸,无论是肌肤或手脚的延伸,对整个心理的和社会的复合体都产生影响。"[②]

在麦克卢汉看来,不仅仅是狭义的媒介,任何一种现实的物体都可以是人的延伸,场景——作为广义媒介中的一种,也是人的一种延伸,例如,真实场景中的房屋是人体温度控制机制的延伸,食堂、餐厅是人的嘴巴的

---

① 麦克卢汉.麦克卢汉如是说:理解我[M].何道宽,译.北京:中国人民大学出版社,2006:188.
② 洛根.理解新媒介——延伸麦克卢汉[M].何道宽,译.上海:复旦大学出版社,2012:72-73.

延伸，虚拟场景、超现实场景更是延伸了人的视觉、听觉、嗅觉、味觉、触觉等各种感觉。而除了延伸人的感觉以外，场景本身也有自己的延伸。传统的是现实场景中的延伸可以以城市的变化为例，新的城市带动另一个新的城市的兴起，形成城市的聚合效应，新的技术产生新的行为，而新的行为也会延伸出另一种新的行为。例如，移动终端的诞生从一开始只是延伸了人的耳朵、嘴这两个器官，但后来出现智能移动终端进一步延伸人的各种身体器官和知觉，出现延伸的延伸。

二、场景传播：冷热交替、人媒交互

与"媒介即人的延伸"有异曲同工之处的还有"冷热媒介"的提出，麦克卢汉以清晰度、参与度来区分冷热媒介，将高清晰度、低参与度的媒介，如电影、广播、照片等称为"热媒介"，将低清晰度、高参与度的媒介如报刊、图书、漫画、电视等称为"冷媒介"。同英尼斯的媒介偏向论相似，麦克卢汉的"冷热媒介"学说其实也是一种相对的概念，"热媒介"侧重单向传播，冷媒介侧重双向互动，但同一种媒介中的不同内容都可以有冷热之分，例如电视直播中的选秀节目，观众可以进行互动投票可以让电视被看作是一种高参与度的"冷媒介"，但电视中的一些戏曲节目、纪录片节目对于大多数人而言就是低参与度的，电视也可以被看作相对的"热媒介"，这说明"冷热媒介"的判断还基于媒介本身内容的冷热程度，不同冷热程度的内容也影响媒介的冷热性质。而对于作为媒介的场景，它也是冷热共存的媒介，我们可以说家庭、学校、工作地方是内容丰富且具有高参与度的冷媒介，但家庭、学校、工作地方的内容也有时间段的差异，而在新媒体影响下的场景，无论是真实的场景、虚拟的场景、精神的场景、融合的场景，所呈现的都是集文字、图片、音频、视频等各种媒介于一体的新的形态，场景传播强调的是与人实时的互动关系，其传播的内容可以是高清晰度，也可以是低清晰度，接收者的参与程度可以高，可以低，关键是适配。从这一点来说，新媒体环境中的场景既是热的媒介，又是冷的媒介，麦克卢汉的"媒介是人的延伸"和"冷热媒介"提出的意义在于从传播学的角度进一步说明了人与媒介之间交互共生的关系，也指出了场景内容的清晰程度不同，影响人们的感知方式，体现了传播的人性化趋势，人即是媒介，媒介即是人。

三、社交关系：可定制、可分享的传播

人是一切关系的总和，在社会存在中，人性化传播的另一特点是对人的社交关系的匹配。互联网最重要的作用在于"连接"，场景传播中的人可以是单独的人，但不是孤立的人，个体在互联网的环境中不再是孤立的一个点，而是组成一条线、一个面的直接动力点，可以说，连接即场景。一般认为，对于单人的传播和对于多人的传播方式是不一样的，大众传播在过去被认为是对所有人的传播，而随着互联网技术的发展，新媒体的影响下传播变成了可定制、可分享的传播，而社交关系成为了关键的变量。新媒体场景下的社交关系是开放的，甚至是全世界的，强弱连接等关系类型成为影响场景传播的关键因素，人们根据个人与他人的互动频率、亲密程度来划分强弱连接，通常将具有较强情感联系的关系称为强连接，而没有较强情感联系的关系称为弱连接，这种划分其实也是一种交往场景的划分，这种社交关系的划分是比较多样的，可以因为亲密关系，也可以因为兴趣爱好等，总之，在开放、连接的内容——关系网络中，用户不是被圈定在某一个论坛或小组里，而是从彼此的共同属性出发，多线索地编织起自己的人际网络。[1]

---

[1] 蔡骐，黄瑶瑛.SNS 网络社区中的亚文化传播——以豆瓣网为例进行分析[J].新闻与传播研究，2011（1）：14-16.

对社交关系的划分影响着传播的方式和行为，例如对不同性别、不同身份、不同年龄、不同爱好的人的传播方式不同，对一个人的传播和对两个人传播或者几个人的传播又不同，这也是场景传播所倡导的可定制的传播缘起。在日常使用移动终端的过程中我们都有这样的经验，看到一些有趣的内容如果需要获取个人信息如微信的昵称、头像等，人们通常会选择一键绑定，最后生成和自己个人相关的"定制"内容，并且从中获得满足感。

喻国明认为，"关系赋权"已成为互联网时代传媒价值力重新构建的新范式，任何新的技术与传播手段，都必须在这样的范式下来体现真正的传播价值与影响力，有效地掌控和激活蕴含于每个人当中的关系资源是形成影响力的关键。[1] 掌握每个人的关系资源的传播方式就是创造可分享的传播，我们在使用移动终端的过程中都有随手转发一些自己认同的文章，无论是到社交媒体上还是转给朋友，转发就是一种分享。有研究发现，用户在 Twitter 上发布的推文有 35% 是转发的，而在中国的新浪微博上有 65% 的微博内容都是转发的。[2] 而转发行为主要由内部的、外部的因素共同决定。如内容、形式、传播者的特征、用户的关系网等因素影响转发的行为。[3] 当个体对社会互动和社会交流的期望，个体对群聚效应的感知，个体感知到某些信息被频繁转发时，很可能会加入转发的潮流，成为对转发行为积极的影响因素。[4] 同时，个人作为转发这一行为场景中的一个节点，在不同的传播阶段都可能形成传播的中心，触发关系的力量，有的还能引发病毒式的传播，即在互联网中通过人际关系嵌入的力量让信息像病毒一

---

[1] 喻国明. 关系赋权范式下的传媒影响力再造 [J]. 新闻与写作，2016（7）：47.
[2] Yu L., Asur S., et al. Artificial Inflation: The True Story of Trends inSina Weibo[J]. Social Computing Research Lab, 2017(11).
[3] Van Acker F., Vermeulen M., et al. The Role of Knowledge Sharing Self-efficacy in Sharing Open Education Resources[J]. Computers inHuman Behavior, 2014(39): 136–144.
[4] 李静，杨晓冬. 社交媒体中"医疗众筹"信息分享行为研究：转发还是不转发？[J]. 新闻与传播研究，2018（2）：69.

样蔓延的传播方式。

四、心理氛围：情感的、功能的传播

人性化传播还包括传播与人的心理氛围的契合，传播向人性化发展的根本原因是物质文明的进步促使人们对精神文明的追求，"人的心灵世界是指内在于人的思维、理智、意识、审美、心理、情感、意志、理想、信仰、价值、情操等精神活动状态和过程的合体"[①]。新媒体带来的场景变化同时也会影响人们使用新媒体的心理，心理的变化会反过来作用于场景传播的效果。这种心理包括人们的生活习惯和实时的心理感受，生活习惯是长期养成，实时的感受基于使用新媒体时的时间、空间、社交关系等综合因素，契合心理氛围的场景传播关键就是能触发人的情感，满足人的心理需求。

人是情感的动物，所谓传播为人服务，不如说传播为人的情感服务。关于情感的研究中，大多数学者认为愤怒、恐惧、喜悦、悲伤是人的基本情感，"情感处于社会生活所有层次即微观的、宏观的、个人的、组织的、政治的、经济的、文化的以及宗教的等等中心"[②]。作为有着复杂社会背景和分类的情感，实质上是对传播的综合反映，在传播中，情感经常是由符号或者场景来传递的，人们或多或少会被触发某一部分的情感，但这种情感能否引起人们对传播内容的共鸣，在于传播内容与形式场景等因素的配合从而对人们产生影响。柯林斯在《互动仪式链》的场景的视阈中提出了相互关注／情感连带机制——互动仪式模型（见图3.1）：

[①] 张立文.和合学概论——21世纪文化战略的构想(上卷)[M].北京：首都师范大学出版社，1996：574.
[②] 诺尔曼·丹森.情感论[M].沈阳：辽宁人民出版社，1989：1.

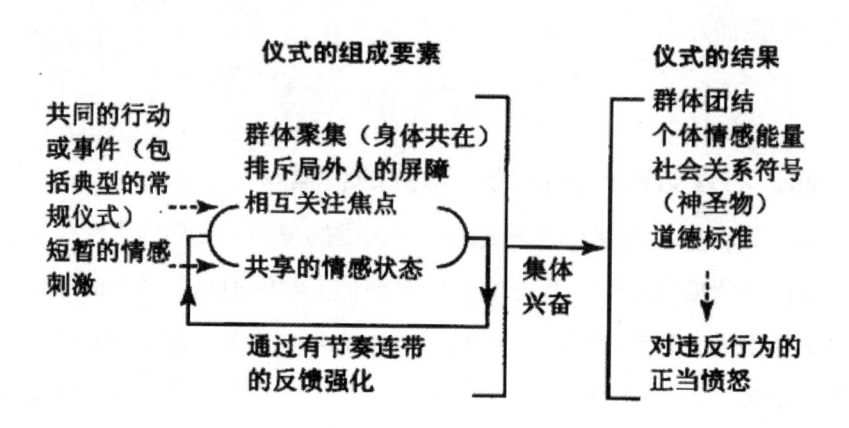

图3.1 柯林斯的互动仪式模型[①]

互动仪式模型提出的意义在于对拥有共同行动或事件的人通过相互参与、反馈而形成情感的共享,这种情感的传播是集体的,强调面对面的传播和团结感的形成。新媒体的场景让这种集体的情感传播也可以跨越时空的限制,实现情感的远程共鸣,在虚拟的场景中进行,亲身不一定要在场,也能实现一种虚拟的狂欢,例如每年的双十一人们通过购物网站这种共同的场景完成了一场虚拟场景中的购物体验,并通过社交媒体进行转发,人们没有因为亲身不在场而缺少了体验感。

从心理学的角度,最经典的莫过于马斯洛需求层次理论,这一理论由美国心理学家亚伯拉罕·马斯洛在1943年提出,该理论将人类需求像阶梯一样从低到高按层次分为五种,分别为生理需求、安全需求、社交需求、尊重需求和自我实现需求。依据马斯洛需求层次理论,研究者认为,场景传播也具有一定的功能性,用户对于传播中场景的需求和满足也呈现这样从低到高的排列,当低层次传播需求得到满足后,更高层次的需求才会出

[①] 兰德尔·柯林斯.互动仪式链[M].林聚仁,王鹏,宋丽君,译.北京:商务印书馆,2012:80.

现。综合前人的研究，按照需求层次理论，场景传播的功能性也可分为基础的实用性传播、社交等社会性传播、自我实现等精神性传播三个层次。

五、体验的传播：场景传播对人的适配

舍勒认为，"人借助理性、直观、体验、意志、情感以及价值能力来与周围世界发生关系"[1]。对人们的社交关系、心理氛围的适配所对应的场景传播的特点是体验的传播，体验是人与世界沟通和理解的中介，创造场景其实是创造一种体验。体验也是人或者人以自己的情感把握世界与人生的方式，体验触发人们的情感，情感触发传播中的分享行为，而体验的进行是通过场景，因为场景有益于触发人的情感和人与世界的联系，例如每年的春晚作为特殊的仪式场景，无论传统的电视节目还是新媒体时期的抢红包和节目的互动结合，都营造了家人团圆的喜悦之感，创造了人与春节这一节日的联系。新媒体环境下场景传播的体验有以下特点。

（一）个性化与混合性

体验可以分个性体验和共性体验，传统媒体强调共性的体验，例如电视直播让屏幕前所有人都有身临其境的感觉，新媒体环境下场景传播所强调的体验是个性的体验，突出个人在场景中的独特感受，所以体验与人的社交、人的数据、心理氛围的结合将成为传播的主导力量。体验还可以有真实体验和虚拟体验、间接体验和直接体验。真实体验和直接体验强调场景的真实和人对场景直接的感性认识，常见于现实场景传播中，间接体验和虚拟体验强调创造的场景，强调场景的真实感给人带来的身临其境的感受，几种体验在当下的社会环境中发生的时候通常并不是单一的，现实场

---

[1] 刘放桐.现代西方哲学[M].北京：人民出版社，1990：696.

景也有自然的和人造的，更多的情况是自然和人造的融合，例如进入到城市这个最常见的现实场景，人们在不同的城市环境中感受生活的节奏、方式和喜怒哀乐，但人们走近一家家具店的模拟家居环境中就是一种间接体验和真实体验结合的方式，因为场景是创造的，但在创造的场景中感受到的家具的颜色、结构、质量等是真实的。以新媒体技术发展为背景的场景传播更强调间接体验和虚拟体验，这种间接体验和虚拟体验的目的是为了接近真实的感受，例如电影从最初的 2D（平面视觉显示系统）到 3D（立体视觉显示系统），现在还有部分影院推出 4D 电影（将 3D 电影与在电影院中同步发生的物理效果相结合的系统）、5D 电影（包含了 4D 影院的所有功能，5D 影院利用座椅特效和环境特效，模拟了电闪雷鸣、风霜雨雪、爆炸冲击等多种特技效果，将视觉、听觉、嗅觉、触觉和动感完美地融为一体，再加入剧情式互动游戏的电影表现形式），都是为了延伸人的更多感受，接近真实。

（二）即时性与启发性

新媒体倾向于构建一个所有人都能直接体验的与真实世界相通的场景世界，并引导人们以"所感即所得"的认知方式来获得知识并得到"即刻的满足"。[1]即刻的满足从传播中实时发生，这在场景体验中常常看到，尤其在当下网络直播的兴起，短视频成为人们使用用于即时体验的重要工具，用移动终端记录当时的情况，传到直播平台，让更多的人看到现场而引发共鸣。其次，即时性的体验还表现在体验感的即时获得，创造体验感促进了体验工业的兴起，阿尔文·托夫勒以艺术等文化场景为例，他指出，体验工业可能会成为超工业化的支柱之一，甚至成为服务业之后的经济的基础。体验是作为某种比较传统的服务业的附属品出售给顾客的，打个比

---

[1] 谢圣华.新媒体的新闻观[M].北京：中国传媒大学出版社，2014：23.

喻，如果商品是糕点的话，那么体验就是附在糕点上的糖霜。然而当我们进入未来社会，体验就越来越多地按其本身的价值出售，好像它们也是物品一样。[①] 即时体验感的获得需要场景作为一种容器，这是体验的传播的特点，也是场景传播的特点，离开场景，体验是无源之水，因为场景的存在，让体验成为一种无处不在的服务，一种传播的存在方式。

总体而言，人性化传播的过程是通过传感器、大数据等技术去适配-连接—体验，激发人的情感、感悟共鸣的过程，是以生存实践为基础的关系融通的过程，是几种关系相互启发不断重复融合的过程。作为一个过程，场景传播的目的不是事先给定一个传播目标，而是按照规则来设定内容、方法的过程，是传播者、接收者在交往、互动中演变而成的一种共鸣。人人都是传播者，人人也都是体验者，场景中的不同角色并不是固定的，而是可以互换的。很多人会认为这是把传播当成了消费的经济学、营销学视角，当下的传播环境确实可以被看作一个消费环境，信息、场景都是被消费的，传播者是生产者、营销者，接收者是消费者，内容是一种产品。好的内容正如好的产品是不容易描述、定义和创造的，这里研究者并非意在将传播内容当作产品，而是提出一种思维，体验既有原发性的体验，也有启发性的体验。[②] 场景传播中的原发性的体验主要指个人的内在场景，包括自己的经历、现实的处境、家庭、工作等因素，是在传播发生时自己能意识到的自我的需要得到满足。启发性的体验可以理解为人自我无法意识到的需要被提醒、被刺激，这和即时的外在场景氛围、人或者事物等因素有关。

---

① 阿尔文·托夫勒. 未来的冲击 [M]. 北京：中国对外翻译出版公司，1985：200.
② 权利霞. 体验经济——现代企业运作的新探索 [M]. 北京：经济管理出版社，2007：43.

第三节 场景传播要素下的传播新模式

所谓模式，可以被看作对复杂的传播现象的简单化描述，用一个图表来说明传播过程中各个部分、各个结构之间的关系。多伊奇在 1966 年的著作中谈到模式的优点：一是构造功能，即揭示各系统之间的次序及相互关系；二是解释功能，用简洁的方式提供如果该用其它方法则可能相当复杂或含糊的信息；三是启发功能；四是预测功能，即可能对某些事件的进程或者结果进行预测。① 关于传播模式的发展，主要经历了从线性的传播模式到反馈的传播模式，从无中介的直接对受众影响的传播模式到有中介的、受众间接影响的传播模式，从忽视反馈到重视反馈，从忽视受众到重视受众本身因素的变化过程。场景传播的模式主要指在新媒体的背景下，在不同的场景类型下（真实的、虚拟的、精神的、融合的）发生的各种信息的产生、接收、传播的方式和途径，是以人类传播环境为大背景，从历史的角度来看待场景在传播中的作用，以期实现对新媒体中的人类与社会关系的理解。

一、与"场景"有关的传播模式

人类传播史大致分为几大阶段，从口语传播、文字传播、印刷传播到电子传播时代，新媒体传播时代不再是单一的传播介质和方式，是大众传播、人际传播、组织传播相互融合的传播形态。国外最早出现的、与场景相关的理论是沃尔特·李普曼在 1922 年出版的《公众舆论》中提到的"拟态环境"，拟态环境指出现代人的传播行为并不是在真实的客观环境中进

---

① 丹尼斯·麦奎尔，斯文·温德尔.大众传播模式论[M].祝建华，武伟，译.上海：上海译文出版社，1987：3.

行的，而是在大众传播形成的拟态环境中进行的，拟态环境在一定程度上可以被称为大众传播所创造的"场景"。

拉斯韦尔在1948年发表的论文《社会传播的结构与功能》中在5W传播模式外，总结了传播的另外三种功能：守望环境、协调社会各部分以回应环境、使社会遗产代代相传。[1]胡翼青指出拉斯韦尔这三种功能实质是一种功能，即传播的社会控制功能。[2]在这本书中，拉斯韦尔将传播视为与整个社会过程相关的一个整体，强调传播对社会的促进作用以及社会环境对传播的阻碍作用，尤其是《有效的传播》一文讨论了传播所受到的来自技术、制度、社群等因素的阻碍，这些都是传播环境的因素，而且拉斯韦尔认为发现并控制对有效传播造成干扰的因素是合理组织的社会任务之一，[3]所以拉斯韦尔更强调传播环境对传播的阻碍作用，认为这些因素应该得到控制才能更好地服务于传播效果，这也符合拉斯韦尔本人作为传播的结构功能主义奠基人的称号。

在《传播研究》中，拉斯韦尔还认为，研究初始观察者的传播经验时非媒介因素的作用至关重要，包括他接触到的言论和他周围环境里的其他因素。[4]这里所说的非媒介因素主要指环境因素。

1958年，传播学者理查德·布雷多克在拉斯维尔的"5W"基础上，加上了"情境"和"动机"，构成"7W"模式。

20世纪70年代，埃尔温·戈夫曼的拟剧理论指出了区域及区域的行为，认为环境的限定影响个体行为，恰当的社会环境和观众组成的差异会对个体的行为带来影响。

传播研究的最初是从关注传播效率和传播效果开始的，这也符合对研

---

[1] 哈罗德·拉斯韦尔.社会传播的结构与功能[M].何道宽，译.北京：中国传媒大学出版社，2013：37.
[2] 胡翼青.超越功能主义意识形态：再论传播社会功能研究[M].现代传播，2012（7）：9.
[3] 同160：50.
[4] 同上：53-54.

究的实用价值的关注。对于传播模式研究的关注始于第二次世界大战后，而最鼎盛的时期是20世纪50年代。模式是用图像形式对某一事实或实体进行的一种有意简化的描述，一个模式试图表明任何结构或过程的主要组成部分以及这些部分之间的相互关系。[1] 卡尔·多伊奇指出，模式是"一种符号的结构和操作的规则，它用来将已存在的结构或过程中相互关联要点联系起来"。它是对现实事件的内在机制及事件之间的直观和简洁的描述，可以向人们提供某一事件的整体形象和明确信息。[2] 从传播的文化取向来看，传播是一种现实得以生产（produced）、维系（main-trained）、修正（repaired）和转变（transformed）的符号过程。[3] 研究传播就是为了考察各种有意义的符号形态被创造、理解和使用这一实实在在的社会过程。[4] 研究传播应该包括考察传播模式本身的建构、理解与使用——其在常识、艺术、科学中的建构；其历史的建构及使用。[5]

丹尼斯·麦奎尔和斯文·温德尔所著的《大众传播模式论》中从传播者、受众、媒介三者的角度将大众传播过程分成了28个传播模式，其中提到与场景、环境相关的有以下几个传播模式：

一是香浓—韦弗模式中"噪音"要素的提出，解释了为什么传播者和接受者之间的传授信息会出现差别的原因。

二是德弗勒模式中"反馈"要素的提出，让人们意识到传播过程是一个双向的过程。

三是奥斯古德—施拉姆循环模式的提出，标志着传播过程从直线的、

---

[1] 丹尼斯·麦奎尔，斯文·温德尔.大众传播模式论[M].祝建华，武伟，译.上海：上海译文出版社，1987：2-3，译者的话.
[2] 同上.
[3] 詹姆斯·W.凯瑞.作为文化的传播——媒介与社会论文集[M].丁未，译.北京：华夏出版社，2005：12.
[4] 同上：18.
[5] 同上：19.

单向的转向了循环的、流动的、系统的。

总体而言，噪音、反馈都在逐渐关注传播的环境、场景中的某些要素的影响，反馈方式也会根据不同的传播环境来改变。如面对面的传播环境中，反馈可以采取提问、要求重复某些事情、姿势、反应等形式，在大众传播中，可以通过受众研究、发行量、收视收听率、试演、受众来信和来电等，或者直接从上司、同事、朋友以及其它个人接触中得到反馈。[1]

较为全面的提到"传播环境"和"场景"影响的是 1963 年，德国学者马莱茨克从社会心理学的角度提出的大众传播过程模式（见图 3.2），这一模式将传播环境等众多的复杂因素囊括进传播过程中。

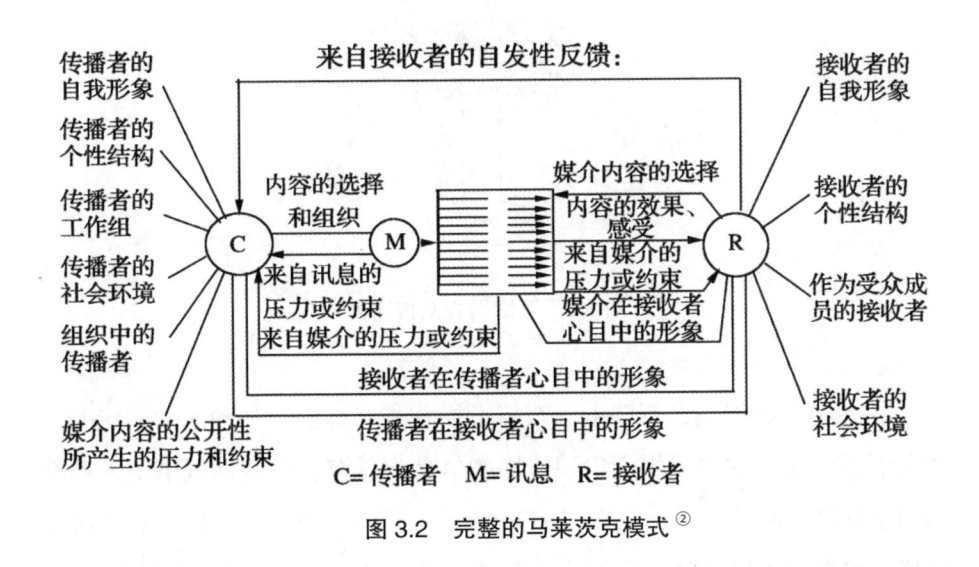

图 3.2 完整的马莱茨克模式[2]

从马莱茨克模式中其实已经看到"场景"的影子，尤其是模式中提到的传播者的变量、接收者的变量及传播者接收者之间的相互影响等，这几

---

[1] 詹姆斯·W. 凯瑞. 作为文化的传播——媒介与社会论文集 [M]. 丁未，译. 北京：华夏出版社，2005：6.
[2] 据马莱茨克 1963 年的著作绘制。

个变量中或多或少都和"场景"有关，可以包括外在场景和内在场景，外在场景以传播的具体时间、空间、传播者的社会环境、媒介环境为主要元素；内在场景则是包含传播者和接受者社会心理、社会行为等元素的综合体。

如今谈传播模式的意义在于，在互联网、新媒体的背景下，是否已经有新的有别于传统的传播模式的产生，约瑟夫·R.多米尼克在《大众传播动力学》中提出互联网大众传播模式（见图 3.3）。

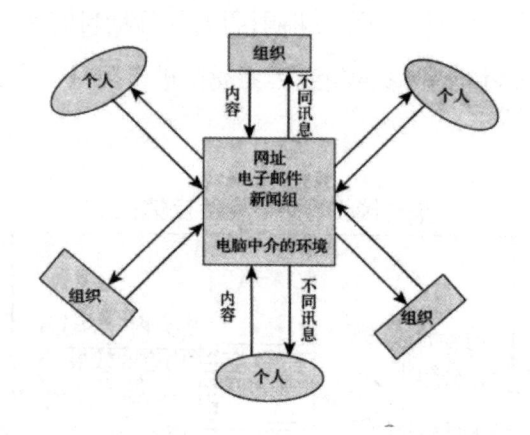

图 3.3 互联网大众传播模式[①]

从图中可以看出，互联网大众传播模式是立体的、多向的、网状的。个人不再像以前依赖于媒介组织传播的信息，甚至在某些情况下个人和组织的功能是一样的，一个人就能完成编码、释码和译码的功能。对于接收信息，接受者可以选择、定制自己希望接受的信息，一些学者把这种模式定义为"拉"模式（接受者只拉出自己所需要的信息）。这种模式强调个人在传播过程中的控制作用，也指出了电脑中介的环境、组织在传播中的

---

① 多米尼克.大众传播动力学数字时代的媒介（第七版）[M].蔡骐，译.北京：中国人民大学出版社，2004：28.

作用，但并没有明确提出"场景"的作用。

二、场景传播模式

本研究试图以前人所研究的与场景有关的传播模式为基础，结合马莱茨克模式和互联网大众传播模式的框架，建构强调场景作用的场景传播模式（见图 3.4），以从传播的能量及方向等角度来描述各个系统、各个部分之间的关系和相互影响。

场景传播模式首先的作用在于在新媒体的视域下，明确提出"场景"的作用，并尝试以图框、流程图的方式描述场景传播中的传播要素、传播过程及之间的传播关系和结构。

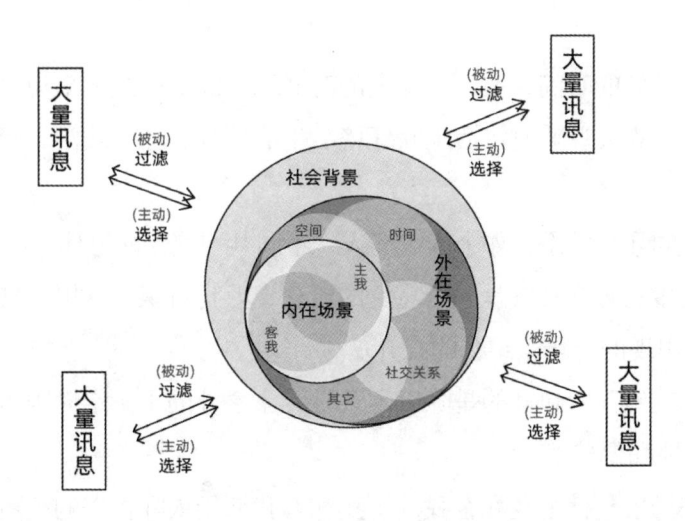

图 3.4 新媒体环境下场景传播模式[①]

上述传播模式结合了从社会心理学角度研究大众传播模式的马莱茨

---

① 笔者个人绘制

克模式和以互联网为特征的大众传播模式的基本特征,加入了场景对于在传播模式中的作用,是以人为中心的内外场景结合的传播结构。整个传播模式是环形的,人、场景、行为的关系是耦合的关系,即没有传播者和接受者,也没有影响方和被影响方,因为传受双方在场景传播模式中是与场景融为一体的,人置身于场景传播环境中,人自身也是传播中的一部分,彼此相互影响互为因果,这是对马莱茨克模式中对于传播者和接受者的复杂性和多重性的理解,也是当下新媒体环境下对传播者、接受者的重新定义。传播过程中的信息的过滤经过了外在场景和内在场景的双重过滤,人得到的信息有主动选择的,也有被动过滤的,选择和过滤从时间来说是同时的,从接近性来说从内到外是:内在场景中的客我—主我—外在场景中的媒介—时间、空间—社交关系—其他。

外在场景可以是现实的也可以是虚拟的,主要包括最直接接触的媒介的内容和形式。

①人所处的时间、空间,这里的时间、空间从微观上来说是具体的时间和空间,从宏观来说包括媒介环境、生活环境、社会政治、经济、文化环境等。

②人的社交关系,如个人、多人,不同共同属性的群体、圈子。

③使用的媒介其实是一个宽泛的概念,万物皆媒,这里尤其指伴随新媒体技术出现的与场景结合的媒介。

④"其他"所包涵的是除以上几种元素之外的不确定性因素,包括传播的特殊性和偶然性。

内在场景包括主我和客我。主我和客我属于人际传播的范畴,而内在场景的传播更具体的说是人内传播。人内传播也叫内向传播、内在传播或自我传播,是个人接受外部信息并在人体内部进行信息处理的活动。[1]与

---

[1] 郭庆光. 传播学教程 [M]. 北京:中国人民大学出版社,1999:73.

人内传播相关的主要理论就是米德德象征互动理论即主我客我理论，该理论由美国社会心理学家 G.H. 米德提出，他指出，人一方是作为意愿和行为的主体的"主我"（I），一方是作为他人的社会评价和社会期待代表的"客我"（Me），[①] 简而言之，这里的主我是内容，客我是形式，内容受到形式的制约，主我和客我相互矛盾相互统一形成了人内传播，即场景传播的内在场景，每个接受者的社会角色不止一个，所以"客我"也经常出现多样性，甚至是随时切换的，这也说明接受者在接受信息的同时也可能面临内在场景中主我和客我的矛盾等。除了主我、客我理论外，布鲁默的"自我互动"理论也是对象征互动理论的补充，他认为，个人不是原封不动地接受他人对自己的期待，即主我也是有主观能动性的，主我和客我形成矛盾的前提是真的在意"客我"，或者对主我的认识度不够，但主我和客我的内向传播和人们对信息的编码、解码过程一样，都是能动地理解、选择、修改和组合的，也是一种内省式的传播。

　　内在场景和外在场景构成了场景传播主要的场景元素，传播过程也是动态变化的，因为内外场景会因时因地综合变化，这一模式也是对前文提到的场景传播对时间、空间、社交关系、心理氛围匹配的体现，强调传受者在场景传播的过程中通过主动选择和被动过滤获得的独一无二的定制体验，这一模式好的效果在于人的内在场景受到外在场景的刺激，形成传播的合力，达到传受者之间的共鸣，实现真正意义上新媒体场景中的交流。以上的传播模式虽然不足以描述新媒体环境下场景传播的复杂性，但是研究者对于当下"场景"元素在传播中价值的思考，对于本研究之后从移动终端媒介的角度研究场景与移动终端用户使用行为之间的关系具有一定的探讨价值。这一模式和思维适用于大众传播的实践的同时，也必然适用于大众传播的理论与实务的学术研究。

[①] 周鸿铎. 应用传播学史纲[M]. 北京：中国纺织出版社，2005：189.

本章小结

现象学认为，人与世界是融为一体的，理解对人的传播，首先要理解人的身体在传播中的意义，人和身体一样具有自然、社会、精神的多重属性的综合体。场景传播让与人性化传播相关的"身体"和"在场"的概念发生质变，在新媒体环境下出现了"不在场"的在场和虚拟的身体，场景传播试图通过场景提高人们身体的在场感。场景传播打破了传播的时空界限，形成了新的传播样态，最核心的传播特征是人性化的传播模式，场景传播的另外的特点在于通过传感器、大数据等技术去适配—连接—体验，本章也提出"场景是人的延伸""场景是冷热交替、人媒共生的媒介"的观点，试图证明场景传播是对人的匹配的传播的最佳传播方式，这种匹配在于对人所处的时间、空间、社交关系、心理氛围的适配。这种匹配得出的场景传播的特点是可定制、可分享、情感的、功能的、体验的传播。而体验的传播在当下也具有个性化与混合性、即时性与启发性并存的特点。

在对传播学现有的和场景相关的传播模式的总结下，本章提出场景传播模式，主要包括传播要素、传播过程及之间的传播关系和结构。从场景传播的5W传播要素入手，提出"内外场景"的"过滤"和"选择"概念，并认为新的传播模式中应淡化传播者、接受者的概念，突出人与场景、传播的融为一体，内外场景对人的影响同时发生。这个模式的理论意义在于：①较以往的传播模式明确提出了"场景"的重要性，且包括内外场景，其中外在场景不仅指现实场景，还包括虚拟场景，主要的元素有时间、空间、媒介等，内在场景主要指精神场景；②人在传播和接受信息的过程中通过场景对信息进行主动选择和被动过滤，获得的是即时的、动态的个性体验。

第四章
移动终端使用的行为与场景关系调查综述

本章以2021和2018年两次问卷数据为基础，全景式地呈现调查对象在使用手机等移动终端过程中的时间、空间、社交关系、心理情绪等场景元素。

第一节 研究方法与问卷设计

一、问卷基本情况

本章研究采取问卷调查的方法收集资料，调查问卷分为两个时间段进行。

第一时间段为2018年10月至2018年11月，这一时段核心是调查手机这一代表性移动终端，以一天作为调查时间取样，调查工具为自编的《用户的手机使用行为与场景关系调查问卷》，涉及每日用户手机使用场景、不同场景下手机使用偏好、态度和行为等141个条目。本次调查采用概率抽样与非概率抽样相结合的方式抽取样本1075个，采用定量分析方法。报告数据收集和分析主要通过问卷星（https://www.wjx.cn/）在线链接进行问卷调查和调查员走访调查相结合的方式进行。样本也采用了科学的研究方法，确定了样本的数量，具有一定可靠性和真实性。本研究采用实证调查的方法收集数据，全部数据经检验核实后，为确保录入质量，研究者采用人工审核的方式输入SPSS21.0统计软件。采用相关分析的方法，建立两个问题之间的相关性假设，并对假设进行检验，分析用户使用手机的行为与场景的关系。

第二时间段为2021年2月至2021年4月，这一时段主要补充了上一时段调查中未涉及的关于手机以外的移动终端如笔记本电脑、平板电脑、车载移动设备、可穿戴设备（智能耳机、智能手表、智能眼镜）的使用场景，调查工具为自编的《用户的移动终端使用场景调查问卷》，条目涉及用户使用移动终端时间、地点、使用动机、行为特点、心理特征等44条目内容，采用定量分析方法。报告数据收集和分析主要通过和立信（重庆）数据采集公司合作，通过线上调查进行，共收集有效样本2541个。全部数据经检验核实后，研究者采用相关分析的方法，建立两个问题之间的相关性假设，并对假设进行检验，得出影响移动终端用户使用习惯的场景因素，进而研究移动终端带来的场景的改变以及反作用于移动终端这一媒介传播的作用。

两次数据收集和分析主要通过线上问卷调查和调查员走访调查相结合的方式进行。样本也采用了科学的研究方法，确定了样本的数量，具有一定可靠性和真实性。本研究采用实证调查的方法收集数据，全部数据经检验核实后，为确保录入质量，研究者采用人工审核的方式输入SPSS21.0统计软件。采用相关分析的方法，建立两个问题之间的相关性假设，并对假设进行检验，分析用户使用移动终端的行为与场景的关系。

二、理论框架及调查指标

本研究的理论框架以使用与满足理论为基本理论框架，同时以第一章提到的布朗芬布伦纳的发展心理学的生态系统论为补充。生态系统中的微观、中观、外部、宏观几个系统强调的是空间环境，使用与满足理论用于分析人们使用移动终端行为的原因。

新媒体环境下，传者、媒介、受者三者的关系已嵌入在大众传播、组织传播、人际传播及其相互融合之中，生态系统的5个系统也同样适用于分析媒介、场景、人三者之间的关系。移动终端作为当前人们使用最为广泛的媒介，其本身创造了新的媒介场景，人们通过移动终端这一新的媒介场景去观察、审视世界。同时，媒介构建的场景和现实场景、虚拟场景等不同的场景类型之间的关系具有强烈的复杂性和多重性。研究者认为，上述 5 个系统还不足以分析人们使用移动终端的行为与场景传播之间的关系，但上述五个环境系统对于场景的内涵提供了较为积极的参考。本研究从一开始将"场景"定义为一个包含了多种元素的集合体，在本章开始的问卷调查部分，本研究以第三章笔者绘制的场景传播模式中用户使用移动终端的时间、空间、社交关系、心理（情绪）四个维度对移动终端的使用与场景之间的关系进行调查，四个维度相互关联形成人们对移动终端使用场景的测量，其中时间维度以用户的作息和日常使用移动终端的时长、时段为主要变量，空间维度以生态系统五个环境系统中的微观系统为主要变量，关系维度以中观系统为主要变量，心理和功能场景维度将参考其它的相关量表，具体的调查指标如下。

（一）人口统计学特征

两次调查分别参考 2018 年、2020 年中国互联网络信息中心的《中国互联网络发展状况统计报告》中网民人口统计学特征的调查类目，在问卷的最后做个人基本情况统计。

（二）对移动终端使用场景的认知

两次调查以多选题和李克特量表的设计为主，主要了解调查对象使用移动终端和其他终端的场景之间的差异、对使用移动终端与"场景"符合的认同度、对现实使用移动终端场景的评价与移动终端未来应用场景的期待。

（三）每日使用移动终端的场景特征

这部分作为两次调查的核心内容，以时间、空间、关系、情绪为四个场景维度，以移动终端的功能为使用移动终端行为的维度，共同表现了人们使用移动终端的场景特征。

时间测量：2018 年调查将一天 24 小时按照人们的基本作息习惯分成了七个时间段：6:01—8:00，8:01—12:00，12:01—14:00，14:01—18:00，18:01—22:00，22:01—24:00，0:01—6:00。2021 年调查考虑到 2018 年调查中某些使用手机行为相似度较高时段的合并，按照一天内常见的时间场景主要分为晨起、上下班坐车或步行通勤、学习或工作、晚间回家休息、吃饭等五个时间维度。

空间测量：调查对象日均使用手机的特定空间，2018 年研究总结日常人们使用手机的空间，空间的测量具有一定的复杂性，基于日常使用手机的体验和观察，本研究设置了 4 类共 21 项空间测量指标，以家庭空间、工作空间、休闲娱乐空间、交通空间作为 4 类调查的主要空间，了解人们在不同空间中使用手机的时间段、时长和不同的功能。2021 年研究在空间指标上合并了相似度高的空间，同样以 4 类共 10 项测量指标。

社交关系测量：2018 年的研究认为，调查对象在使用手机的时间、空间中有的是独自一人有的是有陪伴者，并且陪伴者是谁构成了人们使用手机的微观环境和中观环境。伴随关系的不同，人们使用手机的功能和行为也会有差异，本研究按照亲疏关系，将这种关系分为了 5 类：独自一人、和家人／舍友、和同事／同学、和亲戚朋友、和陌生人。2021 年的研究主要采用李克特量表，设置了 10 个关于用户使用移动终端受不同社交关系影响的量表题。

心理（情绪）测量：情绪的测量有着各种维度。美国心理学家伊扎德提出人类的基本情绪有 11 种，如惊奇、兴趣、厌恶、痛苦等。普拉奇克将情绪分为相似性、对立性、强度三个维度。至今没有一个统一的划分情绪的标准。2018 年的研究从简洁、易于理解的角度将情绪按照大类而言划分为积极的情绪、中性的情绪、消极的情绪。2021 年的研究同样采用李克特量表，设置了共 12 个关于用户使用移动终端受心理情绪影响的量表题。

移动终端使用行为测量：移动终端使用行为的测量主要参考CNNIC对于移动终端使用的功能的参考。关于移动终端使用行为的测量至今没有统一的标准，2018年的研究从实用性的角度将移动终端手机使用行为与移动终端的功能联系，其量表在参考CNNIC的手机功能列表外，将39项功能分属于7个大类：基本功能如通话、日历、天气等，社交功能如聊天、评论、转发等，娱乐功能如浏览新闻、游戏、音视频等，消费功能如手机购物、点外卖等，交通功能如打车、查路线等，学习功能如上课拍老师课件、背单词等，工作功能如聊天软件沟通、收发邮件等。2021年的研究取消了手机特有的一些功能，减少分类，缩至21项常见功能。

三、问卷结构设计

研究者在阅读国内外大量文献的基础上，围绕研究假设，对研究中涉及的态度、认知、行为等方面，对前人研究中与本研究的研究变量相关的测量表进行了归类和整理，将抽象概念转化为可观察得到的具体指标，然后将确定的变量进行分解，细化成具体题项，最终形成《用户的手机使用行为与场景关系调查问卷》（2018）、《用户的移动终端使用行为与场景关系调查问卷》（2021）。

《用户的手机使用行为与场景关系调查问卷》（2018）（以下简称2018问卷）主要分为四个部分：

第一部分为用户对手机使用的现实场景感知，共15题，调查用户日常作息和使用手机的情况，关注手机用户使用手机的现实场景，调查用户对手机的有用性、使用态度、使用意愿、对未来手机的科技使用的想象；

第二部分为用户在手机的社交媒体上使用定位功能的情况，共4题，关注用户使用手机定位功能的场景和心理，了解手机用户对与场景传播最大关系的LBS（地理位置定位系统）功能的认知；

第三部分为用户在不同时间段使用手机的时空场景与行为关系的情况，本部分也是调查问卷的主体部分，以用户一般情况下（周一至周五）的 24 小时为例，按照普通公司职员的工作时间分为上午 6:01—8:00，8:01—12:00，中午 12:01—14:00，下午 14:01—18:00，晚上 18:01—22:00，22:01—24:00，凌晨 0:01—6:00 共 7 个时段，调查用户不同时段使用手机的现实场景、使用的手机功能及使用的心理、社交氛围，了解用户使用手机的媒介场景、心理场景，了解用户对使用手机进行传播的态度和行为现状；

第四部分为调查对象的基本信息，包括性别、年龄、学历、收入、手机流量费用，经常使用的三类手机应用。

《用户的移动终端使用行为与场景关系调查问卷》（2021）（以下简称 2021 问卷）主要分为四个部分：

第一部分为用户使用移动终端的基本情况，共 5 题，调查用户使用不同移动终端的频率、时长，以及对于用户而言，移动终端的优缺点。

第二部分为用户使用移动终端的时间情况，共 5 题，调查用户使用移动终端的时间与行为关系的情况。

第三部分为用户使用移动终端的空间情况，共 5 题，调查用户使用移动终端的常见空间。

第四部分为用户使用移动终端的社交关系情况，共 10 题，调查受众使用移动终端关于不同社交关系的态度，包括：

1. 我大部分使用平板电脑的时候是一个人
2. 我大部分使用笔记本电脑的时候是两个人及以上
3. 我大部分使用穿戴设备（智能耳机、智能手表、智能眼镜等）的时候是两个人及以上
4. 我在和家人、朋友或同学（同事）聚会中喜欢玩手机
5. 我在有重要严肃的人在场时通常不使用移动设备

6. 不管周围什么人，我随时随地都在使用一种或多种移动设备

7. 我选择什么移动终端的品牌不会受到周围人的影响

8. 我不经常转发家人、朋友或同事（同学）刷屏的信息

9. 我更愿意点赞、转发和自己有相同年龄、爱好、职业、阶层的人的信息

10. 我不在意熟人或陌生人对我使用移动终端品牌或传播内容的看法

第五部分为用户使用移动终端的心理（情绪）情况，共12题，调查受众使用移动终端的心理（情绪）状态，包括：

1. 我在任何时候都希望呈现自己状态较好的一面

2. 我认为移动终端的品牌或传播的内容可以彰显自我个性

3. 我担心自己在移动终端发布的内容会影响别人对我的看法

4. 我担心我使用的移动终端品牌会遭到人嘲笑、嫌弃

5. 我会更愿意在移动终端上点赞、转发引起我积极情绪（开心、快乐）的内容

6. 我会更愿意在移动终端上点赞、转发引起我消极情绪（悲伤、痛苦）的内容

7. 我会更愿意在移动终端上点赞、转发无情绪的内容

8. 我以前喜欢的传播内容隔一段时间就不喜欢了

9. 我认为现阶段移动终端的传播满足了我的实用性需求

10. 我认为现阶段移动终端传播的内容满足了我的社交性需求

11. 我认为现阶段移动终端的传播满足了我的尊重性需求

12. 我认为现阶段移动终端的传播满足了我的自我实现需求

最后为调查对象的基本信息，包括性别、年龄、学历、收入、职业等。

两个问卷在设计时，为避免部分不认真答卷者，设置了正反向的问题如"我在有重要严肃的人在场时通常不使用移动设备""我选择什么移动终端的品牌不会受到周围人的影响"等，在表达态度的题的设置同样采取

这个方式，如果发现前后矛盾的问卷，在数据清理时视为无效问卷，一律删除。

四、测量方法

两次问卷设计时以多选题和李克特量表题为主。本研究认为，人们使用移动终端的现实场景在不同时段存在不止一个，而心情、社交关系的测量也非单一性，故设置为多选题。而对于更为复杂的移动终端使用的功能性场景，大多数也是多个功能同时使用，且频率存在不同，于是选择多选题和李克特量表结合的形式。李克特量表是美国社会心理学家李克特于1932年在原有的总加量表基础上改进而成的，主要用于测量一些复杂的态度、习惯性认同等，其平均数、变异数、偏态、峰度在反映态度、认同等差异上有较好的优势，不过也因为是被测者的主观反映，所以也存在一定的随意性。

五、问卷的前测

为了提高问卷的信度和效度，保证问卷的可行性，在正式调查之前需要对问卷进行前测，2018问卷在初始问卷形成后，进行了一轮十人规模的测试，并对5名传播学研究方法、传播学心理学博士研究生进行了二轮调查和小规模访谈，对问卷的一些问项和答案的措辞表达上不容易理解，个别问项容易导致歧义，经过反复修改之后，发放预调查问卷50份，回收48份，有效问卷45份，有效问卷回收率90%。2021问卷经过反复修改之后，发出126份预调查样本，回收117份，有效回收率93%。

（一）信度分析

信度即测量的可靠性，指问卷的可信程度，即采取同样方法对同一对象重复进行测量时，其所得结果相一致的程度。通过对预调查样本数据进行信度检验，本文的信度分析采用 SPSS21.0 统计软件的信度分析模块进行检验。2018 年问卷整个量表的信度系数 Alpha（内部一致性系数）为 0.982，可靠性较高，2021 年问卷量表的信度系数 Alpha（内部一致性系数）为 0.833，可靠性较高；KMO 值为 0.696，说明该问卷指标体系结构效度很适合。

表 4.1 前测变量的社交关系量表与心理情绪量表 Cronbach's alpha 系数
（2021 问卷）

	Cronbach's Alpha	基于标准化项的 Cronbachs Alpha	项数
社交关系量表	0.748	0.749	10
心理（情绪）量表	0.824	0.829	12

（二）效度分析

效度即测量的正确性，主要用来反映测验或量表所能正确测量的特质程度。在内容效度把握上，问卷设计的题目主要基于研究假设，问卷设计过程中研究者查阅了大量资料，并向社会学研究专家和前辈求教，与专家经过多次讨论，形成最终问卷。在正式调查前进行了小规模的预调查，调查过程中以访谈的形式了解受访者对于题目的语言表达、理解难易程度、选项涵盖面等意见，并根据受访者的建议进行修订，最终形成正式问卷，保证了问卷的有效性。

六、问卷的正式发放和选择

根据问卷的前测结果,本研究形成了最终的正式调查问卷,具体详见附录。黄芳铭认为测量问项与受访者比例最好保持在 1∶5 到 1∶10。[①] 2018 问卷测量的问项 141 题,因此样本数至少在 705 个以上。研究调查主要群体覆盖各个年龄段的手机用户,调查时间为 2018 年 10 月 15 日—2018 年 11 月 15 日,累计发放问卷和走访调查获得的问卷总数是 1075 份,获得有效问卷 805 份,置信度区间为 95%,有效回收率 75%。

2021 问卷测量的问项 44 题,因此样本数至少在 440 个以上。研究调查主要群体覆盖各个年龄段的移动终端用户,调查时间为 2021 年 2 月—4 月,通过线上渠道+线下推广共计完成 2551 份问卷发放,获得有效问卷 2541 份,置信度区间为 95%,有效回收率 99%。

第二节 调查样本的描述性统计

本部分研究主要对移动终端、手机的研究对象进行样本人口统计特征的描述性统计,以对样本进行初步评估。

一、2021 年调查样本的人口统计特征

2021 年调查的基本人口统计调查类目及数据参考 2020 年中国互联网

---

① 黄芳铭. 结构方程模式:理论与应用[M]. 北京:中国税务出版社,2005:137.

络信息中心的《中国互联网络发展状况统计报告》中网民属性结构的调查与数据，但由于调查对象和规模的不同，以及网络调查和走访调查的复杂性、随机性，类目设置和数据结果不完全一致。具体情况（见表4.2）。

表4.2　移动终端用户的人口统计结构（2021问卷）

人口统计特征		频率（单位：人）	百分比
性别	男	1306	51.40%
	女	1235	48.60%
	合计	2541	100.00%
年龄	19岁及以下	468	18.42%
	20—29岁	504	19.83%
	30—39岁	517	20.35%
	40—49岁	477	18.77%
	50—59岁	317	12.48%
	60岁及以上	258	10.15%
	总计	2541	100.00%
学历	初中及以下	418	16.45%
	高中/中专/技校	781	30.74%
	大专	511	20.11%
	大学本科	779	30.66%
	硕士及以上	52	2.05%
	总计	2541	100.00%
职业	农林牧渔劳动者	389	15.31%
	农村外出务工人员	293	11.53%
	个体户/自由职业者	433	17.04%

续表

人口统计特征		频率（单位：人）	百分比
职业	制造生产型企业工人	69	2.72%
	商业服务业职工	115	4.53%
	专业技术人员	159	6.26%
	企业/公司一般职员	170	6.69%
	企业/公司中高层管理人员	67	2.64%
	党政机关事业单位一般职员	42	1.65%
	党政机关事业单位领导干部	8	0.31%
	学生	600	23.61%
	退休	148	5.82%
	失业或待业人员	48	1.89%
	总计	2541	100.00%
收入	1500元以下	418	16.45%
	1501—3000元	474	18.65%
	3001—5000元	512	20.15%
	5001—7000元	509	20.03%
	7001—9000元	340	13.38%
	9001—11000元	176	6.93%
	11001元以上	112	4.41%
	总计	2541	100.00%
居住地	城市	1811	71.27%
	乡镇	730	28.73%
	总计	2541	100.00%

（一）性别结构

在本次回收的 2541 份有效问卷中，男性 1306 人，占 51.4%，女性 1235 人，占 48.6%，男女比例约为 1∶1.06，与 2020 年 6 月中国网民性别结构基本趋同。

（二）年龄结构

本次调查对象的年龄段分布从 19 岁及以下到 60 岁以上都有，其中 19 岁及以下占 18.42%，20—29 岁占 19.83%，30—39 岁占 20.35%，40—49 岁占 18.77%，50—59 岁占 12.48%，60 岁及以上占 10.15%，年龄层分布较为广泛和均衡，有一定代表性。

（三）受教育程度结构

本次调查对象的学历程度覆盖初中及以下到硕士及以上，大学本科占到 30.66%，硕士及以上占到 2.05%，整体文化水平良好，能够较好理解问题，高中以下学历的人员多采用调查员走访的形式，调查员为立信（重庆）数据科技公司调查员，在调查前经过了研究者详细的调查培训，能够理解调查问题并帮助受调查者完成问卷。

（四）职业结构

本次调查对象的职业结构覆盖各行各业，以农村外出务工人员、个体户/自由职业者、学生为主要群体，有着一定的代表性。

（五）收入结构

本次调查对象的月收入结构集中在 3001—7000 元，占所有比例的 40.18%，其次是 1501—3000 元的人群占 18.65%，本次调查中使用移动终端的用户收入 9000 元以上的占高收入人群较少，占 11.34%。

综合以上描述性数据，本研究的样本年龄、学历、职业等方面与CNNIC的全国调查数据基本吻合，一定程度上证明了样本选取的有效性。

二、2018年调查样本的人口统计特征

本次调查的基本人口统计调查类目及数据参考2018年中国互联网络信息中心的《中国互联网络发展状况统计报告》的网民属性结构的调查与数据，具体情况（见表4.3）。

表4.3　手机用户的人口统计结构（2018问卷）

人口统计特征		频率（单位：人）	百分比
性别	男	393	48.8
	女	412	51.2
	合计	805	100.0
年龄	19岁及以下	120	14.9
	20—29岁	253	31.4
	30—39岁	188	23.4
	40—49岁	89	11.1
	50—59岁	83	10.3
	60岁及以上	72	8.9
	合计	805	100.0
学历	初中及以下	118	14.7
	高中/中专/技校	166	20.6
	大专	143	17.8
	大学本科	208	25.8

续表

	人口统计特征	频率（单位：人）	百分比
学历	硕士及以上	170	21.1
	合计	805	100.0
职业	党政机关事业单位领导干部	10	1.2
	党政机关事业单位一般职员（包括教师）	118	14.7
	个体户/自由职业者	67	8.3
	农村外出务工人员	24	3.0
	农林牧渔劳动者	50	6.2
	企业/公司一般职员	95	11.8
	企业/公司中高层管理人员	34	4.2
	商业服务业职工	17	2.1
	失业或待业人员	20	2.5
	退休	69	8.6
	学生	212	26.3
	制造生产型企业工人	30	3.7
	专业技术人员	59	7.3
	合计	805	100.0
收入	11001元以上	78	9.7
	1500元以下	234	29.1
	1501—3000元	138	17.1
	3001—5000元	175	21.7
	5001—7000元	92	11.4
	7001—9000元	52	6.5

续表

人口统计特征		频率（单位：人）	百分比
收入	9001—11000 元	36	4.5
	合计	805	100.0

（一）性别结构

在本次回收的 805 份有效问卷中，男性 393 人，占 48.8%，女性 412 人，占 51.2%，男女比例约为 1∶1.05，与 2018 年 6 月中国网民性别结构基本趋同。

（二）年龄结构

本次调查对象的年龄段分布从 19 岁及以下到 60 岁以上都有，其中 19 岁及以下占 14.9%，20—29 岁占 31.4%，30—39 岁占 23.4%，40—49 岁占 11.1%，50—59 岁占 10.3%，60 岁及以上占 8.9%，年龄层分布较为广泛和均衡，有一定代表性。

（三）受教育程度结构

本次调查对象的学历程度覆盖初中及以下到硕士及以上，大学本科占到 25.8%，硕士及以上占到 21.1%，整体文化水平良好，能够较好理解问题，高中以下学历的人员多采用调查员走访的形式，调查员为中国传媒大学 2018—2017 级硕士生，在调查前经过了研究者详细的调查培训，能够理解调查问题并帮助受调查者完成问卷。

（四）职业结构

本次调查对象的职业结构以党政机关事业单位一般职员（包括教师），企业/公司一般职员，学生为主要群体，与 2018《中国互联网络发展状况统计报告》中的网民属性结构基本符合，有着一定的代表性。

（五）收入结构

本次调查对象的月收入结构几种在 1500 以下，占所有比例的 29.1%，与职业中学生、失业或待业人员相加的比例吻合，具有可信度，其次是收入在 3001—5000 元的人群占 21.7%，本次调查中使用手机的用户收入 9000 元以上的占高收入人群较少，占 14.2%。

综合以上描述性数据，本研究的样本年龄、学历、职业等方面与 CNNIC 的全国调查数据基本吻合，一定程度上证明了样本选取的有效性。

第三节　用户使用移动终端的类型与特点

本部分以 2021 问卷为主，主要调查了用户经常使用的移动终端的类型、频率，以及用户所认为的移动终端的优缺点。

一、用户使用移动终端的类型

（一）移动终端基本的使用类型

本题为多选题，在用户使用的移动终端类型中，智能手机占比高达 93.35%，其次是笔记本电脑 43.72% 和平板（PAD）42.82%，其他移动设备使用相对较少，观察值百分比均在 25% 以下。这里值得注意的是，笔者在走访调查的过程中发现，智能手机对于部分对手机功能需求不高的用户也相当于是非智能手机，本次调查对象中 2373 人使用智能手机，仅有 353

人使用非智能手机（见表4.4），一定程度上影响或者限制了手机使用的现实场景。在其他选项中有调查者填写到"小爱同学""Kindle"，"小爱同学"作为家庭智能音箱从使用的场景来说比较固定，并非移动，"Kindle"作为以电子书为内容的设备虽也是移动设备的代表，但与平板（PAD）在形式上是同一类型。

表 4.4　用户日常使用的移动终端类型（2021问卷）

移动终端使用类型		响应 N	响应 百分比	个案百分比
移动终端使用类型	笔记本电脑	1111	18.49%	43.72%
	平板（PAD）	1089	18.12%	42.82%
	智能手机	2373	39.48%	93.35%
	非智能手机	353	5.87%	13.89%
	车载移动设备	490	8.15%	19.28%
	可穿戴设备	593	9.87%	23.34%
	其他	1	0.02%	0.04%
总计		6010	100%	236.44%

N：选项人次

二、移动终端使用的频率

本题为排序题，结合表4.5和图4.1，在用户使用的移动终端类型中，智能手机成为用户使用频率最高的移动终端，综合得分5.43，远超其他移动终端，其次是笔记本电脑和平板，综合得分2.03，这也与2018问卷将手机作为重要的移动终端媒体进行调研比较吻合，车载移动设备和非智能手机的使用频率是最低的。

表 4.5 用户日常使用的移动终端频率（2021 问卷）

选项	一选人数	二选人数	三选人数	四选人数	五选人数	六选人数	综合得分	排序
			（单位：人）					
智能手机	2064	214	71	13	6	4	5.43	1
笔记本电脑	168	471	397	64	9	2	2.03	2
平板（IPAD）	130	653	234	44	22	5	2.03	3
可穿戴设备	21	192	158	124	74	25	0.89	4
车载移动设备	48	121	124	129	65	3	0.75	5
非智能手机	109	162	45	22	9	6	0.68	6
其他	1	1	0	1	0	0	0.01	7

单位：分

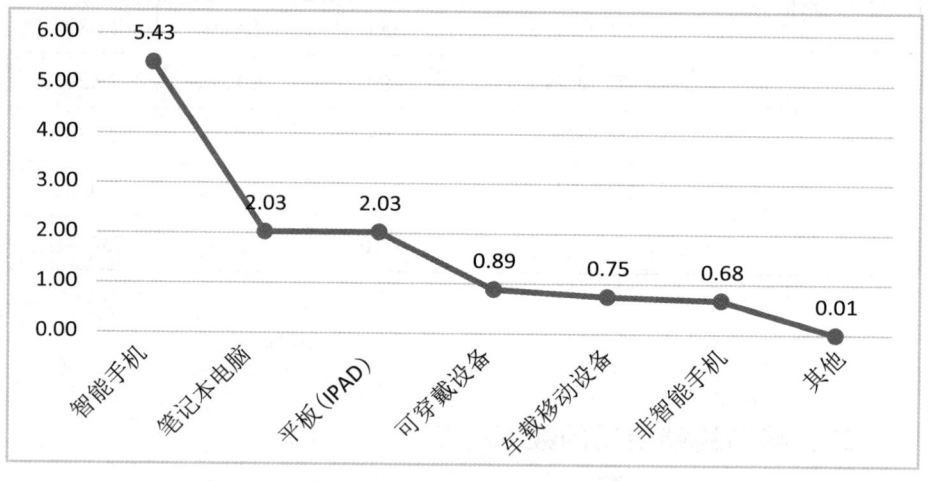

图 4.1 用户日常使用的移动终端频率（2021 问卷）

三、移动终端的优缺点

图 4.2、4.3 反映的是针对用户使用移动终端的感受。从结果可以看出，

大多数调查对象认为移动终端的突出优点是便于携带（80.40%），其次是共享性强（60.67%）、及时性强（61.43%）、互动性强（52.18%）、随时随地传播、方便快捷（51.63%）等优点，最后是可以充分利用空闲时间（33.25%），1人选择了"其他"，填写的是"娱乐功能多"。大多数调查对象认为移动终端的突出缺点是会使人沉浸虚拟空间、干扰个人在现实中的生活（71.78%）和时间碎片化、不易集中精神（61.79%），其次是传播载体只能在固定场合（46.36%）和价格比较贵（41.99%），最后是内容没有营养、浪费时间精力（19.60%），还有部分调查对象选择了"其他"，填写内容有"工作时间通过移动设备沟通""影响个人休息""广告太多""价格较贵""学校场合不适宜"等。综合来看，移动终端的优点和缺点围绕着场景特点，例如便于携带的优点让移动终端能够适应较多的场合，使人容易沉浸的缺点让移动终端营造的虚拟空间对现实空间有一定的干扰性。

图 4.2　移动终端的优点（2021 问卷）

图 4.3　移动终端的缺点（2021 问卷）

第四节　用户使用移动终端的场景因素

本部分的研究是两次调查的主体，目的是为了对用户使用移动终端（2021）、手机（2018）的场景和行为从时间、空间、关系、心理四个维度进行分析，主要了解调查对象使用移动终端的行为。需要指出的是，很多移动终端使用者在某些情况下对移动终端功能的使用是一个短暂的行为，一个功能使用持续2—3分钟或者不足5分钟，时间、空间、关系、心理、行为的切换频率也在缩短，这也是在后续通过随机访谈等质化研究需要弥补的地方。

一、用户使用移动终端的时间因素

（一）用户使用移动终端的时长与数量

用户使用移动终端的时长和数量一定程度上反应了人们对移动终端的使用强度。时长上，总体而言，按照个人平均每天睡眠 8 小时计算，调查显示每天使用移动终端占平均非睡眠时间（16 小时）50%（8 小时以上）以上的调查对象有 8.93%，超过了大部分人的工作时间 8 小时，5.35% 的调查对象使用移动终端 7—8 小时（包括 8 小时），大部分人对移动终端的使用强度低于 6 小时，21.02% 的用户每天使用移动终端 3—4 个小时，占每日非睡眠时间的 1/8—1/4 的时间，17.04% 的用户每天使用移动终端 2—3 小时，不到 1 小时的有 2.52%，这也说明每天部分用户不怎么使用移动终端，且使用移动终端的时间只占平均的非睡眠时间的 6% 不到（见图 4.4）。

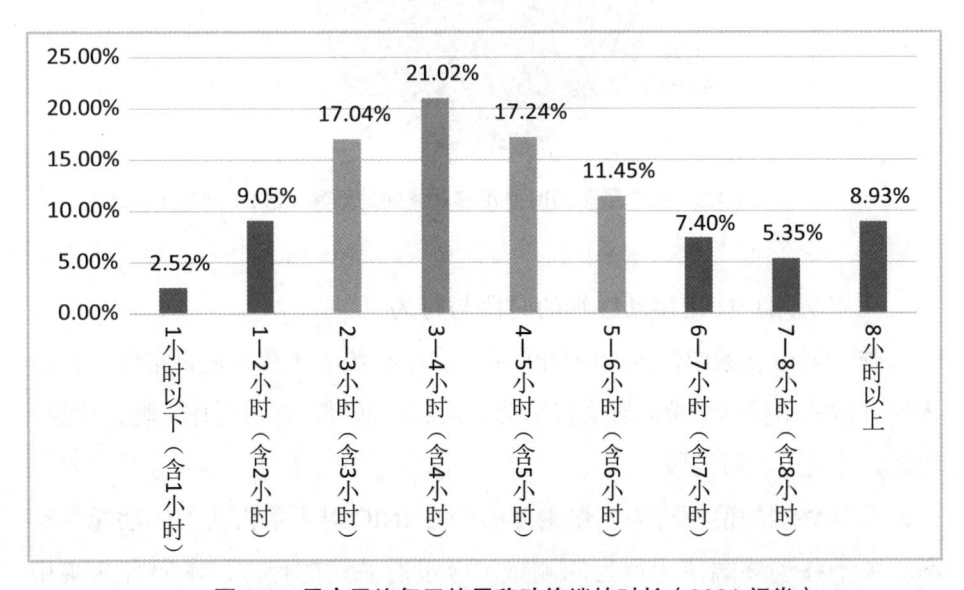

图 4.4 用户平均每天使用移动终端的时长（2021 问卷）

数量上，接近半数调查对象最多同时使用两种移动终端，占比48.92%，其次是只使用一种移动终端的数量占比达28.80%，使用三种及以上移动终端数量的样本占比较低，分别是14.21和8.07%。可以看出，在新媒体环境下，移动终端不仅侵入了很多现实场景，也或多或少侵入了其它的媒体场景。过去人们看报纸、看书或杂志、听广播、看电视的时候大部分处于使用某一媒体的单一环境中，很少或者几乎不会同时使用两种或两种以上的媒体，但在新媒体环境下，这样的情况频繁发生，尤其是本次调查中同时使用两种及以上移动终端的占比是非常高的（见图4.5）。

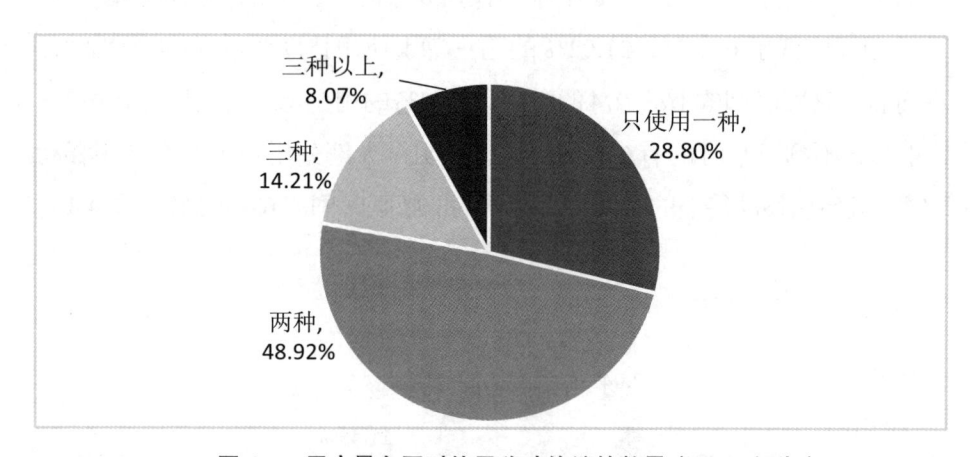

图 4.5　用户最多同时使用移动终端的数量（2021 问卷）

（二）用户使用移动终端的时段与行为

作为场景元素中重要的时间变量，本题按照大多数人们日常作息，把人们日常使用移动终端的时间段分为：晨起，通勤，学习工作，晚上休息，吃饭，等待五大时间段。

移动终端的使用行为测量主要参考 CNNIC 对于手机使用的功能的参考。关于移动终端使用行为的测量至今没有统一的标准，本研究从实用性的角度将移动终端使用行为与移动终端的功能联系，其量表主要参考

CNNIC 的手机功能列表，基本功能如通话、日历、天气等，社交功能如聊天、评论、转发等，娱乐功能如浏览新闻、游戏、音视频等，消费功能如手机购物、点外卖等，交通功能如打车、查路线等，学习功能如上课拍老师课件、背单词等，工作功能如聊天软件沟通、收发邮件等。从调查结果看，用户在不同的时间段使用的移动终端的功能是不一样的。（见图 4.6）

晨起时间内调查对象们对于移动终端的使用大多是通讯（50.06%）、工具服务（47.82%）、新闻浏览（46.60%）和社交（41.64%）功能。

通勤时间内调查对象们对于移动终端的使用大多是社交（44.90%）、新闻浏览（44.55%）、通讯（40.02%）和短视频（35.18%）。

学习工作时间内调查对象们对于移动终端的使用大多是社交（42.27%）、通讯（39.55%）、新闻浏览（36.80%）和搜索（35.46%）。

晚间休息时间内调查对象们对于移动终端的使用大多是社交（48.09%）、短视频（44.90%）、新闻浏览（42.38%）和通讯（32.66%）。

吃饭、等待时间内调查对象们对于移动终端的使用大多是社交（42.9%）、短视频（40.69%）、新闻浏览（38.88%）和搜索（29.83%）。

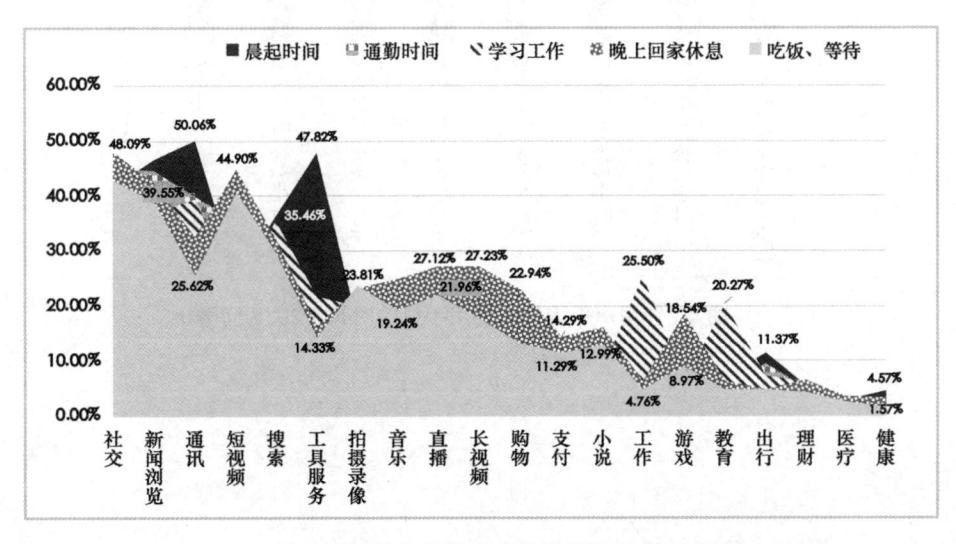

图 4.6 不同时间段常使用移动终端的行为分布（2021 问卷）

（三）用户使用手机的时长分布

2018问卷因为聚焦在手机这一移动终端中，为了对用户使用手机的场景和行为进行一个全天的扫描。问卷将时间主要分成了七个时间段：上午6:01—8:00，8:01—12:00，中午12:01—14:00，下午14:01—18:00，晚上18:01—22:00，22:01—24:00，凌晨0:01—6:00。每个时间段包含使用的场景、社交氛围、心理氛围、使用的手机功能等共15个问项，从时间、空间、关系、心理四个维度主要了解在一天日常生活中的人们使用手机的行为。

用户使用手机的时长总体而言与使用移动终端的时长分布吻合（见图4.7）。

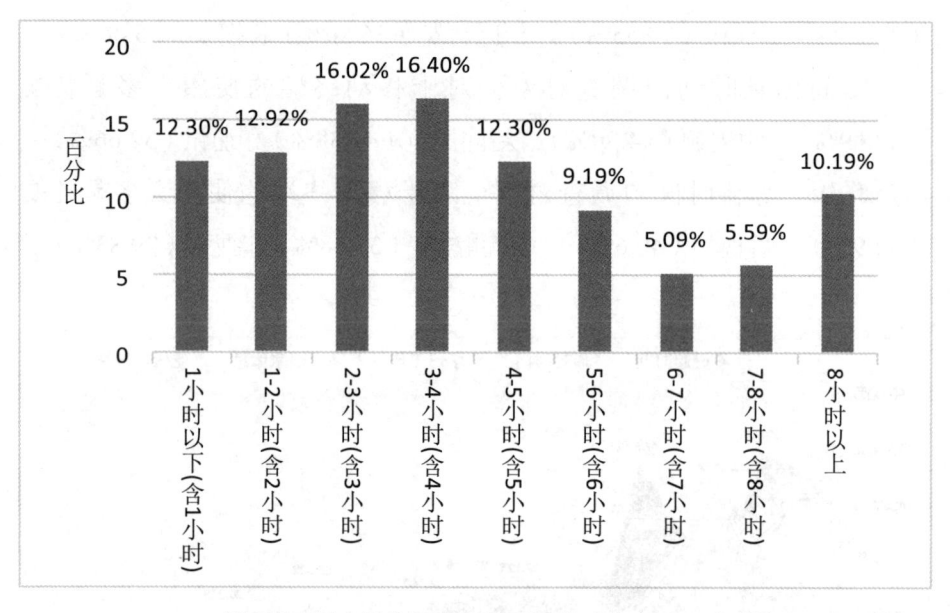

图 4.7　用户平均每天使用手机的时长（2018问卷）

（四）用户使用手机的时段分布

总体来看，2018年调查的七个时间段中，两个小时时长的有三个，四个时间段是四小时时长，一个时间段是六小时时长。从调查结果看（见附图4.1），使用手机时长有这样几个高发的时间段：6:01—8:00，8:01—12:00，18:01—22:00，人们使用手机的活跃度较高，早上由于开始工作时间普遍在8:01—9:00，所以9:00前使用手机比较活跃，下午17:01—18:00普遍结束工作/学习，尤其是18:01—22:00，这段时间不使用手机的只有9.81%，在这个时间段手机的使用行为达到最高。相较于下午14:01—18:00工作时间，上午8:01—12:00的手机使用时间更长。

从时间分层看（见表4.6），在4个小时和6个小时时长的4个时段中，有几个手机使用的高发期，分别是11:01—12:00，17:01—18:00，21:01—22:00，0:01—1:00。11:01—12:00多属于人们结束上午学习/工作到午餐时间，17:01-18:00属于结束学习/工作到回家/个人住所的时间，21:01—22:00基本在家/个人住所，0:01—1:00，5:00—6:00属于在零点之后使用手机比较多的时间段。

表4.6　用户在全天使用手机的时间段分布（2018问卷）

		响应 N	百分比	个案百分比
8:01—12:00 使用手机时间段分布[a]	8:00—9:00	156	15.6%	22.6%
	9:01—10:00	241	24.1%	34.9%
	10:01—11:00	294	29.4%	42.6%
	11:01—12:00	309	30.9%	44.8%
总计		1000	100.0%	144.9%

续表

		响应		个案百分比
		N	百分比	
14:01—18:00 使用手机的时间段分布 [a]	14:01—15:00	156	16.4%	24.0%
	15:01—16:00	259	27.2%	39.8%
	16:01—17:00	226	23.8%	34.8%
	17:01—18:00	310	32.6%	47.7%
总计		951	100.0%	146.3%
18:01—22:00 使用手机的时间段分布 [a]	18:01—19:00	148	12.7%	20.4%
	19:01—20:00	256	21.9%	35.3%
	20:01—21:00	374	32.0%	51.5%
	21:01—22:00	391	33.4%	53.9%
总计		1169	100.0%	161.0%
0:01—6:00 使用手机的时间段分布 [a]	0:01—1:00	125	51.2%	58.7%
	1:01—2:00	40	16.4%	18.8%
	2:01—3:00	15	6.1%	7.0%
	3:01—4:00	14	5.7%	6.6%
	4:01—5:00	7	2.9%	3.3%
	5:01—6:00	43	17.6%	20.2%
总计		244	100.0%	114.6%

a. 值为 1 时制表的二分组

N：选项人数

(四）用户使用手机的时段与行为

2018年问卷中本题为李克特量表五度标记法，主要调查不同时间段使用的手机功能，和移动终端的使用时段行为分布基本一致。

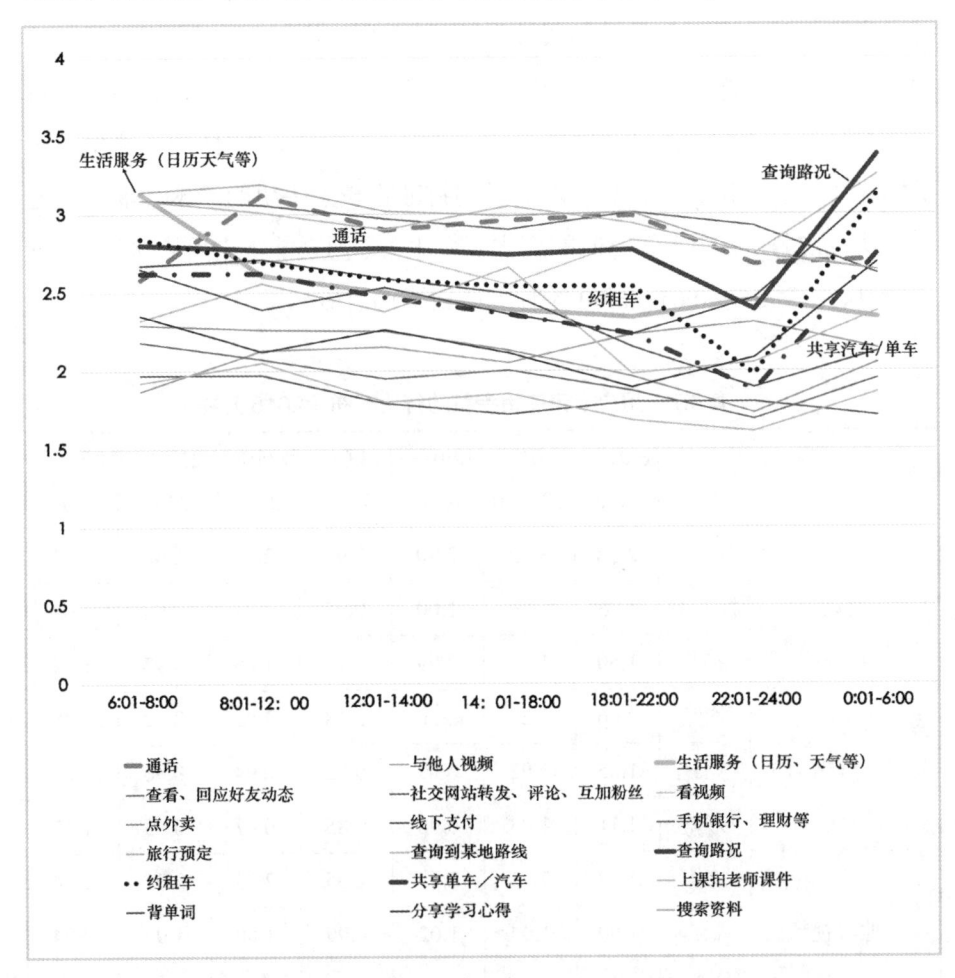

图 4.8　用户全天波动较大的使用手机的行为均值分布图（2018问卷）

从整个时间段使用手机功能的均值看（见表 4.7），工作当中使用聊天软件的均值明显高于其它手机的功能使用，其次是社交中使用聊天软件，总体上以社交、娱乐、基本功能为主，社交功能的使用频率整体高于其它所有手机的功能的使用。全天使用较少的手机功能是"与直播博主互动"、"参加论坛讨论"、"与所在地理位置周围的人互动"（如微信的摇一摇、陌陌、探探）等。图4.8反应了不同时间段波动较大的部分使用的手机功能，时间分段上看，具有明显时间段波动的是"基本功能"和"交通工具"的功能，尤其是"通话"、"生活服务"（日历、天气等）、"约租车"、"查询路况"、"查询到某地路线"、"共享汽车/单车"的使用。这也说明手机的社交、娱乐、消费等功能的时间特征相较于手机的基本功能、交通工具功能较弱，后两者因时间的变化而变化，学习功能中"背单词"和"分享学习心得"都在0:01—6:00的时段达到了均值最高。

表4.7 用户全天使用手机的行为分布（2018问卷）

		6:01—8:00	8:01—12:00	12:01—14:00	14:01—18:00	18:01—22:00	22:01—24:00	0:01—6:00
通话	均值	2.58	3.12	2.90	2.96	2.99	2.68	2.71
	标准差	1.23	1.06	1.00	0.95	1.03	0.99	1.02
	方差	1.50	1.11	0.99	0.90	1.06	0.97	1.04
短信（非微信）	均值	2.06	2.27	2.30	2.18	2.02	2.12	2.28
	标准差	1.05	1.02	0.99	0.92	0.94	0.96	1.05
	方差	1.11	1.03	0.98	0.85	0.87	0.93	1.11
与他人视频	均值	1.87	2.13	2.15	2.05	2.23	2.31	2.14
	标准差	1.00	1.04	1.02	0.99	1.00	1.04	1.04
	方差	1.00	1.08	1.03	0.98	1.01	1.08	1.07
生活服务（日历、天气等）	均值	3.13	2.61	2.50	2.39	2.34	2.45	2.34
	标准差	1.06	0.97	0.92	0.90	0.92	0.97	0.97
	方差	1.13	0.94	0.85	0.81	0.85	0.94	0.95

续表

		6:01—8:00	8:01—12:00	12:01—14:00	14:01—18:00	18:01—22:00	22:01—24:00	0:01—6:00
查看、回应好友动态	均值	3.09	3.06	2.97	2.90	3.01	2.92	2.62
	标准差	0.97	0.94	0.97	0.99	1.00	1.01	1.08
	方差	0.94	0.89	0.95	0.98	1.01	1.02	1.16
使用聊天软件	均值	3.16	3.27	3.09	3.16	3.16	3.00	2.68
	标准差	1.09	0.98	1.00	1.04	1.03	1.07	1.20
	方差	1.18	0.95	1.00	1.08	1.06	1.15	1.44
拍照、上传照片/视频	均值	2.13	2.28	2.19	2.12	2.19	2.10	2.00
	标准差	0.95	1.01	0.98	0.95	1.03	1.02	1.01
	方差	0.90	1.03	0.95	0.89	1.06	1.04	1.02
社交网站转发、评论、互加粉丝	均值	1.97	1.97	1.79	1.72	1.80	1.80	1.71
	标准差	1.00	0.97	0.99	0.88	0.94	0.94	0.90
	方差	1.00	0.95	0.99	0.78	0.88	0.89	0.81
与直播博主互动	均值	1.43	1.43	1.34	1.35	1.35	1.43	1.51
	标准差	0.80	0.79	0.74	0.71	0.74	0.79	0.88
	方差	0.63	0.63	0.55	0.51	0.55	0.63	0.77
参加论坛讨论	均值	1.65	1.56	1.50	1.46	1.44	1.50	1.47
	标准差	0.91	0.85	0.85	0.80	0.78	0.83	0.78
	方差	0.82	0.72	0.71	0.65	0.61	0.69	0.61
与所在地理位置周围的人互动（如微信的摇一摇、陌陌、探探）	均值	1.36	1.37	1.36	1.33	1.29	1.32	1.50
	标准差	0.74	0.74	0.74	0.73	0.69	0.71	0.89
	方差	0.54	0.55	0.55	0.54	0.47	0.51	0.79

续表

		6:01—8:00	8:01—12:00	12:01—14:00	14:01—18:00	18:01—22:00	22:01—24:00	0:01—6:00
浏览、搜索新闻或感兴趣的内容	均值	3.20	3.09	3.04	3.01	3.06	2.96	2.93
	标准差	1.01	0.94	0.96	0.96	0.94	0.99	1.08
	方差	1.02	0.88	0.92	0.93	0.88	0.97	1.16
查询所在地理位置周边的信息（如大众点评等）	均值	1.94	1.98	1.95	1.92	1.86	1.83	1.75
	标准差	0.94	0.95	0.96	0.96	0.92	0.91	1.02
	方差	0.89	0.90	0.92	0.92	0.85	0.83	1.05
看小说	均值	2.06	2.06	2.05	2.00	2.00	2.10	2.28
	标准差	1.12	1.08	1.13	1.09	1.10	1.14	1.31
	方差	1.25	1.18	1.28	1.19	1.20	1.30	1.71
听音频	均值	2.55	2.37	2.34	2.26	2.32	2.27	2.27
	标准差	1.14	1.08	1.11	1.12	1.11	1.08	1.19
	方差	1.30	1.16	1.22	1.25	1.22	1.18	1.42
看视频	均值	2.67	2.70	2.76	2.55	2.83	2.76	2.64
	标准差	1.07	1.02	1.03	1.06	1.06	1.06	1.14
	方差	1.15	1.03	1.07	1.12	1.12	1.12	1.31
看直播	均值	1.75	1.85	1.81	1.75	1.78	1.67	1.77
	标准差	0.99	1.03	0.99	0.98	1.01	0.93	1.07
	方差	0.97	1.06	0.97	0.96	1.01	0.87	1.14
发表原创内容	均值	1.89	1.92	1.83	1.79	1.69	1.71	1.67
	标准差	0.94	0.97	0.94	0.96	0.90	0.93	0.89
	方差	0.89	0.93	0.88	0.92	0.80	0.87	0.80

续表

		6:01—8:00	8:01—12:00	12:01—14:00	14:01—18:00	18:01—22:00	22:01—24:00	0:01—6:00
玩手机游戏	均值	2.04	2.14	2.04	2.01	2.02	1.95	1.83
	标准差	1.15	1.12	1.11	1.11	1.12	1.08	1.08
	方差	1.31	1.26	1.23	1.22	1.26	1.16	1.17
逛淘宝等网络购物网站	均值	3.07	3.10	2.98	2.93	3.12	3.19	3.10
	标准差	0.95	0.97	1.00	0.97	0.99	1.02	1.06
	方差	0.91	0.95	1.01	0.94	0.97	1.03	1.11
游戏充值	均值	1.83	1.51	1.56	1.54	1.42	1.46	1.67
	标准差	1.06	0.88	0.94	0.89	0.83	0.86	1.07
	方差	1.13	0.77	0.88	0.79	0.68	0.75	1.15
点外卖	均值	2.29	2.26	2.25	2.13	1.96	1.73	2.05
	标准差	1.09	1.07	1.02	1.02	1.00	1.02	1.17
	方差	1.19	1.15	1.03	1.05	1.01	1.03	1.36
线下支付	均值	2.67	2.71	2.59	2.49	2.15	1.89	2.12
	标准差	1.07	1.08	1.07	1.02	1.03	1.01	1.17
	方差	1.14	1.17	1.14	1.04	1.06	1.02	1.38
手机银行、理财等	均值	2.18	2.07	1.95	2.00	1.87	1.69	1.95
	标准差	1.06	1.00	1.02	1.00	0.97	0.90	1.23
	方差	1.11	1.00	1.04	1.01	0.94	0.81	1.51
旅行预定	均值	1.92	2.05	1.80	1.85	1.68	1.61	1.86
	标准差	0.93	0.98	0.93	0.99	0.84	0.83	1.12
	方差	0.87	0.96	0.87	0.97	0.71	0.70	1.25

续表

		6:01—8:00	8:01—12:00	12:01—14:00	14:01—18:00	18:01—22:00	22:01—24:00	0:01—6:00
查询到某地的路线	均值	3.09	3.01	2.90	3.05	2.94	2.74	3.25
	标准差	0.97	0.95	1.00	0.89	1.03	1.11	1.17
	方差	0.93	0.89	1.01	0.78	1.06	1.23	1.36
查询路况	均值	2.80	2.77	2.78	2.74	2.77	2.39	3.38
	标准差	1.09	1.03	0.99	1.00	1.09	1.10	1.19
	方差	1.19	1.06	0.99	1.00	1.18	1.22	1.41
约租车	均值	2.84	2.69	2.58	2.54	2.54	1.97	3.13
	标准差	1.08	1.02	1.00	0.96	1.02	0.92	1.25
	方差	1.17	1.03	0.99	0.92	1.03	0.84	1.55
共享单车/汽车	均值	2.62	2.62	2.47	2.36	2.23	1.87	2.75
	标准差	1.14	1.10	1.13	1.01	0.98	0.96	1.39
	方差	1.30	1.21	1.27	1.02	0.96	0.93	1.93
上课拍老师课件	均值	2.32	2.56	2.38	2.66	1.98	2.05	2.38
	标准差	1.00	1.08	1.14	1.04	1.02	1.06	1.19
	方差	1.01	1.17	1.29	1.09	1.04	1.11	1.42
阅读电子书	均值	2.59	2.36	2.58	2.31	2.38	2.44	2.46
	标准差	1.14	1.03	1.07	1.07	1.14	1.06	0.97
	方差	1.29	1.06	1.15	1.14	1.30	1.12	0.94
背单词	均值	2.65	2.39	2.53	2.36	2.23	2.46	3.15
	标准差	1.06	1.02	1.20	1.01	1.09	1.16	0.99
	方差	1.11	1.03	1.43	1.02	1.18	1.35	0.97

续表

		6:01—8:00	8:01—12:00	12:01—14:00	14:01—18:00	18:01—22:00	22:01—24:00	0:01—6:00
在线课堂	均值	2.34	2.44	2.46	2.34	2.34	2.33	2.62
	标准差	1.12	1.08	1.09	1.08	1.12	1.09	1.19
	方差	1.25	1.17	1.18	1.16	1.25	1.19	1.42
查询、下载学习资料	均值	2.86	3.03	2.78	2.82	2.76	2.67	2.77
	标准差	1.04	1.05	0.99	1.04	1.03	1.06	0.73
	方差	1.08	1.09	0.98	1.08	1.06	1.12	0.53
分享学习心得	均值	2.35	2.12	2.26	2.11	1.89	2.08	2.69
	标准差	1.07	0.97	1.06	1.02	0.96	1.02	1.18
	方差	1.14	0.93	1.12	1.05	0.93	1.04	1.40
使用聊天软件沟通	均值	3.27	3.54	3.23	3.37	3.32	3.11	3.27
	标准差	1.03	0.91	0.92	0.95	0.99	1.13	1.19
	方差	1.07	0.82	0.85	0.91	0.99	1.28	1.42
搜索资料	均值	3.14	3.19	3.02	2.99	3.01	2.74	2.64
	标准差	1.10	1.06	0.96	1.02	1.02	1.15	0.92
	方差	1.20	1.12	0.93	1.03	1.04	1.31	0.86
编辑、撰写资料	均值	2.77	2.89	2.73	2.76	2.73	2.57	2.27
	标准差	1.09	1.15	1.03	1.15	1.17	1.17	0.91
	方差	1.19	1.32	1.06	1.31	1.36	1.37	0.82
收发邮件	均值	2.59	2.73	2.65	2.53	2.55	2.34	2.09
	标准差	1.08	1.12	1.07	1.08	1.11	1.06	0.83
	方差	1.16	1.25	1.14	1.16	1.23	1.11	0.69

从表 4.7 中可以看出，"通话"功能在 8:01—12:00 和 18:01—22:00 使用的均值超过 3，两个时间段和其他时间段之间相比使用手机的通话功能有较大的差异，"生活服务（日历、天气等）"功能在 6:01—8:00 达到均值的峰值后一致呈递减趋势，这一时间段人们主要使用手机的现实场景主要在"交通工具""家中／个人住所"，说明两种场所里在这一时间段，人们较为关注日期、天气，为即将开始的一天做准备。"约租车""查询路况""查询到某地的路线"分别在 6:01—8:00 和 0:01—6:00 达到均值最高，从标准差看这两个时段与其他时段的差异较为明显，证明这三个手机功能的使用的时间段差异大，两个时间段中 7:01—8:00，5:01—6:00 分别在大多数调查对象的上班时间，主要也在出门前或者在交通工具上。

二、用户使用移动终端的空间因素

（一）用户使用移动终端的空间分布

用户使用移动终端的空间是 2021 年调查的重点（见图 4.9），大部分调查对象对于笔记本电脑和平板电脑的使用都在工作或学习时，分别占比 52.77% 和 44.31%，可以看出笔记本电脑和平板电脑这两种移动终端更契合工作场景。

手机作为最常用的移动终端，调查对象除了在逛街旅游和健身运动时相对较少使用，其他场景均经常使用，尤其是休息时使用占比高达 61.31%，其次是在床上醒来和睡前，占比 58.36%。"健身运动"和"逛街"是使用手机最少的场景，这和健身、逛街的场景是移动的有关，虽然手机也是移动的媒介，但人们使用手机的场景还是相对固定的，在一些无暇或者难以兼顾用手使用手机的场景中，手机的使用率并不高，比如对于健身运动场景中使用可穿戴设备相较于其他移动终端较多，占比 12.46%。

调查对象对于车载移动设备的使用大多是在乘坐交通工具的场景中，占比35.30%。这和个人使用移动终端时是否同时操作交通工具有关，例如人们在私人交通工具如私家车、自行车等场景上使用车载工具或可穿戴设备的情况较多，但在公共交通工具如地铁、公交车、出租车、火车、飞机等上使用手机的情况就更多。

总体看，本次调查对象使用移动终端受空间因素的影响，其使用的现实空间分布比较分散，整体上智能手机这一移动终端的使用空间分布比较平均，调查对象对使用空间的认知常常伴随使用移动终端的目的性、便利性，或者说移动终端的功能和人们对移动终端的需求是蕴含在移动终端使用的场景中的。

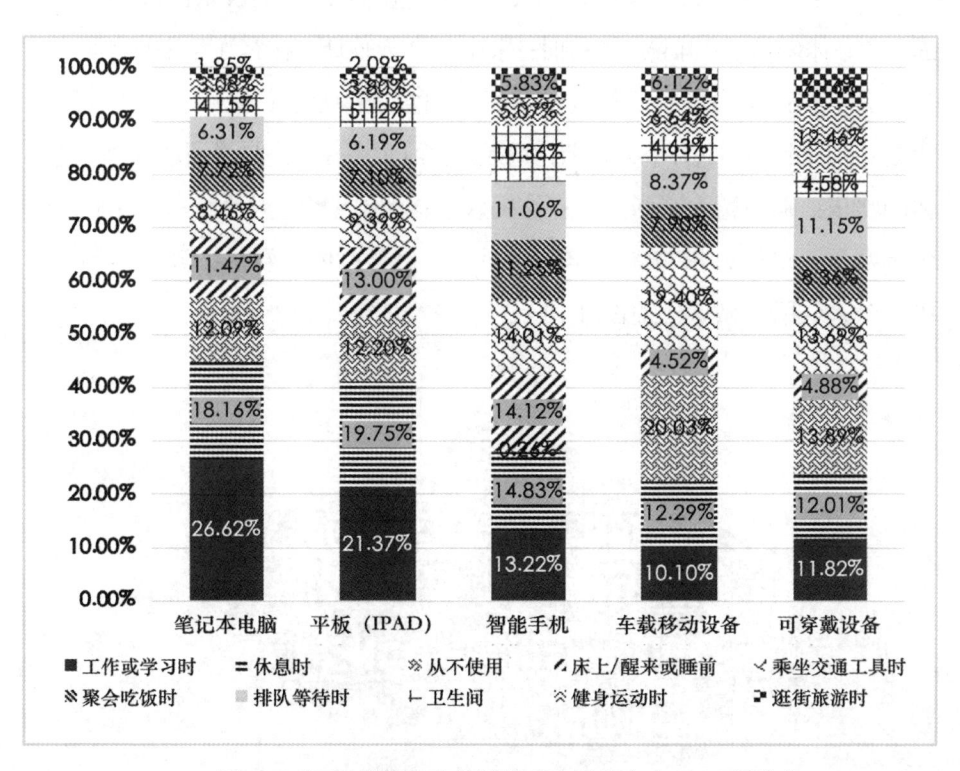

图 4.9 不同类型移动终端使用空间分布（2021问卷）

（二）用户使用手机的空间分布

用户全天使用手机的空间场景是 2018 年调查的重点，从调查结果看，人们最长使用手机的现实场景首先是在家中或者个人住所，手机一定程度上还是较为私密的、个人的使用工具，在家中或者个人住所的场景中，最常用的场景在家中／个人住所的床上，尤其是在醒来和睡前，手机成了被调查者早安、晚安的对象，占所有选择场景的 13.21%，其次是家中／个人住所的非卧室、客厅、卫生间的其他空间闲暇时，乘坐公共交通工具、排队／等待时成为使用手机的最常用的排名靠前的场景，在 20 个常用手机的场景里，按最常使用手机的场景出现频次从高到低依次是：家中／个人住所：在床上／醒来或睡前；家中／个人住所：在其它空间的闲暇时；学习／工作：休息间隙；家中／个人住所：上厕所；休闲娱乐：乘坐公共交通工具；休闲娱乐：排队／等待时；家中／个人住所：在客厅／书房的时候；学习／工作：个人场所工作或学习；休闲娱乐：旅游；家中／个人住所：聚会、不固定；家中／个人住所：吃饭；学习／工作：公共场所工作或学习；休闲娱乐：乘坐私人交通工具；休闲娱乐：朋友聚会；学习／工作：吃饭；休闲娱乐：逛街；学习／工作：上课／开会时；休闲娱乐：健身运动；家中／个人住所：做饭（见图 4.10）。

图 4.10　用户最常使用手机的空间场景词云图（2018 问卷）

结合全天时间分布上看（见图 4.11，详细数据见附表 4.1）全天在家庭／个人住所空间中，"在床上醒来和睡前"使用手机的频率是最高的，其次是在家中／个人住所的其余空间闲暇时，再次是上厕所的时候，做饭、家庭聚会的场景中使用手机的频率不高。从时间上看，"在床上醒来或睡前""上厕所"使用手机的时间集中在 6:01—8:00 和 22:01—24:00 两个时间段，与本次调查对象中的大部分人的作息时间一致。"在客厅／书房的时候"主要集中在 18:01—22:00，这期间可以理解为人们刚下班回到家里，在客厅／书房的时间较多，与"在客厅书房的时候"一致，"其余空间的闲暇时"使用手机频率最高的也集中在这一时间段，除了卧室、客厅／书房，有的调查对象家里还有饭厅、阳台或者其他空间，这里的其他空间在一般人家里并不是作为最主要的空间组成，但却成为使用手机的重要空间场景。"做饭"是一个集中在厨房中的时间，但大部分调查对象显示是家庭／个人住所中较少使用手机的空间场景，这和很多人使用手机时无法同时完成"做饭"这件事情有很大的关系，这也说明手机对厨房这一现实场景的侵入是较少的，这值得思考的问题是除了手机之外，厨房这样的现实空间是否可以有别的更适合的媒介作为在这一场景中经常使用的媒介。"家中的聚会"是家中／个人住所中使用手机也较少的一个场景，这一场景中通常不止一个人，这说明手机是一个在较少人际关系中使用的媒介，当人际关系较多的时候，手机对于这种场景的侵入是较少的，这与电视这种属于家庭的媒介不同，即便在家中大于一个人的场景里，电视依然可以作为一个与场景融为一体的媒介，即使不使用也可以作为装饰，但手机虽然在当下侵入到人们日常生活的方方面面，但在家中这种以口语传播为主的场景里，手机很难侵入到较多人际关系的聚会或者其他的场景中。

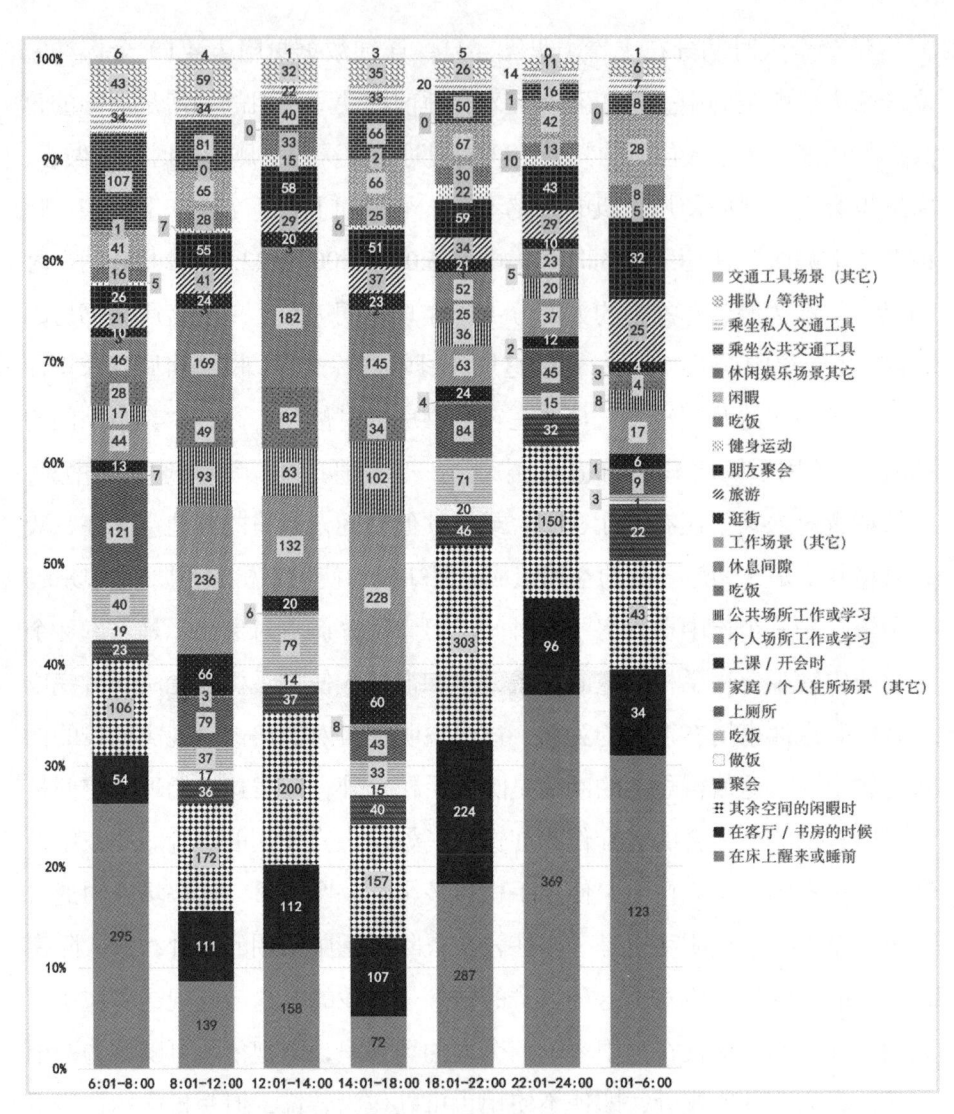

图 4.11 用户全天使用手机的空间分布图（数值单位：次）（2018 问卷）

在工作 / 学习场所使用手机最多的是在个人场所工作时和休息间隙，手机对本次调查对象的工作场景侵入是较多的，尤其在以往以电脑媒介为主要媒介的个人工作场景，如个人的工位和个人办公室，其次是在休息间隙使用手机的频率较高。在个人场所工作或者学习时，以 8:01—12:00 和 14:01—18:00 两个时间场景为主，与工作时间一致，工作休息间隙主要以 8:01—12:00 和 12:01—14:00 两个时间场景为主，这两个场景分属于上班时间和午休的时间，下午 14:01—18:00 的休息间隙使用手机的频率相对更少。与在家庭/个人住所中的"吃饭"场景类似，工作/学习期间的"吃饭"场景中使用手机的频率也并不高，仅高于上课/开会时，这还是与工作/学习期间吃饭更多的和同事/同学在一起有较大的关系。

在休闲娱乐场所使用手机的时候主要是在闲暇和朋友聚会之时。非家中和工作中聚会的场景主要在 12:01—14:00 和 18:01—22:00 两个时间段，闲暇时段使用手机的场景主要集中在 14:01—18:00 和 18:01—22:00 两个时间段。"健身运动"和"逛街"是使用手机最少的场景，这和健身、逛街的场景是移动的有关，虽然手机是移动的媒介，但人们使用手机的场景还是相对固定的。

在交通工具中使用手机最多的是乘坐公共交通工具和排队/等待时。整体来看，使用手机的交通工具场景集中在 6:01—12:00，22:01 之后在交通工具的场景中使用手机的频率降低。乘坐公共交通工具时使用手机以在 6:01—8:00 的时间段频率最高，乘坐私人交通工具时使用手机的频率并不高，集中在 6:01—12:00 两个时段。相较而言，排队/等待时使用手机的频率全天分布更均衡，这与排队/等待交通工具的时间分散也有关系。可以看出，手机对于人们在私人交通工具如私家车、自行车等场景的侵入较少，对公共交通工具如地铁、公交车、出租车、火车、飞机等公共交通场景的侵入较大，这和个人使用手机时是否同时操作交通工具有关。

三、用户使用移动终端的社交关系因素

（一）用户使用移动终端的社交关系影响情况

本组题2021年调查为李克特量表五度标记法，从调查结果可以看到，大部分人使用包括平板、笔记本电脑、可穿戴设备在内的移动终端时是一个人，在随机调查的用户中也反馈到使用移动设备多为个人时间，屏幕较小不适合多人观看。首先，对于"我在有重要严肃的人在场时通常不使用移动设备"的同意程度最高到3.56，说明除个人以外的其他人在场对使用移动设备有一定影响。其次是对"我更愿意点赞、转发和自己有相同年龄、爱好、职业、阶层的人的信息"的同意程度达到3.52，这也间接印证了第三章场景传播的模式单元提到的，人与人之间的人际关系、圈层影响人们的传播行为（见表4.8）。

表4.8 用户使用移动终端受社交关系影响表（2021问卷）

		N	百分比	平均数
1. 我大部分使用平板电脑的时候是一个人	1. 非常不符合	418	16.45%	3.10
	2. 较不符合	299	11.77%	
	3. 一般	749	29.48%	
	4. 较符合	773	30.42%	
	5. 完全符合	302	11.89%	
2. 我大部分使用笔记本电脑的时候是两个人及以上	1. 非常不符合	539	21.21%	2.65
	2. 较不符合	553	21.76%	
	3. 一般	818	32.19%	
	4. 较符合	517	20.35%	
	5. 完全符合	114	4.49%	

续表

		N	百分比	平均数
3.我大部分使用穿戴设备（智能耳机、智能手表、智能眼镜等）的时候是两个人及以上	1.非常不符合	651	25.62%	2.61
	2.较不符合	473	18.61%	
	3.一般	778	30.62%	
	4.较符合	487	19.17%	
	5.完全符合	152	5.98%	
4.我在和家人、朋友或同学（同事）聚会中喜欢玩手机	1.非常不符合	122	4.80%	3.23
	2.较不符合	372	14.64%	
	3.一般	1099	43.25%	
	4.较符合	692	27.23%	
	5.完全符合	256	10.07%	
5.我在有重要严肃的人在场时通常不使用移动设备	1.非常不符合	45	1.77%	3.56
	2.较不符合	212	8.34%	
	3.一般	970	38.17%	
	4.较符合	893	35.14%	
	5.完全符合	421	16.57%	
6.不管周围什么人，我随时随地都在使用一种或多种移动设备	1.非常不符合	194	7.63%	2.91
	2.较不符合	615	24.20%	
	3.一般	1063	41.83%	
	4.较符合	563	22.16%	
	5.完全符合	106	4.17%	
7.我选择什么移动终端的品牌不会受到周围人的影响	1.非常不符合	62	2.44%	3.37
	2.较不符合	291	11.45%	
	3.一般	1099	43.25%	

续表

		N	百分比	平均数
	4. 较符合	832	32.74%	
	5. 完全符合	257	10.11%	
8. 我不经常转发家人、朋友或同事（同学）刷屏的信息	1. 非常不符合	66	2.60%	3.39
	2. 较不符合	292	11.49%	
	3. 一般	1034	40.69%	
	4. 较符合	879	34.59%	
	5. 完全符合	270	10.63%	
9. 我更愿意点赞、转发和自己有相同年龄、爱好、职业、阶层的人的信息	1. 非常不符合	46	1.81%	3.52
	2. 较不符合	202	7.95%	
	3. 一般	967	38.06%	
	4. 较符合	1027	40.42%	
	5. 完全符合	299	11.77%	
10. 我不在意熟人或陌生人对我使用移动终端品牌或传播内容的看法	1. 非常不符合	67	2.64%	3.33
	2. 较不符合	274	10.78%	
	3. 一般	1149	45.22%	
	4. 较符合	860	33.84%	
	5. 完全符合	191	7.52%	

N：选项人数

（二）用户使用手机的社交关系分布

2018年的问卷设计按照亲疏关系，将这种关系分为了五类：独自一人、和家人/舍友、和同事/同学、和亲戚朋友、和陌生人。

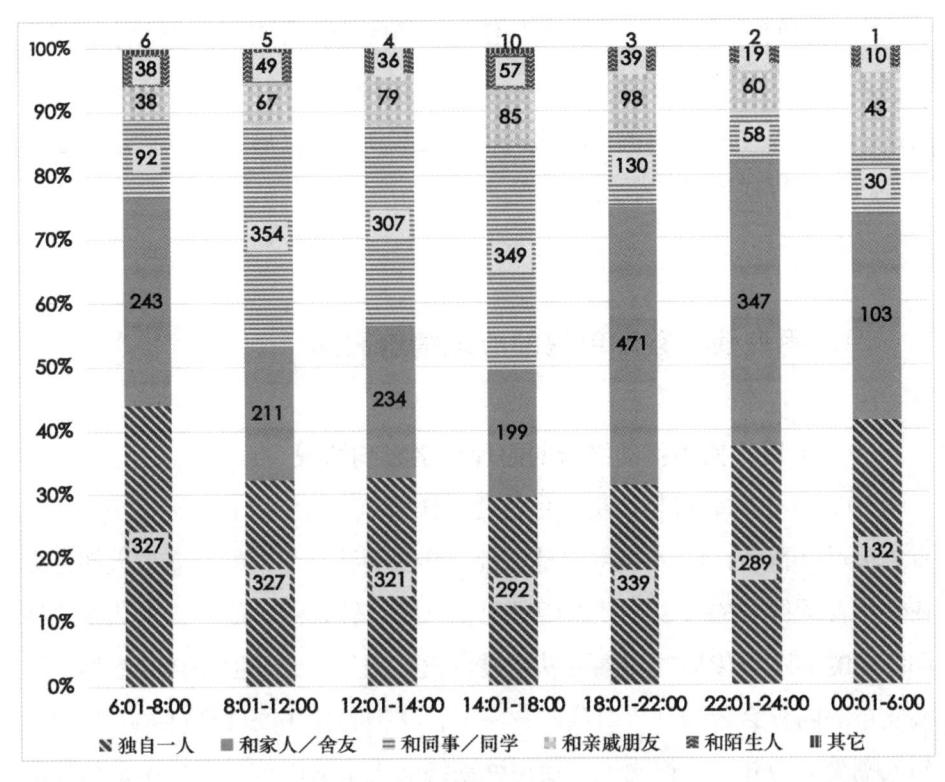

图 4.12　用户全天使用手机的社交关系分布图（数值单位：次）（2018 问卷）

2018 年调查梳理了调查对象使用手机的全天社交关系图（见图 4.12，详细数据见附表 4.2），本次调查对象全天使用手机时大部分是独自一人的情况，其次是和家人／舍友在一起使用手机的时候，使用手机时周围是陌生人的频率不高。从时间段来看，6:01—8:00 间一个人使用手机频率最高；18:01—22:00，22:01—24:00 间和家人／舍友在一起的环境中使用手机的频率最高；8:01—12:00，14:01—18:00 间使用手机频率最高的是和同事／同学一起；使用手机的时候周围是和陌生人一起是在 14:01—18:00 的时间段，其次是 8:01—12:00。可以说，手机这一媒介大多数还是被认为是比较私密的个人的媒介，所以全天大部分使用手机都是在一个人的情况下，和同事

/同学一起使用手机的时间分布与使用手机的场景分布和调查对象的工作时间成正相关，两个时间段也恰好是工作的时间。18:00之后使用手机时与家人／舍友一起的情况呈现最高值，这与18:00之后大部分调查对象使用手机的场景在家里／个人住所有关。

四、用户使用移动终端的心理情绪因素

（一）用户使用移动终端的心理情绪影响情况

2021年本题调查与社交关系组题一样为李克特量表五度标记法，从调查结果可以看到，1—4组主要是调查用户使用移动终端的心态，大部分人在使用移动终端的时候是"希望呈现自己状态较好的一面"，也认为"移动终端的品牌或传播的内容可以彰显自我个性"，会"担心自己在移动终端发布的内容会影响别人对我的看法"，"担心使用的移动终端品牌会遭到人嘲笑、嫌弃"，说明人们使用移动终端无论从内容、形式还是品牌选择上都受自我表露和社交心理的影响。5—7组是调查人们在移动终端上点赞、转发的行为，相较于使用行为来说程度更深，综合来看调查者在移动终端上点赞、转发引起自己情绪的内容大于无情绪的内容，点赞、转发积极情绪的内容大于消极情绪的内容，均超过半数的认同。对于"我以前喜欢的传播内容隔一段时间就不喜欢了"认同度达到3.11，说明调查者对于移动终端传播的内容具有一定的周期性。9—12组是以马斯洛需求理论调查目前移动终端对于用户心理的满足，分为实用性需求、社交性需求、自我尊重性需求、自我实现需求，这几种需求在受调查者中均达到了较高的满足，最高的是实用性需求达到了3.57，自我实现需求的满足度较低为3.49。几个心理需求的满足整体差异度不高，前两项较低，说明移动终端更多也是被当成基础的工具和社交媒介来使用，这两项需求的满足度高也符合移

动终端在不同场景中被使用最多的是通讯和社交功能的调查（见表4.9）。

表 4.9 用户使用移动终端的心理情绪因素（2021问卷）

		N	百分比	平均数
1. 我在任何时候都希望呈现自己状态较好的一面	1. 非常不符合	48	1.9%	3.59
	2. 较不符合	194	7.6%	
	3. 一般	913	35.9%	
	4. 较符合	987	38.8%	
	5. 完全符合	399	15.7%	
2. 我认为移动终端的品牌或传播的内容可以彰显自我个性	1. 非常不符合	56	2.2%	3.36
	2. 较不符合	300	11.8%	
	3. 一般	1089	42.9%	
	4. 较符合	859	33.8%	
	5. 完全符合	237	9.3%	
3. 我担心自己在移动终端发布的内容会影响别人对我的看法	1. 非常不符合	91	3.6%	3.16
	2. 较不符合	401	15.8%	
	3. 一般	1182	46.5%	
	4. 较符合	733	28.8%	
	5. 完全符合	134	5.3%	
4. 我担心我使用的移动终端品牌会遭到人嘲笑、嫌弃	1. 非常不符合	233	9.2%	2.86
	2. 较不符合	630	24.8%	
	3. 一般	1054	41.5%	
	4. 较符合	496	19.5%	
	5. 完全符合	128	5.0%	

续表

		N	百分比	平均数
5.我会更愿意在移动终端上点赞、转发引起我积极情绪（开心、快乐）的内容	1.非常不符合	61	2.4%	3.51
	2.较不符合	201	7.9%	
	3.一般	992	39.0%	
	4.较符合	955	37.6%	
	5.完全符合	332	13.1%	
6.我会更愿意在移动终端上点赞、转发引起我消极情绪（悲伤、痛苦）的内容	1.非常不符合	284	11.2%	2.89
	2.较不符合	572	22.5%	
	3.一般	998	39.3%	
	4.较符合	504	19.8%	
	5.完全符合	183	7.2%	
7.我会更愿意在移动终端上点赞、转发无情绪的内容	1.非常不符合	158	6.2%	3.09
	2.较不符合	430	16.9%	
	3.一般	1167	45.9%	
	4.较符合	606	23.8%	
	5.完全符合	180	7.1%	
8.我以前喜欢的传播内容隔一段时间就不喜欢了	1.非常不符合	112	4.4%	3.11
	2.较不符合	442	17.4%	
	3.一般	1193	47.0%	
	4.较符合	642	25.3%	
	5.完全符合	152	6.0%	
9.我认为现阶段移动终端的传播满足了我的实用性需求	1.非常不符合	40	1.6%	3.57
	2.较不符合	139	5.5%	
	3.一般	993	39.1%	

续表

		N	百分比	平均数
	4. 较符合	1076	42.3%	
	5. 完全符合	293	11.5%	
10. 我认为现阶段移动终端传播的内容满足了我的社交性需求	1. 非常不符合	47	1.8%	3.54
	2. 较不符合	148	5.8%	
	3. 一般	1023	40.3%	
	4. 较符合	1023	40.3%	
	5. 完全符合	300	11.8%	
11. 我认为现阶段移动终端的传播满足了我的尊重性需求	1. 非常不符合	38	1.5%	3.50
	2. 较不符合	195	7.7%	
	3. 一般	1051	41.4%	
	4. 较符合	981	38.6%	
	5. 完全符合	276	10.9%	
12. 我认为现阶段移动终端的传播满足了我的自我实现需求	1. 非常不符合	54	2.1%	3.49
	2. 较不符合	203	8.0%	
	3. 一般	1048	41.2%	
	4. 较符合	914	36.0%	
	5. 完全符合	322	12.7%	

N：选项人数

（二）用户使用手机的心理情绪分布

2018年的研究从简洁、易于理解的角度将情绪按照大类划分为积极的情绪、中性的情绪、消极的情绪三类。从2018年调查用户使用手机的心理特征上来说（见图4.13，详细数据见附表4.3），使用手机的调查对象会同时产生积极的、中性的、消极的情绪，其中产生中性的和积极的情绪的频率最高，大部分调查对象在全天使用手机的心情是比较愉悦的。其中 18:01—22:00 是积极情绪最高的时间点，8:01—12:00，14:01—18:00，22:01—24:00 使用手机的消极情绪较其他时间段更高，这里对应的手机使用的现实场景最高的是学习／工作场景和在家里，18:00 之后是一个比较容易产生消极情绪的时间区间。

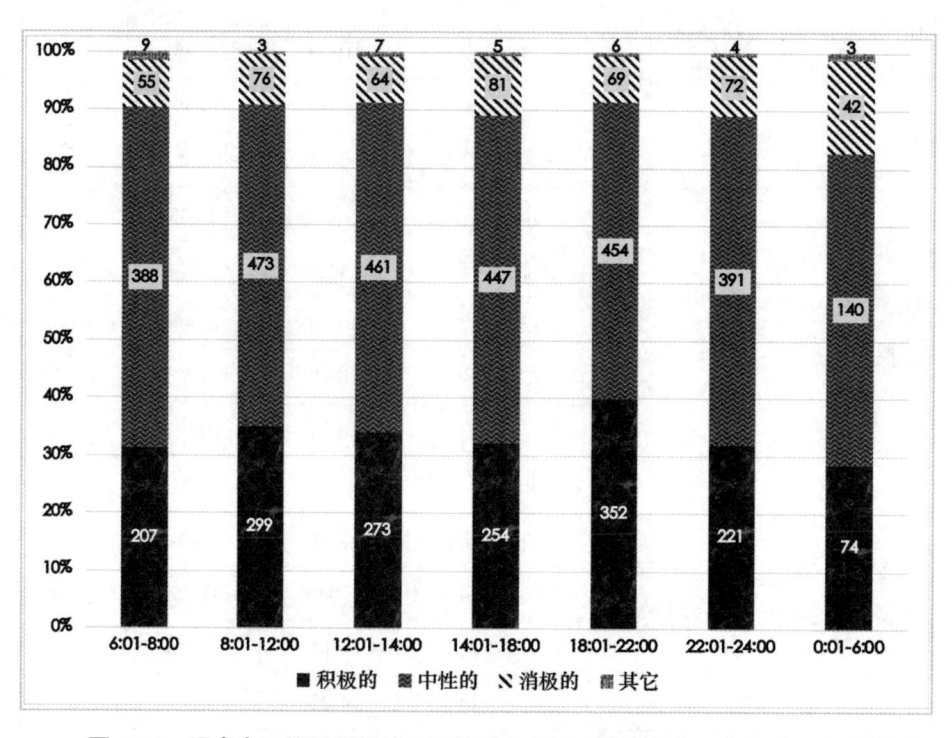

图 4.13　用户全天使用手机的心理情绪分布图（数值单位：次）（2018 问卷）

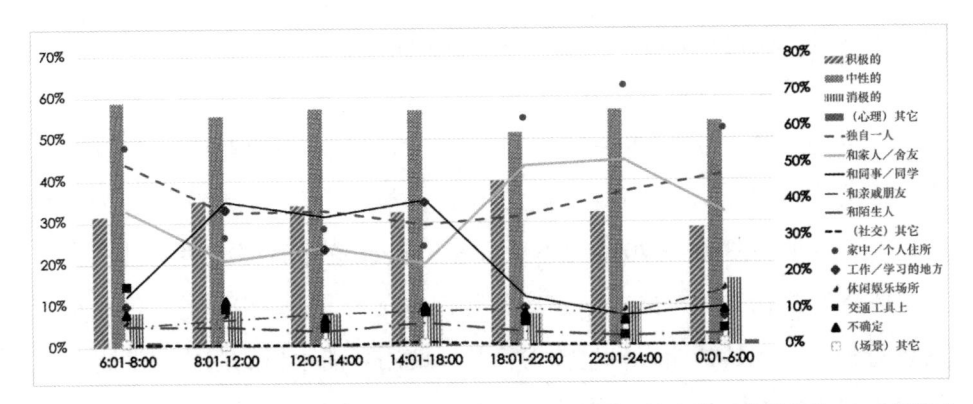

图 4.14　用户全天使用手机的空间场景、心理情绪、社交关系伴随图（2018 问卷）

将使用手机的心理情绪与时间、空间、社交关系场景进行对应，我们不难发现，人们大部分是在家中／个人场所、工作／学习的地方独自一人使用手机，心情多处于平静状态；在家中／个人场所的积极情绪大于在工作／学习场所，18：01之后以家中／个人场所为主的空间场景，积极情绪在18：01-22：00达到顶峰后，伴随独自一人的情况增多，消极情绪也逐渐增加，积极情绪逐渐降低；社交关系中，同事／同学的全天变化基本和使用手机的工作场景变化一致，在交通工具上使用手机的变化基本和社交关系中与陌生人在一起的变化重合率高（见图4.14）。

本章小结

本章为用户的移动终端和手机使用行为与场景关系的调查，对移动终端的场景传播现状进行分析，重点介绍研究的理论框架、研究方法与问卷设计，进行调查问卷的信度与效度分析，从时间、空间、社交关系、心理（情绪）四个维度形成用户的移动终端使用的场景基本现状分析。

从移动终端的用户结构来看，移动终端的使用人群偏年轻化，以39岁以下人群为主，职业覆盖农村外出务工人员、个体户/自由职业者、学生等，手机的使用人群以20—39岁为主，学生、党政机关事业单位一般职员、企业/公司一般职员成为手机的主要用户，整体受教育程度普遍在大学本科以上，月收入3000—7000元占比较多，这也意味着移动终端已经不再是高收入和身份的一个象征，在当下具有大众化、普遍化，与人们日常生活息息相关，尤其智能手机也较为普及，使用智能手机的用户普遍比非智能手机的用户的场景意识更强。

本文认为，场景传播是一个系统的传播过程，时间、空间、社交关系、心理（情绪）统一于整个场景传播，在本次研究中也对这四个维度在场景传播模式中的应用做了基本的检验，通过研究的频次、均值、方差等描述，可以看出，用户对移动终端的使用初步具备了使用场景的差异和意识，人们对什么场景中使用移动终端，什么场景中不使用移动终端具有较明显的判断，空间、社交关系、心理（情绪）影响因素较大。空间方面，笔记本电脑和平板电脑这两种移动终端更契合工作、学习空间场景，手机除了在影响到用户其他行为情况下使用率低以外，在任何空间场景中的使用率都是较高的。社交关系方面，大部分调查对象比较认同一个人的时候会经常使用移动终端，在"有重要严肃的人在场时通常不使用移动设备"。心理（情绪）方面，人们使用移动终端的行为受自我表露、社交、自我满足心理的影响，大多数调查者更倾向于展现自己好的一面，并更愿意接收、点赞、转发更积极的传播内容。时间的因素相较而言影响较小，人们使用移动终端的功能主要在晨起、通勤这些特定时间有比较明显的特点，例如晨起使用的通讯、工具类功能为主，其余时间都以社交、娱乐功能为主。从以上描述性统计中初步得出如下结论。

1. 人们的时间行为特征影响移动终端的传播。从2021年调查的结果看，人们对移动终端的使用强度已经较高，虽然用户每日使用移动终端的时长分布比较分散，高峰并不明显，主要为3—5个小时，使用超过8小时的调查对象有8.93%。如此长时间、高频率地使用移动终端，可以说明有不少的用户长时间处于虚拟的时间场景中，反过来也说明用户和现实以及其他媒体或媒介的接触度较低。

2. 人们使用移动终端的功能受时间因素的影响。2021年调查显示，晨起时间使用通讯、工具功能较多，通勤时间使用社交、新闻浏览功能较多。学习工作时间使用社交、通讯功能较多，晚间休息时间使用社交、短视频娱乐功能较多，吃饭、等待这种碎片化时间使用社交、短视频功能较多。可以说明人们大部分时间对移动终端的功能需求主要以通讯、社交功能为主。2018年调查显示，人们使用手机的活跃时间段为6:00—8:00，8:00—12:00，18:00—22:00，对于传播者需要思考的是每个时间段的人们行为的不同，对手机功能的需求也不同，例如微信公众号"罗辑思维"从2012年到2022年每天早晨6—7点的60秒语音，是利用了人们在每天醒来，选择不影响他们早起忙碌时可以收听的音频形式来传播内容。

3. 占领"家"和"床上的传播"。移动终端在当下的使用可以达到无所不在，从使用移动终端的空间场景的调查可以看出，移动终端使用的空间场景同样分布较为广泛，有着时间背景。2021和2018年的调查结果给传播最大的启示是如何占领每天人们在家中使用移动终端的时间最长，其中"在床上醒来和睡前"使用的时间最长，如何占领"家"和"床上"是移动终端传播需要思考的方向。目前在这方面有代表性的是支付宝的蚂蚁森林，一个让收"能量"成为大多数移动终端用户每天早上醒来必做的事，这个于2016年9月上线的支付宝应用，上线一年多用户数就超过3.5亿，[①]这一行为开始变成了像闹钟一样准时的事，而这个虚拟场景的种树行为还完成了与现实场景中的真树对接，不仅占领了"床上的传播"，还打通了

---

① 徐笛.蚂蚁森林上线一年多已累计种下真树5552万棵[EB/OL].(2018-08-16). http://finance.sina.com.cn/meeting/2018-08-16/doc-ihhvciiv7415471.shtml.

虚拟场景和现实场景的传播。

4. 多屏、跨屏的传播。移动终端对于现实场景和其他媒体场景是一种入侵的姿态，在现实生活中，存在用户多屏、跨屏使用移动终端的情况。2021年调查显示，大多数人都是同时使用两个或两个以上的移动终端，尤其是手机、平板电脑同时使用的频率较多。其实，除了移动终端的多屏、跨屏使用外，移动终端与其他固定终端之间也存在多屏、跨屏传播的现象，例如，大多数人在看电视和看电影的同时使用手机的频率较高，这说明传统媒体在媒体应用场景方面已经完全落后于手机等移动终端，也说明不同终端的媒体可以从满足用户使用场景的角度寻找竞争点，并且形成自己特有的场景延伸。

5. 后台的、沉浸的传播。在大多数调查者看来，移动终端还是较为私密的、个人的使用工具，移动终端的使用很难侵入到较多人际关系的聚会或者其他的场景中。2021和2018年的调查显示，大部分调查对象比较认同一个人的时候会经常使用移动设备，在有重要严肃的人在场时较少或不使用移动设备。这一方面说明，相较而言移动终端是更偏向后台的传播，后台的传播更容易营造使用媒介的安全感；另一方面也说明人们对移动终端的沉浸也会影响到现实生活中的人际关系，人们的表达方式、交往方式、思维方式都发生着改变，这种个性传播需要连接的传播，其连接主要是虚拟与现实场景之间的连接。

6. 平衡情绪的传播。2021年的调查中显示，人们使用移动终端无论从内容、形式还是品牌选择上都受自我表露和社交心理的影响。调查者在移动终端上点赞、转发引起自己情绪的内容大于无情绪的内容，点赞、转发积极情绪的内容大于消极情绪的内容，均超过半数的认同。2018年的调查显示，大部分用户在全天使用手机的心情是比较愉悦的，其中18:01—22:00是积极情绪最高的时间点，8:01—12:00，14:01—18:00，22:01—24:00使用手机产生的消极情绪较其他时间段更高，对应的手机使用的现实场景频率最高的是学习/工作场景和家里，18:00 之后是一个比较容易产生消极情绪的时间区间。不同的情绪，移动终端里传播的内容也有一定差异，在消极情绪中的人们更愿意接受一些情感类的内容，去消遣或者获得积极的鼓励，比如焦虑、伤心、不安等。例如人民日报微信公众号的《夜读》栏目都在每晚 22:00 之后发布一篇情感类读物，每篇通常都能获得 10 万+的阅读量，主题以"梦想""希望"等正能量的情绪为主，从某种程度上平衡了夜晚人们的消极情绪，在 2020 至 2021 年发布的大部分文章的评论处有要将文中所说化为行动的评语。本研究认为，积极情绪和中性情绪是使用移动终端出现最多的情绪，这种情绪不是移动终端带来的，是整个生活和环境作用于个人心理带来的，提出"平衡情绪的传播"的目的性在于同人们日常行为、思想等有差异的传播经常能带来较好的关注度和传播效果，但有差异不代表违背真实的传播底线，还要警惕消极内容传播的不良影响。

7. 触发"分享"的传播。总体上人们使用手机等移动终端以社交、娱乐、实用性功能为主，社交功能的使用频率整体高于其他所有移动终端的功能的使用，尤其是使用移动终端聊天软件沟通，这是用户使用移动终端的社交关系的体现，在"分享"成为当今移动终端应用的主要功能的背景下，通过移动终端的社交软件无论是工作的沟通还是日常生活的沟通，与熟人的沟通还是与陌生人的沟通，都成为重要的功能，这也说明如何让传播深入嵌入用户的移动终端社交关系的重要性，触发用户"分享"的心理是移动终端在传播内容和形式上需要考虑的地方。从调查结果看，调查对象选择移动终端里接收的内容和形式主要依靠个人喜好和内容质量，对好的内容能引发其分享的需求。

总体说来，人们在不同时间段经常使用多个移动终端的功能，意思是使用移动终端的行为可以是多样的，多任务、多窗口对于使用移动终端的用户而言也意味着注意力的分散和较短的关注度，传播的简洁、有效成为对于移动终端的场景传播的应用点；除此之外也需要注意，用户使用移动终端的基本功能、交通工具功能、学习工作功能因时间、空间的变化而变化的现象较为明显，尤其是"通话""生活服务（日历、天气等）""约租车""查询路况""查询到某地路线""共享汽车／单车"的功能具有较大的时间波动性。这意味着传播的时候要进一步探索这几个功能与时间、空间、社交关系、心理（情绪）的匹配程度，优化用户移动终端使用的现实场景体验，提高传播效果。

第五章
手机的场景传播影响因素验证

本章从手机这一最常见的移动终端出发，以 2018 年问卷数据为基础，通过实证的方式分析场景因素是如何影响手机这一移动终端的使用行为的。

第一节　影响手机传播内容和形式的场景因素

一、研究假设和研究方法

（一）研究假设

笔者从手机使用的时间长短、手机使用的现实场景（空间）、用户身份三个影响因素出发，对手机传播的内容和形式与场景相关性进行探究，建立以下假设：

假设 1：个体使用手机的时间长短与手机内容选择显著相关（外在场景）；

假设 2：个体使用手机的空间变化与手机内容选择显著相关（外在场景）；

假设 3：个体的性别、年龄、职业、学历、收入与手机内容选择显著相关（内在场景）。

（二）研究方法

本文采用相关分析的方法，使用 SPSS21.0 和 SPSSAU 的在线分析系统（https://spssau.com/front/spssau/index.html）结合的方式，使用交叉分析、单选题与多选题分析、多选题与多选题分析的方法，建立两个问题之间的相关性假设,并对假设进行检验,得出对手机传播内容和形式的场景因素,对用户使用手机的时长、经常使用手机的空间场景及用户本人的身份与手机内容形式选择之间的关系做出实证研究。

二、实证研究

(一)个体使用手机的时间长短的影响

表 5.1 手机使用的时长与用户选择手机内容原因之间的交叉制表(2018 问卷)

		除手机电量等硬件因素外,以下哪些因素会影响您打开手机里的内容?								
		移动流量费用计数(人)	是否有Wi-fi计数(人)	个人惯常喜好计数(人)	环境计数(人)	能否互动计数(人)	视觉体验计数(人)	内容长短计数(人)	内容价值计数(人)	个人可以观看的时长计数(人)
一般情况下您平均每天使用手机多长时间	1	10	24	15	13	4	9	5	15	6
	2	21	29	19	16	1	8	18	23	5
	3	32	34	27	21	0	11	25	37	8
	4	26	33	31	28	6	12	25	46	11
	5	27	22	26	30	3	8	22	25	11
	6	15	21	18	27	5	13	17	24	11
	7	17	15	14	14	4	7	11	13	7
	8	14	15	13	15	1	8	8	20	9
	9	17	25	15	24	2	15	14	12	11

Pearson 卡方检验		
		$ 对手机使用行为的选择
一般情况下您平均每天使用手机多长时间	卡方	115.180
	df	72
	Sig.	.001*
结果基于每个最深处的子表中的非空行和列。		
* 卡方统计量在 .05 级别处有意义。		

表 5.1 为手机使用的时长与用户选择手机内容原因之间的相关检验，P 值 0.001<0.05，可以验证二者相互关联，即在 95% 的置信度水平下，手机使用的时长和用户选择手机内容原因之间存在显著相关关系。交叉表格中使用手机时长的 1 至 9 分别表示使用手机的时长在 1 小时以下（含 1 小时）、1—2 小时（含 2 小时）、2—3 小时（含 3 小时）、3—4 小时（含 4 小时）、4—5 小时（含 5 小时）、5—6 小时（含 6 小时）、6—7 小时（含 7 小时）、7—8 小时（含 8 小时）、8 小时以上。从交叉分析可以看出，整体上对于手机的内容能否互动，人们并没有较高的需求，使用时长不到 1 小时和 2—3 小时的用户一样对是否有 Wi-Fi、个人惯常爱好、内容价值的关注度更高，使用手机的时长在 1—2 小时的用户关注移动流量费用、是否有 Wi-Fi 和内容价值，2—3 小时的用户对移动流量费用和内容价值的关注度高，使用时间在 4—6 小时的用户对使用手机的环境关注度最高，6 小时以上的用户偏重对手机内容价值的关注，手机内容在是否有 WI-FI、内容价值方面要求比较多，使用手机时间较长和较短的用户对手机的内容选择没有较多的原因，也可以解释为对手机推送的内容或形式没有要求。

（二）个体使用手机的空间变化的影响

表 5.2　手机使用的空间与用户选择手机内容原因之间的交叉制表（2018 问卷）

<table>
<tr><th colspan="2" rowspan="2"></th><th colspan="8">$ 除手机电量等硬件因素外，以下哪些因素会影响您打开手机里的内容？</th></tr>
<tr><th>移动流量费用计数（人）</th><th>是否有Wi-Fi计数（人）</th><th>个人惯常喜好计数（人）</th><th>环境计数（人）</th><th>能否互动计数（人）</th><th>视觉体验计数（人）</th><th>内容长短计数（人）</th><th>内容价值计数（人）</th><th>个人可以观看的时长计数（人）</th></tr>
<tr><td rowspan="7">$ 使用手机的空间场景</td><td>家中/个人住所：在床上/醒来或睡前</td><td>144</td><td>170</td><td>137</td><td>146</td><td>18</td><td>64</td><td>115</td><td>175</td><td>58</td></tr>
<tr><td>家中/个人住所：上厕所</td><td>89</td><td>95</td><td>83</td><td>101</td><td>13</td><td>45</td><td>70</td><td>117</td><td>44</td></tr>
<tr><td>家中/个人住所：聚会</td><td>34</td><td>44</td><td>42</td><td>43</td><td>9</td><td>16</td><td>28</td><td>44</td><td>25</td></tr>
<tr><td>家中/个人住所：做饭</td><td>5</td><td>11</td><td>10</td><td>13</td><td>2</td><td>9</td><td>8</td><td>14</td><td>5</td></tr>
<tr><td>家中/个人住所：吃饭</td><td>35</td><td>47</td><td>36</td><td>47</td><td>9</td><td>23</td><td>28</td><td>39</td><td>22</td></tr>
<tr><td>家中/个人住所：在客厅/书房的时候</td><td>58</td><td>85</td><td>66</td><td>67</td><td>9</td><td>36</td><td>54</td><td>86</td><td>25</td></tr>
<tr><td>家中/个人住所：在其余空间的闲暇时</td><td>112</td><td>129</td><td>116</td><td>120</td><td>17</td><td>52</td><td>82</td><td>148</td><td>60</td></tr>
<tr><td colspan="2">学习/工作：上课/开会时</td><td>26</td><td>32</td><td>25</td><td>30</td><td>6</td><td>18</td><td>20</td><td>38</td><td>13</td></tr>
</table>

续表

	$除手机电量等硬件因素外,以下哪些因素会影响您打开手机里的内容?								
	移动流量费用计数(人)	是否有Wi-Fi计数(人)	个人惯常喜好计数(人)	环境计数(人)	能否互动计数(人)	视觉体验计数(人)	内容长短计数(人)	内容价值计数(人)	个人可以观看的时长计数(人)
学习/工作:个人场所工作或学习	44	56	56	68	9	26	50	78	31
学习/工作:公共场所工作或学习	38	50	39	54	8	24	42	66	25
学习/工作:休息间隙	96	110	97	119	12	54	84	133	59
学习/工作:吃饭	27	36	30	41	7	23	26	41	23
休闲娱乐:乘坐私人交通工具	91	102	92	107	15	45	84	133	46
休闲娱乐:乘坐公共交通工具	91	102	92	107	15	45	84	133	46
休闲娱乐:排队/等待时	78	85	81	96	13	38	65	109	46
休闲娱乐:健身运动	7	18	13	24	3	12	16	19	12
休闲娱乐:朋友聚会	31	36	34	35	7	17	25	38	17
休闲娱乐:逛街	20	30	28	33	6	17	22	26	21

续表

	$除手机电量等硬件因素外，以下哪些因素会影响您打开手机里的内容？								
	移动流量费用计数（人）	是否有Wi-Fi计数（人）	个人惯常喜好计数（人）	环境计数（人）	能否互动计数（人）	视觉体验计数（人）	内容长短计数（人）	内容价值计数（人）	个人可以观看的时长计数（人）
休闲娱乐：旅游	38	60	49	53	8	32	38	60	22
不固定	42	41	40	41	3	17	30	50	28

Pearson 卡方检验			
			$对手机使用行为的选择
$使用手机的空间场景	卡方		676.953
	df		180
	Sig.		.000*
结果基于每个最深处的子表中的非空行和列。			
*. 卡方统计量在 .05 级别处有意义。			

表 5.2 为手机使用的空间场景与用户选择手机内容原因之间的相关检验结果，P 值 0.00<0.05，可以验证二者高度相互关联，即在 95% 的置信度水平下，手机使用的空间场景和用户选择手机内容原因之间存在显著相关关系。从交叉表中可以看到，整体上因为使用手机的地点不同，对内容选择的关注也会有差异。最关注"环境"因素的是选择经常在家中或工作中吃饭时、健身运动、逛街时使用手机的用户，这几种空间中，人们比较在意使用手机的内容与环境的关系；对于人们使用手机最多的在床上醒来或者睡前的场景，选择的用户最关注的是"是否有 Wi-Fi"和手机的"内

容价值";对内容价值最关注的是在家中上厕所时或者工作中的休息间隙，交通工具的场景如乘坐公共交通工具、私人交通工具、排队／等待时使用手机的用户。

（三）个体人口特征的影响

对于手机内容的选择原因，除了收入与手机内容选择原因的相关性 P 值检验均>0.05〔详细数据见附录中附表5.1（五）〕，表示不存在相关性外，性别、年龄、职业、学历都对手机内容选择的原因呈现不同程度的影响（详细数据见附表5.1），其中、职业、年龄、学历的不同在"内容价值""环境"两个因素上的差异性较大。

性别、职业方面与使用手机时是否打开内容的原因相关性类似，性别、职业的不同在使用手机，选择观看内容时对于"移动流量费用""环境""内容价值""个人可以观看的时长"这4项呈现出显著性差异，而对于"是否有WiFi""个人惯常喜好""能否互动""视觉体验""内容长短"这5项不会表现出显著性差异。性别方面，相较而言，女性在选择是否打开手机内容的时候更关注"移动流量费用"，比例为28.64%，明显高于男的选择比例15.52%。对于"环境"和"内容价值"两项的关注，女性的比例也高于男性，尤其对于内容价值的关注度〔详细数据见附录中附表5.1（一）〕。

职业方面，农林牧渔劳动者、制造生产型企业工人对于使用手机选择观看的时候不关注移动流量的费用的比例高于平均水平，分别是94%和90%，高于平均水平77.76%；学生对使用手机时"环境"的关注比例为37.74%，高于平均水平23.35%；而对于"内容价值"的关注度，失业或待业人员、农林牧渔劳动者选择不关注的比例高于平均水平，分别是90.00%和88.00%，平均水平为71.68%；党政机关事业单位领导干部和企业／公司一般职员对于"内容价值"的关注度明显较高，分别占比50.00%和38.95%，明显高于平均水平28.32%〔详细数据见附录中附表5.1（三）〕。

年龄方面，不同年龄对于使用手机的时候"是否有WiFi""个人惯常喜好""能否互动""内容长短"共4项不会表现出显著性差异，而对于使用手机时"移动流量费用""环境""视觉体验""内容价值""个人可以观看的时长"共5项呈现出显著性差异。通过百分比对比差异可知，60岁及以上的人选择不考虑移动流量的费用的比例91.67%，会明显高于平均水平77.76%；对于手机使用的"环境"因素的考虑，50—59岁，60岁及以上不考虑这个因素的比例分别为95.83%、93.98%，明显高于平均水平76.65%；而19岁及以下的用户对手机使用环境的关注比例达到36.67%，明显高于平均水平23.35%；19岁及以下和40—49岁的用户更关注视觉体验；19岁及以下和20—29岁的用户相较于其他年龄段更关注内容价值；20—29岁对手机内容的时长有所要求〔详细数据见附录中附表5.1（二）〕。

学历方面，不同学历对于使用手机时的"移动流量费用""环境""内容长短""内容价值"4项呈现出显著性差异，其余几项的差异性不明显，初中及以下的用户对于手机的内容或者形式没有呈现哪一个要求过多，大学本科、硕士及以上的用户对"环境"的关注度分别为25%和31.76%，相较于其他几个学历的关注度更高〔详细数据见附录中附表5.1（四）〕。

三、研究结论

从对假设1—假设3的验证可以看到，3个假设均得到了有效的验证，个体对手机传播的选择与个体每天使用手机的长短、经常使用手机的空间场景有显著的相关性；内在场景中，除了收入与手机内容选择原因不存在相关性外，性别、年龄、职业、学历都对手机内容选择的原因呈现不同程度的影响，其中，职业、年龄、学历的不同在"内容价值""环境"两个因素上的差异性较大。

（一）手机传播的外在场景因素

1. 移动虚拟的传播时空场景的影响

传播和时空之间是一个相互影响的关系，首先时空维度构成了传播的基本环境，手机这一移动终端的出现在一定程度上改变了时空观，这种改变反过来影响人们对传播的需求，继而影响传播的内容和形式。手机传播的时空最典型的特点是瞬时性、移动性、交叉性。时间、空间被碎片化了，人们长期处于一种移动的状态，相对固定的时间、空间状态越来越少，时空环境更处于交叉和重叠中，每天人会无数次地在同一个时间、空间中使用手机。从本次调查可以看到，不同的时间段在同一个地方，人们对手机传播的关注点会发生差异，不同的地方同一个时间段也会发生差异。例如使用手机时间越短的用户不怎么关注内容的价值，对使用手机的环境的关注也经常是在家中吃饭时看电视剧，家中或工作中吃饭时、健身运动、逛街时。对此，受访者大多表示，家中吃饭和工作中吃饭是两种不同的场景，家中吃饭以看电视剧和回复信息为主，不太关注内容的时长；工作中吃饭比较关注内容的长短和有效性，会浏览朋友圈，偶尔需要使用与地理位置相关的外卖、大众点评的内容；健身运动的时候要分为身体相对固定的如跑步机上的运动，会更愿意看视频，如果是移动的运动则更愿意听音频；逛街的时候更注重社交性和娱乐性，例如通过淘宝与实体场景中的物品进行对比，在网红店打卡拍照、拍短视频等，不过 50 岁以上的手机用户多表示主要在家中相对固定的场景中使用手机，健身运动和逛街时多只是回复信息。

从现实的场景中来看，固定的时空环境和移动的时空环境对于手机传播的内容有着较大的差异影响，固定通常和有限、连续相连。调查表明，有限连续的时空中人们更关注内容的价值和个人的惯常的喜好，例如在家中/个人场所的床上醒来或睡前、家中/个人场所的其余空间休息时。工作/学习场景虽然也是有限的时间和空间边界，但人们在这一空间中通常是多任务同时进行的，连续的时间、空间被分割了，而仅在于工作/学习的间隙才有较为长的固定时间和空间，所以更多地对内容价值予以关注。乘坐公共交通和私人交通是比较因人而异的，这两个场景中如果是较长且较为固定的交通场景内，人们花在手机上的时间比较长，在2018年11月22日—24日期间研究者在北京市地铁八通线的传媒大学站到四惠站，四惠东站到传媒大学站进行地铁场景的观察，以2018年11月22日10:00—10:05分从传媒大学站到高碑店站（1站）现场观察为例，在所在的有12人入座（小孩一名约7岁）、3人（包括本人）站立的车厢内，有14人正在使用手机，其中6名男子中一位在打游戏，一位在看小说，其他4位在看微信、朋友圈，8位女子中一位女子陪着自己的女儿在手机上刷题背英语，2位在看视频，其余4位在看文字内容。可以看出，在地铁场景中，手机的渗入比较充分，手机的使用内容和地铁这一现实场景开始分离，人们沉浸在手机这一虚拟场景内，但因为地铁场景对于乘坐时间长的人相对固定，对于乘坐时间短的人则移动性较强，所以会表现出不同的手机使用行为。

从现实时空场景和虚拟时空场景来看，虚拟的时空场景已经成为人们使用手机更常见的场景类型，除了刚才提到的人们在现实场景中沉浸在手机的虚拟场景内，引起场景与身体的分离，生物意义上的身体开始可以完全不在真实场景中，社会意义、数据意义上的身体开始实现虚拟的在场和满足。例如，北京交通台《一路畅通》的主持人杨洋，因为酷爱骑行，但不能随时随地都出去骑行，于是在家装置了ZWIFT，一种大型多人在线的视频自行车训练游戏，使用者可以在虚拟场景中享受真实场景中自行车训练感，使用无线感应技术和蓝牙技术传输运动员的数据，结合运动员的体重和设备选择模式，可以同时浏览英国、伦敦等五个虚拟世界的骑行场景。无论是比赛还是训练，都能达到和在真实场景训练一样的节奏感受，主持人在介绍中也坦言这样的虚拟场景让他可以不用去到实地而获得了满足感。手机场景是一个巨大的虚拟场景，人们只需要联网，便能从手机中体验世界，如果说对于内容价值、长短、个人惯常喜好的关注还只是因为在手机目前的技术水平所能传播的平面的文字、图片、视频等符号下，未来当虚拟现实（VR）、增强现实（AR）、传感器等技术广泛应用后，人们会越发关注手机传播的视觉效果和互动体验。对此，部分爱好手机游戏的受访者表示，对于手机游戏场景的设置，配色、人物形象的设置、换装设置都是他们会考虑的游戏场景的一部分，不过平面和立体的游戏都因不同的人有不同的爱好，如果对于虚拟现实或者3D游戏，部分受访的游戏玩家表示越仿真，体验效果会越好，会关注场景设置的仿真感，例如风吹草动还有推动感，不过也有受访者表示游戏场景和现实场景一定要有明确的界限，虚拟游戏的体验过多会影响现实世界的体验感知。

2. 内容价值成为手机传播的最大影响因素

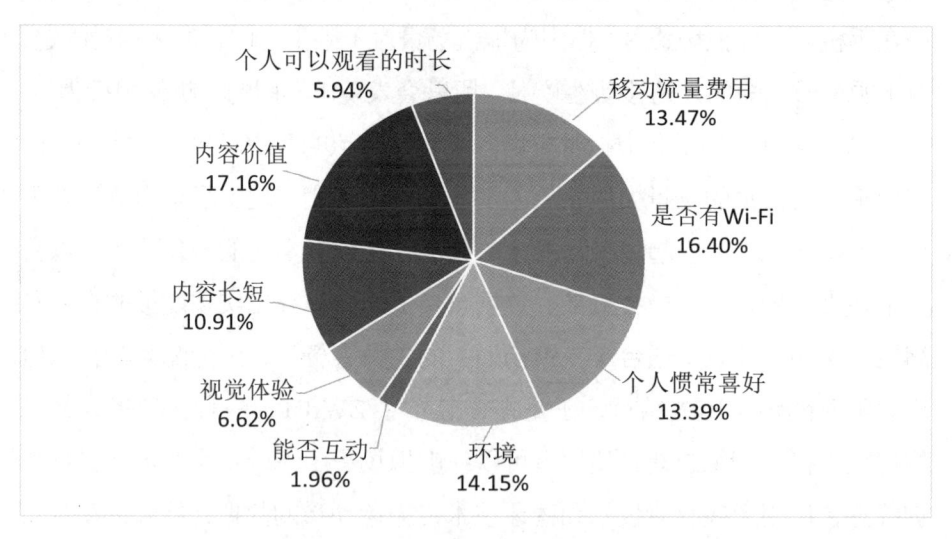

图 5.1　手机传播的影响因素（2018 问卷）

对于手机传播的影响因素，从调查结果看，人们对手机传播的内容形式的要求具有一定的差异性，大部分的用户更关注"内容价值""是否有

Wi-Fi""环境""移动流量费用""个人惯常喜好",而对于手机的"视觉体验""能否互动"的特点在选择内容和形式的时候并不十分关注(见图 5.1)。"环境"因素排在了靠前的位置,其实对于"是否有 Wi-Fi"也是对接收手机传播的环境需求之一,从这个调查中也突显了现实场景对手机用户选择接收内容和形式的重要性,选择"其它"的四位分别填写了"新闻资讯内容""内容的质量""放一半需分享""无",主要关注的也是自己的个人喜好和内容质量,分享的需求属于接收后对内容再传播的需求,不属于前期对内容和形式接收的需求。可以看出的是,内容价值在当下仍然具有较强的影响力,并且在海量的互联网信息充斥下处于首位,而这里的内容更指贴近用户需求的内容,而内容的外延伴随手机成为一个内容+社交+工作+生活的综合平台的发展,也从最开始的新闻内容变成新闻+信息+服务的综合性内容。

好的具有价值的内容可以让人们忽视手机传播中其它的因素,而对于好的内容如何体现其价值,这是传播过程中应着力思考的。对于此,受访者大部分表示"对自己有用的内容就有价值",这种"有用"总结下来有这几项标准:①和自己职业相关,能学习到知识的如行业报告、行业分析;②和日常生活相关,这是比较多的,通常是吃穿住行都有,或者对热点的一些评价、生活中的感悟或者与自己爱好相关的;③这种价值的判断也因年龄、职业、爱好的不同而不同,例如,随机受访的 21—40 岁的手机用户更关注与自己职业相关的内容价值,日常生活也偏向和职场或者日常行为处事相关的总结、感悟或者评价,50 岁及以上的手机用户更关注与自己年龄相关的健康类、子女类、民生类新闻或者与自己生活的本地相关的优惠信息。

胡正荣教授认为,对用户和内容价值的深度挖掘需要在场景中完成,未来对手机内容价值的体现需要以场景为媒,重塑时空关系,通过直播、短视频、虚拟现实(VR)、增强现实(AR)等技术丰富传播内容的场景,让人们实时的与世界相连，相较于传统媒体通过文字、图片、视频展现内容价值，手机的场景传播让内容价值更精准地匹配到用户，这里可以采用的场景传播的方式有：

①通过虚拟场景打破传播内容的时空界线和情感距离，激活用户的各种感知让内容元素与手机的界面同使用的空间场景融合。

②通过即时场景避免手机传播的碎片化，为不同场景之间提供连接，让人们在手机的场景传播中实现实时的共享、串联与沟通。

③通过开放而个性化的场景构建，为手机用户提供适配的、长期的内容池。

（二）手机传播的内在场景因素

1. 大众化的起点泛化用户使用手机的内在场景

本次调查将手机用户的性别、年龄、职业、学历、收入作为对内在场景的测量变量，缘于这几个变量的可测量性，但人们使用手机的内在场景还应包括成长的环境对个人的综合影响，从本次调查的对象来看，这几项的测量都比较广泛和均衡。性别方面，男女的比例是 1∶1.05，年龄段分布从 19 岁及以下到 60 岁以上都有，其中 19 岁及以下占 14.9%，20—29 岁占 31.4%，30—39 岁占 23.4%，40—49 岁占 11.1%，50—59 岁占 10.3%，60 岁及以上占 8.9%，学历层次覆盖初中及以下到硕士及以上，职业结构以党政机关事业单位一般职员（包括教师）、企业／公司一般职员、学生为主要群体。

在手机出现前，报纸、广播、电视、互联网的使用是属于"高门槛"的媒体，这里的"高"主要指使用媒体所需要的知识高、收入高，拥有并使用这些传统媒体是需要一定的知识水平和较多的收入的。中国 20 世纪五六十年代将手表、自行车、收音机这三件生活用品称为结婚时的三大件，在那个经济发展缓慢、物质匮乏的时代，三大件是经济实力和权力的象征，随着改革开放，三大件中的收音机变成了电视机，但无论种类如何变化，三大件仍然会被用来作为结婚时的重要条件来衡量家庭贫富、幸福程度。可以看出，对于某一种媒体的拥有从一开始是一种高经济、高收入、精英文化的象征。

手机从一开始也是一种高经济、高收入的象征，但却是以大众文化作为起点的，因为它最先满足的是人们的通话需求，和电话一样。而传统的报纸、广播、电视这几类媒体从一开始是为了满足人们的信息需求，人类对信息的需求是需要知识作为基础，需要对内容进行编码、解码的过程，而通话有如最原始的面对面对话，只是手机让这种对话更加突破固定空间的限制，所需要的编码、解码的程度较低，几乎可以忽略。1973年4月3日，伴随移动电话之父马丁·库帕的一句："我们成功了！"世界上第一部手机正式诞生，而最初的手机仅有拨打和接听电话两种功能，而直到十年后，手机才开始进入市场，但因为一开始售价昂贵，使用者很少。

手机这一移动终端被称为"媒体"是在20世纪互联网发展的背景下，从智能手机的出现开始的。同样是摩托罗拉公司，在1999年推出的世界上第一款触摸屏手机天拓A6188，被广泛公认为现代智能手机的雏形。这个时候的智能还仅仅停留在技术实现方面；21世纪后手机开始增加音乐、拍照等交互功能，手机从一开始只具有单一的通话功能到具有丰富的多媒体功能，到互联网的普及，手机开始兼具了报纸、广播、电视、互联网的多项功能，手机被称为继互联网后的"第五媒体"。国际数据公司（IDC）手机季度跟踪报告显示，2022年第四季度，中国智能手机市场出货量约7,292万台，2022年全年中国智能手机市场出货量约2.86亿台。[①] 智能手机在当下已达普遍的规模，手机这一媒体成为与生活密不可分的一种场景，这种场景构筑的是手机特有的文化。相较于口语传播、印刷传播时期的精

---

① 夏骅.机构：2022年全年中国智能手机市场出货量降13.2%[EB/OL]（2023-01-30）.
https://baijiahao.baidu.com/s?id=1756425430910424872&wfr=spider&for=pc.

英化用户，广播、电视、互联网作为电子媒介让用户普遍化、大众化，尤其是电视、互联网更是让视觉性的感官文化开始普及，手机的出现提升了媒介使用的大众化程度，更加贴近用户最浅层次的精神消费欲望，形成了去时空、去中心、去边界的多元文化，多元文化的场景泛化了用户使用媒介的内在场景，这也是手机使用者的性别、年龄、职业、收入等内在场景的特征分布比较广泛的原因。

2. 身份符号差异促进手机使用的内在场景多样化

所谓符号，是指能够有意义地代表其他事物的事物。[①] 语言学家索绪尔作为符号学的创始人，在《普通语言学教程》中指出，语言是一种表达观念的符号系统，符号不能单独存在，要在系统中表达才有意义，并指出符号的两个特征：能指和所指。能指是具象的象征符号意义的"音响"形象，所指指抽象的"概念"。[②] 法国著名结构主义学者、符号学家罗兰·巴特对能指和所指在后来进行了补充，认为能指构成了符号表达的方面，所指构成了符号的内容方面。[③] 从符号学的角度，媒介也具有符号的作用，手机媒体作为一种符号，其使用和内容本身都包含了符号的能指和所指。作为新媒体，前面提到，最开始拥有手机是一种高经济、高收入的符号，这种符号是一种身份的符号，这种身份符号也是社会区隔的一种象征。

当手机从少数群体的拥有者普及到大众之时，手机所带来的身份符号并未消解。人们开始以手机的品牌、手机的价位、手机使用的功能来区分身份，而这种区分通常带有群体性、阶级性。例如"苹果用户"（使用苹果手机 IOS 系统的用户）和"安卓用户"（使用苹果以外的 Android 系统的用户）的身份区分。有研究表明，男性是手机的主导用户，男性比女性更早、更快适应电子产品的更新换代，女性重视手机的表达和沟通，男性

[①] 徐祥运，刘杰. 社会学概论（第 4 版）[M]. 大连：东北财经大学出版社，2015：125.
[②] 费尔迪南·德·索绪尔. 普通语言学教程 [M]. 北京：商务印书馆，1980：101.
[③] 罗兰·巴特. 符号学原理 [M]. 黄天源，译. 广西：广西民族出版社，1992：30.

仅仅将手机当作一个互动的工具",[1] 本次调查也显示女性相较于男性更关注手机传播的内容效果,男性更偏向手机的功能价值。职业年龄的手机符号也非常明显,部分职场人士将手机视为商务身份的符号,将视频通话、收发邮件、手机理财、支付、4G、5G等功能的好坏看作自己最看重的选择手机的标准;部分青少年则把娱乐的流畅性、待机性、喜欢的明星是否代言看作选择手机的时尚身份的象征。正如鲍德里亚在《消费社会》中描述的,我们消费的并不是物的有用性,而是通过消费体现着自己的社会地位与身份的过程。[2]

不仅对于手机的判断有着身份符号的差异,对于手机传播的需求及使用时考虑的原因、身份的差异也有体现。本次调查显示,不同的身份对于手机使用的影响因素选择不同,内容价值是人们认为的对于手机传播最大的影响因素,而对于有价值的内容手机用户也有不同的后续行为,这种行为的差异也和身份符号相关。美国芝加哥学派的一位学者托马斯(W.I.Thomas)认为,人们在做出行为之前,通常会经过一个对所处的场景的看法、想法做出解释的阶段,这种解释其实是对所处场景的定义,根据对场景中的事物与事件的看法判断行为的意义。这种对事物与事件的看法通常与本人的性别、年龄、职业、收入、性格爱好、成长环境综合起来的因素密不可分。受访者中表示自己的社交软件多使用分组功能,尤其要区分父母、老师、领导、同事,因为现在每个人都有社交软件,例如微信是一个以强关系为主的熟人圈,每次发布一个内容就像受到了所有朋友的"监视",这种监视成为社交媒体使用者在发布信息前对展示的人群进行区分,根据不同的人群选择性地展示内容,建构不同的虚拟身份。不过也

---

[1] Lemish D, Akiba A. Cohen. On the Gendered Nature of Mobile Phone Culture in Israel[J]. In Sex Roles, 2005(4).
[2] 彭冰冰.西方马克思主义意识形态批判的历史逻辑与现实意义研究[M].北京:中国社会科学出版社,2012:161.

有研究认为，用户并不会在社交媒体上为自己建构理想化的虚拟身份，反而称为用户表达和沟通真实个性的渠道。[①] 本研究认为，虚拟自我形象的构建也是展示者真实自我的一部分，而对于展示者来说，观众也是可以分层的，不同的部分展示给不同的观众群，社交媒体上不存在理想化的虚拟身份，但存在不同层的真实展示。

身份符号的差异让手机传播的场景文化也呈现多样性，但多样性也意味着一种竞争共存的关系；这种身份符号还深层次地反映了手机文化中的话语权、交往模式、符号暴力等公共领域的问题，虽然不同身份的人在手机的场景中较以往能更能融入彼此的场景之中，了解彼此的生活，达到了一定程度的身份之间的融合，但也形成了新的身份区隔。这种区隔以社会政治、经济的发展为大背景，有着动态性与不平等。

第二节　手机功能使用的场景因素

一、研究假设和研究方法

（一）研究假设

笔者从手机使用的时间、手机使用的现实场景（空间）、手机使用时的社交关系、手机使用时的心理、用户身份五个维度出发，对用户使用的手机功能和场景相关性进行探究，建立以下假设：

假设1：个体性别、年龄、职业、学历、收入不同与手机使用行为存

---

① Back M. D., et al. Facebook porfiles refelect actual personality, not self-idealization[J]. Psychological Science, 2010, 21(3): 372-274.

在显著影响。（内在场景）

假设2：个体使用手机的空间场景不同与手机使用行为存在显著影响。（外在场景）

假设3：个体使用手机的心理（情绪）因素不同对手机使用行为存在显著影响。（内在场景）

假设4：个体使用手机的社交关系不同对手机使用行为存在显著影响（外在场景）

（二）研究方法

同样采用SPSS21.0和SPSSAU的在线分析系统（https：//spssau.com/front/spssau/index.html）结合的方式，通过交叉分析、相关性分析，探究手机使用的功能与场景的相关性，主要以第三章建立的新媒体环境下的场景传播模式中的各要素为例，研究用户使用手机的时间、空间、社交关系、心理（情绪）、身份（性别、年龄、学历、收入、职业等）与和手机应用场景选择的关系，对于时段的选取，因为涉及7个时间段，本章对于使用手机比较频繁和功能使用有较大差异的8:00—12:00和18:00—22:00两个时间段进行抽样对比，试图验证这几个因素与用户的手机使用行为之间的相关性。

二、实证研究

（一）人口特征与手机功能使用偏好的关系

对于第二部分的验证，因为调查中涉及一天七个时间段，在第四章的整体调查情况的描述中可以看到，每日的6:01—8:00、8:01—12:00、18:01—22:00是使用手机的高发时间段，其中，尤以11:01—12:00、

17:01—18:00、21:01—22:00 使用手机的用户最多。对于手机使用行为的影响因素，本研究选取了 8:01—12:00 和 18:01—22:00 两个比较具有代表性的时间段来分析，附数据以 8:01—12:00 为主，所得结论如下。

性别方面，两个时间段，性别对手机的"使用聊天软件""社交网站转发、评论、互加粉丝""与直播博主互动""参加论坛讨论""与所在地理位置周围的人互动（如微信的摇一摇、陌陌、探探）""看直播""逛淘宝等网络购物网站""游戏充值""点外卖""手机银行、理财等""旅行预定""阅读电子书""在线课堂""查询、下载学习资料""分享学习心得"共 15 项有显著影响，比较意外的是这一时间段对于玩手机游戏、拍照这两类没有性别上的显著差异性。

8:01—12:00 差异程度最明显的是，"看直播""与直播博主互动""参加论坛讨论""与所在地理位置周围的人互动（如微信的摇一摇、陌陌、探探）""游戏充值"这五项功能男性使用的比例明显高于女性，如大部分使用"与直播博主互动"的男性占 10.94%，女性占 3.88%，"与所在地理位置周围的人互动（如微信的摇一摇、陌陌、探探）"这一功能的使用男性占 8.65%，女性仅为 2.18%。"逛淘宝等网络购物网站""点外卖""手机银行、理财等""旅行预定""阅读电子书""在线课堂""查询、下载学习资料""分享学习心得"这几项女性使用的频率更高，尤其是"逛淘宝等网络购物网站"，大部分和几乎全部使用的女性在这一时间段占有 9.95% 和 2.18%，男性仅占 2.29%、0.76%。社交功能的"使用聊天软件"女性使用的频率明显高于男性，选择大部分和几乎所有时间都在使用这一功能的女性占 24.51% 和 4.37%，男性仅占 16.03% 和 3.05%。

18:01—22:00 较之不同的是"短信（非微信）""看视频"的功能使用出现性别差异，男性对"短信（非微信）"功能的使用更为频繁，女性使用手机"看视频"的情况增多，"社交网站转发、评论、互加粉丝"的功能使用与性别的相关性降低。"使用聊天软件""在线课堂""查询、下载学习资料""分享学习心得"的功能与性别无相关性,说明男女在这几个功能的使用方面在这个时间段的频率差不多(详细数据见附表5.2)。

年龄方面,在这一时间段不同的年龄的手机功能使用差别较大,除了在"查询路况""共享单车/汽车"两项不会表现出显著性差异外,其它37项功能的使用均呈现出显著的差异性。60岁及以上的用户使用手机的基本功能如"通话""短信(非微信)""与他人视频""生活服务(日历、天气等)"的比例远大于其他年龄段;19岁及以下的用户更多地使用手机的"拍照""听音频""看视频""发原创内容""玩手机游戏""背单词""在线课堂""查询、下载学习资料""分享学习心得"功能,20—29岁的手机用户在"浏览搜索新闻或感兴趣的内容""点外卖""线下支付""逛淘宝等购物网站""使用聊天软件""查看、回应好友动态"上较其他年龄段有明显优势,30—39岁的手机用户则更多地使用手机的"与直播博主互动""参加论坛讨论""手机银行、理财"功能,20—29岁的用户和30—39岁的用户在工作功能的使用上明显高于其他年龄段(详细数据见附录中附表5.3)。

18:01—22:00较为不同的是年龄和"查询到某地路线""查询路况""约租车""共享单车/汽车"共4项不会表现出显著性差异。其余功能的使用和年龄的相关度与8:01—12:00的相关性一致。

职业方面,不同的职业在8:01—12:00的时间段对"线下支付""查询到某地路线""查询路况""约租车""共享单车/汽车"这几项功能不会表现出显著性差异,其余都表现出显著的差异性。18:01—22:00变化对于"约租车""共享单车/汽车""阅读电子书""背单词""在线课堂""查询、下载学习资料"共6项不会表现出显著性差异。

8:01—12:00之间在基本功能的使用上,退休和商业服务业职工在"通话"功能的使用上较其他职业更加频繁,退休人员选择使用程度"一般"

的比例为40.58%，商业服务业职工的比例为29.41%，均明显高于平均水平14.29%，失业或待业人员选择"大部分"使用的比例为15%，高于平均水平的6.58%。党政机关事业单位领导干部选择"短信（非微信）"程度"偶尔"的比例为30.00%，高于平均水平12.55%。退休人员选择使用程度"一般"的比例为30.43%，高于平均水平10.19%，而对于"与他人视频"的功能，党政机关事业单位领导干部选择"从不"使用的比例为30.00%，也明显高于平均水平12.42%，"从不"使用的占比同样较高的还有制造生产型企业工人。党政机关事业单位领导干部和退休人员对"生活服务（日历、天气等）"的使用较其它职业所占比例更多，党政机关事业单位领导干部选择"偶尔"使用的比例为30.00%，高于平均水平10.56%。退休人员选择"一般"使用的比例为36.23%，会明显高于平均水平15.28%。

　　社交功能的使用上，农林牧渔劳动者的使用程度较其他所有职业使用程度较低，个体户/自由职业者、商业服务业职工、企业/公司一般职员、党政机关事业单位一般职员（包括教师）、学生群体对这组功能的使用较多，尤其对于"查看、回应好友动态""使用聊天软件""拍照、上传照片/视频"三项功能的使用，而对于"社交网站转发、评论、互加粉丝""与直播博主互动""与所在地理位置周围的人互动"几项功能的整体使用程度偏低。其中商业服务业职工更多使用"查看、回应好友动态""使用聊天软件"的功能方面较其他职业更多，但选择从不使用"拍照、上传照片/视频"功能也最多，这一功能"大部分"使用占比较高的是个体户/自由职业者、制造生产型企业工人、学生。党政机关事业单位一般职员（包括教师）较多的使用手机"参加论坛讨论"，专业技术人员较多使用"与所在地理位置周围的人互动（如微信的摇一摇、陌陌、探探）"。

　　娱乐功能方面，企业/公司中高层管理人员"大部分"使用手机的"浏览搜索新闻或感兴趣的内容"功能占比26.47%，高于平均水平16.02%，"偶尔""看视频"的占比达到26.47%，高于平均水平11.30%。"大部分"

在本时段"看视频"占比最高的是个体户/自由职业者，占比 22.39%，明显高于平均水平 10.43%。商业服务业职工会较多地使用"查询所在地理位置周边的信息""看小说""听音频"的功能，而农林牧渔劳动者和党政机关事业单位领导干部对这一功能的使用较低。学生在"看直播""发表原创内容""玩手机游戏"上的占比较高。

消费功能方面，"逛淘宝等网络购物网站"的使用集中在商业服务业职工、党政机关事业单位一般职员（包括教师）、学生群体，同时，商业服务业职工和学生群体较多使用"点外卖"的功能，个体户/自由职业者大部分使用"手机银行、理财"的功能，在同时段占比达到 7.46%，高于平均水平的 1.86%。

学生在学习功能的使用方面较其他职业有明显的占比优势，企业/公司一般职员、企业/公司中高层管理人员、商业服务业职工在手机的工作功能使用上占有大量的比例，尤其是"使用聊天软件沟通""搜索资料""编写资料"方面，制造生产型企业工人则是更多的使用"使用聊天软件沟通"上较多（详细数据见附录中附表 5.4）。

学历与 8:01—12:00 的手机功能使用均呈现出显著性差异（详细数据见附录中附表 5.5）。18:01—22:00 时段之间人们在"查询到某地路线"、"共享单车/汽车"、"背单词"、"分享学习心得"，工作中"使用聊天软件沟通"这 5 项不会表现出显著性差异，这也和这个时间段这几个功能的使用用户整体偏少有关。从数据看来，学历的不同主要的影响在社交、娱乐、消费、学习功能的使用方面。其中基本功能中的"通话"功能的使用呈现初中及以下和硕士及以上使用频率占比较多的情况，社交功能则是大专和硕士及以上学历的使用频率占比较多，尤其是"使用聊天软件"和"查看、回应好友动态"的功能使用，大专学历的用户使用"与所在地理位置周围的人互动（如微信的摇一摇、陌陌、探探）""一般"频率用户的占比比其他学历的用户更高，大专学历用户选择"浏览搜索新闻或感兴趣的内容"

使用频率"一般"的占比分别为34.27%，大于平均水平的20.12%，使用频率"大部分"的则是大学本科和硕士及以上学历的占比分别达到22.12%和24.12%，超过平均水平的16.02%；高中和大专学历用手机"看小说"的占比较高，"一般"使用的频率达到了14.46%和15.38，高于平均水平的11.55%。"听音频""看视频""看直播""发表原创内容""玩手机游戏"的功能在这一时段整体使用不多，大专学历用户在"玩手机游戏"的"一般"比例上占比上达到了27.27%，高于平均水平12.55%；初中及以下的用户97.46%在这一时段不使用手机的消费功能，99.15%不使用手机的交通功能，学习和工作功能的涉及也很少；大专及硕士及以上用户在这一时段"逛淘宝等网络购物网站"的占比较其他学历的用户更多（详细数据见附表5.5）。

收入对人们使用手机的功能影响较小，在"通话""生活服务（日历、天气等）""浏览搜索新闻或感兴趣的内容""查询所在地理位置周边的信息（如大众点评等）""看小说""看直播""发表原创内容""逛淘宝等网络购物网站""游戏充值""点外卖""查询到某地路线""查询路况""共享单车/汽车""阅读电子书""在线课堂""查询、下载学习资料"共16项功能上不会表现出显著性差异。在有差异的功能使用上，较大程度的是工作功能的使用，从数据显示，随着收入的升高、用户使用的频率增多，月收入11001元以上"偶尔"和"一般"使用"与他人视频"的功能较其他层级收入的占比较多；月收入5001—7000元的则使用占比较少；月收入7001—9000元的使用"偶尔"使用"社交网站转发、评论、互加粉丝"功能者较其他收入层级的占比更多；18:01—22:00时段，人们的收入和"共享单车/汽车""收发邮件"等8项功能不会表现出显著性差异。月收入7001—9000元在这个时段使用社交功能的占比整体超过其他收入群体，月收入11001元以上使用"浏览搜索新闻或感兴趣的内容"功能的占比更多（详细数据见附录中附表5.6）。

（二）空间场景与手机功能使用偏好的关系

8:01—12:00 这一时段，空间场景与手机使用行为整体相关性较高，除了"上厕所"和使用的手机功能基本不相关外，"上课"和"在公共场所学习/工作"时与手机功能的使用相关性较弱（见表5.3）。其中，"在客厅书房"和"朋友聚会"的场景中与手机的"基本功能"的使用相关性更高，"在家中/个人场所"和"学习/工作地方"吃饭时与"社交"行为的相关度较高，乘坐公共交通和排队/等待时与使用手机的"交通"功能的相关性最高，在工作/学习场所休息时与使用手机的"工作"功能相关度高，在家吃饭的场景中与手机的"娱乐""社交"功能使用的相关性较高，"排队/等待"时则与"消费"和"学习"功能使用的相关性更高，换句话说人们在这些相关度高的空间场景中更容易使用与之相关的手机功能。出现负相关的有休闲娱乐的闲暇时对"工作"功能的使用，可以说，人们越在这样的场合中越不想使用手机工作。

表 5.3　手机使用的手机功能与相关系数最高空间场景类型（2018问卷）

手机功能	最相关空间场景	相关系数
通话	在客厅/书房的时候（休闲娱乐）闲暇	0.196**
短信（非微信）	朋友聚会	0.322**
与他人视频	朋友聚会	0.308**
生活服务（日历、天气等）	在客厅/书房的时候	0.221**
查看、回应好友动态	个人场所工作或学习	0.182**
使用聊天软件	个人场所工作或学习	0.183**
拍照、上传照片/视频	排队/等待	0.165**
社交网站转发、评论、互加粉丝	个人场所工作或学习	0.166**

续表

手机功能	最相关空间场景	相关系数
与直播博主互动	个人场所工作或学习	0.183**
参加论坛讨论	个人场所工作或学习	0.181**
与所在地理位置周围的人互动（如：微信的摇一摇、陌陌、探探）	个人场所工作或学习	0.190**
浏览搜索新闻或感兴趣的内容	公共场所工作或学习	0.134**
查询所在地理位置周边的信息（如大众点评等）	健身运动	0.217**
看小说	健身运动	0.147**
听音频	排队/等待	0.167**
看视频	家中/个人场所吃饭	0.173**
看直播	健身运动	0.133**
发表原创内容	健身运动	0.184**
玩手机游戏	健身运动	0.137**
逛淘宝等网络购物网站	家中吃饭	0.205**
游戏充值	健身运动	0.229**
点外卖	家中吃饭	0.224**
线下支付	家中吃饭	0.230**
手机银行、理财等	健身运动	0.261**
旅行预定	健身运动	0.245**
查询到某地路线	排队/等待	0.279**
查询路况	排队/等待	0.297**
约租车	排队/等待	0.300**
共享单车/汽车	排队/等待	0.278**

续表

手机功能	最相关空间场景	相关系数
上课拍老师课件	上课	0.186**
阅读电子书	上课	0.155**
背单词	上课	0.221**
在线课堂	排队/等待	0.185**
查询、下载学习资料	排队/等待	0.155**
分享学习心得	健身运动	0.192**
使用聊天软件沟通	工作吃饭	0.235**
搜索资料	工作吃饭	0.237**
编辑、撰写资料	工作吃饭	0.235**
收发邮件	工作吃饭	0.211**

（8:01—12:00，$P<0.05$ 处相关系数同比最高）

对于具体的功能与最相关的空间场景，从表 5.3 可以看出，18:01—22:00 有一定变化的是与手机"基本功能"最相关的空间场景是"朋友聚会"时，"在床上醒来或睡前"和"在家中吃饭"的时候最常使用手机的"社交"功能，"娱乐"功能的使用也转向"在床上醒来或睡前"，"学习/工作地方""吃饭"时经常使用手机的"消费"功能，"乘坐公共交通工具"和"逛街"时常使用手机的"交通"功能，"公共场所工作或学习"时最常使用"学习"功能，而"工作吃饭"时仍然是手机工作功能使用最频繁的场景。

（三）心理（情绪）场景与手机功能使用偏好的关系

个体使用手机的心理（情绪）因素对使用手机功能的影响主要体现在"社交"功能和"娱乐"功能的使用上相关性较高。其中与积极情绪最相关的前几项手机功能是"拍照、上传照片/视频""使用聊天软件""通话";与中性情绪最相关的是"浏览搜索新闻或感兴趣的内容"、工作中"使用聊天软件沟通"、社交中"使用聊天软件"的功能。"使用聊天软件""听音频""浏览搜索新闻或感兴趣的内容"则是与消极情绪最相关的三项手机功能(见表5.4)。

表 5.4　用户心理(情绪)状况与相关度最高的手机使用行为(2018问卷)

心理(情绪)	8:01—12:00	相关系数	18:01—22:00	相关系数
积极的	拍照、上传照片/视频	0.260**	拍照、上传照片/视频	0.181**
积极的	使用聊天软件	0.253**	与所在地理位置周围的人互动(如微信的摇一摇、陌陌、探探)	0.177**
积极的	通话	0.251**	社交网站转发、评论、互加粉丝	0.173**
中性的	浏览搜索新闻或感兴趣的内容	0.239**	浏览搜索新闻或感兴趣的内容	0.231**
中性的	使用聊天软件沟通	0.230**	看小说	0.199**
中性的	使用聊天软件	0.225**	使用聊天软件	0.196**
消极的	使用聊天软件	0.194**	与直播博主互动	0.176**
消极的	听音频	0.193**	参加论坛讨论	0.152**
消极的	浏览搜索新闻或感兴趣的内容	0.186**	社交网站转发、评论、互加粉丝	0.144**

($P<0.05$ 处相关系数同比最高的前三项)

18:01—22:00 有一定变化的是积极的情绪在"拍照、上传照片/视频"功能上仍然保持最高相关度的同时,与"社交网站转发、评论、互加粉丝"

和"与所在地理位置周围的人互动（如微信的摇一摇、陌陌、探探）"功能的使用呈现高度相关；中性的情绪靠前相关的功能变工作中"使用聊天软件"为"看小说"；使用"与直播博主互动""参加论坛讨论""社交网站转发、评论、互加粉丝"这三项与消极情绪的产生最相关，而这一功能与这一时段积极情绪也有较高的相关性。

（四）社交关系场景与手机功能使用偏好的关系

个体使用手机的社交关系不同对手机功能的使用产生了一定的差异性（见表5.5），尤其是和家人/舍友的手机功能使用存在显著的差异性。具体的，与"独自一人"相关度最高的手机功能是"听音频""看视频""看小说"；"和家人/舍友"在一起使用的手机功能相关性最高的前三项是"看视频""发表原创内容""看小说"；"和同事/同学"在一起使用的手机功能相关性最高的前三项是工作学习中"使用聊天软件沟通"、社交中"使用聊天软件"、"查看、回应好友动态"；"和亲人朋友"主要是在使用手机的基本功能的时候；"和陌生人"大部分是在使用手机的交通功能的时候。

表 5.5 用户社交关系与相关度最高的手机使用行为（2018问卷）

社交关系	8:01—12:00	相关系数	18:01—22:00	相关系数
独自一人	听音频	0.288**	通话	0.208**
	看视频	0.278**	生活服务（日历、天气等）	0.200**
	看小说	0.262**	与他人视频	0.197**
和家人/舍友	看视频	0.275**	查看、回应好友动态	0.283**
	发表原创内容	0.253**	使用聊天软件	0.265**
	看小说	0.252**	浏览搜索新闻或感兴趣的内容	0.264**

续表

社交关系	8:01—12:00	相关系数	18:01—22:00	相关系数
和同事/同学	使用聊天软件沟通	0.364**	拍照、上传照片/视频	0.205**
	使用聊天软件	0.354**	与所在地理位置周边人互动	0.205**
	查看、回应好友动态	0.347**	参加论坛讨论	0.192**
和亲戚朋友	短信（非微信）	0.286**	短信（非微信）	0.191**
	生活服务（日历、天气等）	0.282**	生活服务（日历、天气等）	0.179**
	与他人视频	0.274**	与他人视频	0.167**
和陌生人	查询路况	0.257**	共享单车/汽车	0.268**
	查询到某地路线	0.244**	查询到某地路线	0.236**
	约租车	0.238**	约租车	0.232**

（$P<0.05$ 处相关系数同比最高的前三项）

18:01—22:00 与不同的社交关系、不同的手机功能存在一定的变化，"和陌生人""亲戚朋友"高度相关的前三项手机功能的使用基本保持一致，有变化的是晚上"独自一人"的时候，更相关的手机功能是基本的通话、视频功能；"和家人/舍友""和同事/同学"在一起时使用的手机功能有小范围的变化。

三、研究结论

对于假设 1—假设 4，时间、空间、社交关系、心理（情绪）因素对手机功能的使用行为都产生了不同程度的影响，从这一点也是验证了本研究在第三章提出的场景传播模型的传播要素即内在场景和外在场景的有效性,其中个体的内在场景中,影响因素从大到小是年龄、学历、职业、性别、收入。对于内在场景和时空因素对手机场景传播影响在第一部分的结论中已做了详细的分析,这一部分主要对手机场景传播的社交关系和心理(情绪)因素做分析。调查显示,手机的社交、娱乐、基本通话功能是全天使用最多的功能。使用与满足理论认为,受众的行为很大程度上由个人的需求和兴趣来加以解释。[①]麦奎尔等人在分析电视节目时认为,各类节目提供"满足"的功能不同,其中共通的基本类型可归纳为四种:心绪转换效用、人际关系效用、自我确认效用和环境监测效用。[②]使用与满足理论遭到很多学者的批评,其关键因素在于其中关键性的指责在于:这一模式具有功能主义的特点,强调受众的主动性忽视受众的无意识性;强调个人以致于很难与更大的社会结构联系;过于心灵主义不具有独特的适用性。[③]但即便如此,使用与满足理论从出现至今仍具有较多的拥护者,研究者认为,这一理论对于建构人们在场景中使用手机的行为模式仍然具有积极的意义,对于学者们提到的在传播过程中,一些受众的需求是无意识的,这种无意识可以分为潜意识和完全无意识,对于前者,如果在一定的场景中,基于人们的政治、经济、文化等社会背景,加上特定场景的氛围,人们对于媒介功能的需求是可以触发和唤醒的,这也是未来场景传播的意义之一。

总体上,手机等新媒体让社交关系和心理(情绪)与现实场景分离,这种改变以虚拟、移动场景的出现为主要原因,不仅改变了传统的熟人社交场景,还延伸了用户在现实场景中使用媒介的心理及引起虚实场景不断

[①] 丹尼斯·麦奎尔,斯文·温德尔.大众传播模式论[M].祝建华,武伟,译.上海:上海译文出版社1997:102.
[②] 参 见:McQuail, Denis. Sociology of Mass Communication[M]. London: Penguin Books, Chapter 2.
[③] 丹尼斯·麦奎尔,斯文·温德尔.大众传播模式论[M].祝建华,武伟,译.上海:上海译文出版社1997:107–108.

交织的焦虑。

（一）手机的场景传播社交关系因素分析

1. 孤独社交：虚拟场景社交中的满足与缺失

调查显示，人们全天使用的手机功能较多的是社交功能，尤其是对聊天软件的使用是全天功能使用最高的，而这一功能的相关系数最高的场景是白天在个人工作／学习的地方、晚上在床上醒来和睡前，白天使用社交功能最多的是在和同事／同学一起之时，晚上则是和家人／舍友在一起之时，整体的心情偏向积极和中性。根据马斯诺需求层次理论，社交需求在生理需求和安全需求之后，属于情感和归属感的需求。社交需求从人们自诞生之日起就产生了，因为满足生理和安全需求也需要互动交流。从人类最初通过发声、手势进行互动交流到语言、文字、图片、声画的诞生，人类对沟通的需求从未间断。电子媒介改变了人类对社交沟通的方式，打破了人与人沟通的时空障碍，而每一次新媒体技术或者产品的革命性成果都与社交有关，例如手机、微博、微信、脸书（Facebook）、推特（Twitter）等社交媒体的诞生。通过社交媒体满足社交需求也是大部分手机用户使用手机功能获得的最大满足，这种社交的满足来源于两种：①建立和维护人际关系、友谊、爱情；②查询、搜集、分享信息。这种虚拟的社交满足和现实的社交满足是一组矛盾统一体，一方面因为虚拟社交的出现跨越了现实社交必须面对面的限制，人们和远距离的亲人朋友能实现瞬时互联，不会有以前通信、通话的距离感，视频电话等功能的出现更是提高了虚拟场景社交的真实性；另一方面虚拟场景的社交也扩大了社交关系网络，传统的社交场景中以熟人和少数的人为主，一个人一生或许只能有几十个朋友，而在手机的虚拟社交场景中，一个人可以有上百上千的朋友，进而出现部分人沉浸于虚拟场景的社交而影响了现实场景中的社交。所谓"孤独社交"的出现，指在网络中朋友很多，但在现实生活中朋友却很少的现象，或者说在虚拟场景中能侃侃而谈的朋友，在现实场景中反而无话可说，亲朋聚会都埋头看手机的现象已成为常态。结果是，虚拟社交场景提升了社交的广度和速度，却降低了社交的强度和深度。随机受访的大多数人也表示有时候使用手机太多，时间太长，家人朋友之间的时空距离感少了，但和家人、朋友的心理时空距离长了。

人作为社会关系的统一体，社交所满足的物质、情感需求最终是要在现实场景中才能得到直接的满足，与现实场景中的人的交往中得到满足，手机让每个用户成为虚拟场景社交中的一个关系节点，虽然能够间接地满足部分社交需求，但人在社交中的精神状态、处理社交的礼仪、面对面的沟通能力都无法直接体现，这也是为什么有些人在现实场景和手机的虚拟场景中给人判若两人的感觉的原因。

2. 陌生人文化：虚拟场景中的"临时共同体"

从调查结果中看到，对手机的交通工具的使用常发生在周围是陌生人的环境中，陌生人所形成的场景与人们使用手机的其他环境有着本质上的差异。在传统媒体时期，陌生人之间很难建立社交关系，中介通常是熟人、机构，或者在某次经历中的偶遇，文字印刷时代发展到书信交笔友，电子媒介时代陌生人可以共同参加广播、电视真人秀节目等。互联网手机出现后，陌生人之间的交往变得"一键可达"，交往的时空被压缩了，虽然有的受访者表示如果使用手机的时候周围有陌生人，不会开有声音的或者私密的内容，但也有的受访者表示，虽然现实场景面对陌生人经常是警惕的状态，但因为手机互联网的虚拟场景中可享受与陌生人的交流互动，有时因共同的爱好等同处一个虚拟的场所、社群能将这种亲近感提高，如豆瓣、知乎上的社群多是陌生人建立的社群关系，有的受访者还回忆到最初使用QQ聊天软件的时候，更多的是通过这一软件添加陌生人，即"网友"，而且这种与陌生人的沟通并不会仅停留在表面上，有的甚至会发展到网恋。例如本次调查者众有相当一部分人会尝试在陌生人场景中建立新的社交方式,如微信的"漂流瓶""摇一摇"等功能。

从国内社交媒体上每一次的重大事件中可以看到,无论是社交媒体上的公益行动如"微博打拐""免费午餐""大爱清尘",还是人们共同关注的媒体事件,这些事件以陌生人作为信息传播和情感情绪结合的纽带,让人们在虚拟场景中通过与陌生人的互动感受来自共同体的力量并引起广泛的社会关注。可以说,互联网手机等新媒体的出现通过构造的虚拟场景拓展了陌生人的交往,帮助陌生人因为共同的经历或者文化建立一个虚拟的文化共同体,尤其是对于一些非主流的、少数的亚文化群体,可以相较于以前更容易地在虚拟场景中寻找同类,获得文化归属感,这种陌生人社会对于熟人社会的交往有一定的促进作用,例如通过虚拟场景和现实场景中的互动增强彼此的联系,但这种互动实质已经转向了熟人社会的交往。

日常生活中的现实场景和虚拟场景出现的陌生人文化是一种不稳定的"临时共同体"。所谓"临时",正如鲍曼在《流动的现代性》中所说,"陌生人的相遇是一件没有过去(a past)的事情,而且多半也是没有将来(a future)的事情(它被认为是,并被相信是一个摆脱了将来的事情),是一段非常确切的'不会持续下去的'往事,是一个一次性的突然而至的相遇,在到场和它持续的那个时间里,它就会被彻底地、充分地完成,它用不着有任何的拖延,也不用将未了之事推迟到另一次相遇中"[1]。因为确信陌生人的场景是一个临时和不稳定的场景,所以有的人愿意和陌生人聊天,例如,本次调查中使用手机的时候和陌生人接触最多的是在交通工具上使用手机查询路线、路况等功能的时候,人们在这一场景中和周围陌生的乘客或者司机接触,并且有愿意聊天的冲动,就是与在虚拟场景中和陌生人聊天的心理是一样的,因为这段接触是确切的一段时间和空间,并

---

[1] 齐格蒙特·鲍曼.流动的现代性[M].欧阳景根,译.上海:上海三联书店,2002:148.

且不会再次相遇，类似战国时期"远交近攻"[①]的外交策略，但如果这种"临时共同体"发生转变，例如陌生人之间建立起相关性甚至是亲密性，临时共同体开始向稳定的熟人社会发展，反而会因此而又走向陌生，因为陌生人的亲密交往的维持还是以利益互不相关的临时共同体为基础的，"相关"、"稳定"是陌生人社会交往的阻碍因素。

并且这种陌生人和熟人场景的判断也是一种相对的概念，比如一个人在学校，班级对于自己是一个熟人场景，学校对于自己则是一个生人的场景，一个人在一个单位中，校友又变成了一个熟人的场景，而其他的非校友的群体又变成了一个生人场景，生人、熟人意味着关系的远近。大众传播总体上是一个面向陌生人的传播，而新媒体手机的出现让传播对象从陌生人开始兼顾熟人，尤其是微信朋友圈这种典型的"半熟人"传播场景。例如在本次调查中，受访者提到对当看到有价值的内容后通常有三类行为：①转发至社交媒体；②转发给朋友或群；③收藏不转发。对于转发至社交媒体的分享者。大部分表示分享的信息内容会经过筛选，以工作内容为主，既是一个熟人场景的传播，也是一个陌生人场景的传播，所以大多数人会对自己的社交媒体上的朋友进行分组，转发的时候需要考虑自己展示的对象，选择符合自己的兴趣或者职业的工作或者生活的内容，有的受访者表示朋友圈是自己的一个公共形象营造的场景，无论有无工作，都会适当地戴上面具发布内容。对于转发给群或者朋友者。这部分是典型的熟人场景传播，用户主要转发给亲人、朋友或者家人群、朋友群，关系比较密切，觉得对方需要的或者和对方相关的才转。对于收藏不转发的用户，大部分认为朋友圈是一个相对私密，接收信息的人群是一个熟人和陌生人交叉的平台，不同的人背景不同，而个人因为自己的爱好或者兴趣看到的觉得有价值的内容，不一定对别人有用，所以更愿意收藏而不是转发。

[①] 《战国策·秦策三》："王不如远交而近攻，得寸则王之寸，得尺亦王之尺也。"意思是联络距离远的国家，进攻邻近的国家。

3. 网络直播：实时互动场景中的群体狂欢

除了社交功能外，本次调查显示，使用更多的另一种功能为娱乐功能，以"浏览搜索新闻或感兴趣的内容""看视频"为主，如果说以往的娱乐需求的满足仅限于用户单向度地接收的话，那社交功能的出现让这种单向度地接收变为实时的互动，当下手机的娱乐功能通常是和社交功能并行的，既要满足"看"的欲望，还要满足"即时互动"的欲望，例如，浏览新闻时的分享、看视频时的弹幕，这种娱乐＋社交需求满足的实质是个人在虚拟的娱乐场景中，通过互联网完成的群体狂欢。巴赫金的"狂欢理论"提出狂欢节、狂欢式、狂欢化的三个概念。狂欢节强调全民参与，狂欢式强调仪式，而狂欢化的定义还比较模糊，书中主要指"狂欢节诸形式的文学表达"，具体而言，是一种大胆开放的、不受官方形态约束的越界的行为和意识。[1] 这种狂欢化的代表就是手机的网络直播。网络直播从定义上还没有权威的解释，主要是依托互联网络环境，通过手机等移动设备的社交媒体、直播软件等来实时呈现的传播方式。网络直播从一开始属于专业媒体的报道平台，尤其在体育赛事、会议、晚会等时候经常看到网络和电视的同步直播。在互联网时代，网络直播也仅限于网络游戏和娱乐秀场直播，如早期的 YY 直播、斗鱼直播等。而普通人对于网络直播的熟识主要基于社交型的直播软件，每个人都可以通过下载注册完成直播过程，内容也覆盖吃饭、睡觉、逛街、旅行等各种生活类型，完全与人们的日常生活融为一体，此类在当下代表性的直播平台有抖音、快手、哔哩哔哩。

网络直播中的群体狂欢以场景为媒。首先，网络直播完全打破了戈夫曼的前台后台的区分，直播的表演者和观众的互动实时进行，表演者也完全没有将网络直播场景当成舞台展示的"前台"，相反，他们在直播中展示更多的是"后台"更为坦诚的区域，这也是为什么网络直播拥有大量的

---

[1] 董丽娟. 狂欢化视域中的威廉·福克纳小说[M]. 天津：南开大学出版社，2014：35.

用户的原因。其次，对于观众来说，网络直播的场景拉近了观众和表演者的现实时空距离和身份距离，娱乐媒体的表演者和自己实时所处的时空环境构成场景，观众通过虚拟的礼物和弹幕与主播互动也让自己成为这一直播场景中的一部分，无论直播者是明星还是普通人，网络直播的场景相较于微博微信的社交场景身份符号的意义降低，使用更加平民化，传统意义上的观众和演员的界线打破，所以会看到明星在网络直播自己的日常生活而在微博上则更多展示工作场景。现实场景中的各种界线在网络直播中被打破，引起了观众的窥私欲，也激发了主播的表演欲、经济收入欲、渴望被认同的欲望等，所以形成了演员与观众的群体狂欢。

网络直播中的群体狂欢所带来的还有真实生活的陷落。因为屏幕的边界性，网络直播场景的虚拟性也让这虚拟场景与现实场景存在偏差，除了在现实的直播场景中的主播，观众大部分看到的是在直播间的主播，即一个固定的空间，通过手机的直播软件，这一空间可以改变颜色，设置虚拟装饰等，这样的直播间是经过修饰的直播间，这也是为什么在研究网络主播的真实生活时，发现真人和真的直播环境与在网络直播中展示出来的人和环境差异明显。

（二）手机的场景传播心理因素分析

1.晒文化：场景炫耀与角色认同

人们日常生活中都有这样的感受，心情好的时候觉得时间过得很快，心情不好的时候觉得时间过得很慢。有一则"读书使人长寿"的笑话：小明写作业的时候觉得已经过了30分钟，实际上只过了10分钟。虽然只是一则笑话，但也反映了一个人的情绪、心情、情感影响人们对场景的时空感知和日常行为。调查和访谈都显示，人使用手机的功能和个人心情是相互影响的。从调查数据可以看到，人们在使用手机的"拍照、上传照片/视频"的功能是与积极情绪的相关度总体呈现最高，和中性的、消极的情绪也呈现一定的相关性。这种"拍照、上传照片/视频"的行为通常可以被称为"晒"（share）行为，人们日常打开社交媒体，随处可见各种晒美食、晒风景、晒娃、晒自拍等，这种一系列行为的总和通常被称为"晒文化"，指个体以自媒体为中介自愿传达关于自身的信息、充分释放"自我表露"本能的文化心理与文化行为。[1]

1958年，心理学家朱德拉（Jourard）提出自我表露是指个人将自己的信息表露给目标人（想要交流的人）的一种行为。[2] 这种自我表露的对象多对于熟人，实质是一种角色的认同与场景的炫耀。角色的认同通过"晒"的过程中情感的释放，人们通过"晒"来释放自己正面的、负面的情绪，目的是获得共鸣、认同。虽然新媒体让不同身份的人们可以互相进入对方的场景了解对方，降低了身份的阶层感，但因为共同的经历、爱好形成了新的圈层场景，每个人在不同的圈层中扮演不同的角色，你可能是一位公司职员，也是一位母亲，还是一位登山爱好者，于是在自己的朋友圈"晒"工作场景以与同事、同行互动，以获得对自己职业角色的认同，"晒"与孩子们家人的日常生活或相关文章以获得他人对自己母亲角色的认同，不同的"他者"对自己"晒"的行为的点赞、评论则是个人通过"晒"获得的角色认同的方式，当然这种结果并不具有确定性，甚至相反，但自我表露的初衷以获得对自我的角色认同为主。

获得角色认同的同时伴随场景的炫耀心理，因为无论"晒"的内容是什么，内容与场景的互动形成一种场景，炫耀内容的同时是炫耀整个场景，包括和别人的互动方式也成为炫耀的一部分，例如，朋友圈的某一条内容的评论数点赞数较高也通常被作为"晒"的对象发给熟人或者发布到社交

---

[1] 闫方洁. 自媒体语境下的"晒文化"当代青年自我认同的新范式 [J]. 中国青年研究，2015（6）：84.
[2] Jourard S.M, Lasakow P. Some factors in self-disclosure[J]. Journal of Abnormal and Social Psychology, 1958(56): 91–98.

媒体，晒的不是较高的评论点赞数，而是自己的社交关系。炫耀是自我表露的一种积极体现，是同样作为一种主动的经过修饰的行为，炫耀的内容其实是一种场景的符号，例如，晒自拍、晒娃、晒风景、晒美食可以称为晒美丽、晒幸福、晒工作能力、晒财富等。当然也包含消极的晒，如职场、生活压力的晒，但相较而言，积极的晒更多，这也是这种手机功能的使用与积极的情绪相关度更高的原因。

新媒体出现前，"晒"仅仅是口头上的或者预先排练过的，如录播，意思是传统的晒是一种发生后的转述行为，不是实时地"晒"。比如说，我们很难在某一个场景中用电话告诉很多人我们去了一个地方，见过什么人，看到了、听到了、感受到了什么，只能一对一、面对面来晒。新媒体尤其是社交媒体出现后，这种"晒"变成了一对多，并且可以不用在同一个场景内，实现实时的"晒"，场景的炫耀也变成了不露声色、合情合理，并且以一种日记式的方式存在于社交媒体上。受访者大多不愿意将这样的心理称为"炫耀"，因为他们认为这是一个不好的词，他们愿意用分享、告知、寻求共鸣来形容"晒"的行为的心理。

这种"晒"文化与积极心理的高相关性也促进了"晒"文化的场景传播实践。如各种以个人照片和照片处理技术结合的融媒体作品，如"我的前世青年照""我的高考准考证""我的军装照"等。2017年建军节，人民日报推出的《快看呐！这是我的军装照》新媒体作品，用户通过上传自己的照片和P图软件结合变自动生成了建军90年以来不同年代的军装照，在7月29日晚推出，上线不到10天，浏览次数突破10亿，超过1.55亿网友参与。[1] 该产品从时间的推出到传播方式都遵循了场景传播的时宜性，即在建军90周年之际，也契合了人们"晒"文化的角色认同和场景炫耀的心理，容易引起共鸣。

---

[1] 军装照"H5"破十亿，看媒体融合这些年超千万点击的"爆款" [EB/OL]. （2019-09-04）http://media.people.com.cn/n1/2017/0904/c120837-29512292-24.html.

2. 人机交互：虚实一体的场景焦虑

在本文前几章有谈到新媒体让人的身体从完全"在场"到"不在场的在场"，即数据在场或者虚拟在场，虚拟场景传播的出现让人拥有了随时在场的可能。因为人们通过手机时刻与外界保持联系，人们与世界的距离在"手机＋互联网"后被完全改变，以前人们与世界保持着一定的距离，偶尔的接触会让人处于兴奋的状态，而"手机＋互联网"出现后，人与世界瞬间联系在一起，人处于随时随地被联系的状态，即便没有收到电话，人们都会经常查看手机里有没有人找自己，这种虚拟身体一直在手机场景中的状态让很多手机的用户形成人机交互的焦虑。有的受访者谈到："没有微信的时候我可以假装没有看到、听到然后不被找到，有了微信后变得无处可逃，因为它时刻在线，而我找别人的时候如果对方 12 个小时以内没回我，我会认为对方是看到了信息故意不回。"

调查显示，人们"使用聊天软件"这一功能的时候伴随三种情绪都具有较高的相关性，受访者表示，如果是和想聊的人聊天，则会处于比较愉悦的状态，大部分处于平静的状态，但若是和不想聊的人聊天，或者在自己想独处的时候"被聊天"，则会容易出现烦躁、焦虑的消极心理；也有受访者表示，心情的变化有时不是手机带来的，而是日常生活带来的，以致于有时候心情不好就想摔手机，但手机也成为自己排解心情不好的工具，例如通过聊天软件和朋友倾诉聊天，看看喜欢的综艺节目。所以，这也是为什么"使用聊天软件"这一功能与积极的、中性的、消极的三种情绪都高度相关的原因。

除此之外，调查结果中消极的情绪与"浏览新闻或搜索自己感兴趣的话题"这一功能也具有较高的相关性。大多受访者反映新媒体环境下为了吸引眼球的标题党新闻层出不穷，导致在浏览新闻或自己感兴趣的话题时看到与标题不符的内容的失落，另外也来源于对于当下手机的算法智能推送的内容也容易产生焦虑感。有的受访者表示大部分对于手机的推送是拒绝的，一是有种"被动接受"的信息阅读要求，二是有种在互联网上的痕迹被窥视的不舒服感，三是算法的推送有时候并不是自己当下想要的。有受访者表示在信息爆炸的社交媒体上，算法的不断精确让个人觉得隐私完全暴露令人感到不适，但也有受访者认为，算法的智能推送节约了自己搜索寻找感兴趣内容的时间，方便了日常对信息的获取和筛选。

总结下来，人机交互程度的提高，一方面推动了传播的智能化发展的同时，另一方面也因技术的有限性和高技术性，也造成了来自新媒体场景的压力，场景的虚拟化促进了个人身份的虚拟化造成时刻在线的压力，场景的不断切换导致用户角色的不断切换导致自我认同的压力，场景内容的算法推送让人警惕人和数据的关系。对于场景传播的分析，或许不是让现实场景或虚拟场景更多地融合和渗透，而是规避，警惕场景的不断渗透对人的天性的破坏。

本章小结

本章为手机的场景传播影响因素验证，研究者从手机使用的时间长短、手机使用的现实场景（空间）、用户身份（性别、年龄、学历、收入、职业等）、社交关系、心理情绪五个维度出发，对手机传播的内容和形式、手机功能使用的场景因素进行探究，通过对于使用手机比较频繁和功能使用有较大差异的 8:01—12:00 和 18:01—22:00 两个时间段进行抽样对比，建立研究假设，进行交叉分析、相关性分析，对手机的场景传播的五个维度的影响作出了深入的分析。首先从时空的角度，移动虚拟的传播时空场景对传播内容和形式最大的影响为瞬时性、移动性、交叉性影响了人们对手机传播的关注点，虚拟时空的过度体验也会影响对现实时空的体验感知。其次，在手机的场景传播时代，内容价值依然成为手机传播的最大影响因素，而这里的内容价值指贴近用户需求的内容，从最开始的新闻内容变成新闻+信息+服务的综合性内容。

从用户身份的角度，手机的出现让传播从"高门槛"转向"低门槛"，提升了媒介使用的大众化程度，多元文化的场景也泛化了用户使用媒介的内在场景，身份符号的差异让手机传播的场景文化也呈现多样性，但多样性也意味着一种竞争共存的关系，深层次来说，这种身份符号还反映了手机文化中的话语权、交往模式、符号暴力等公共领域的问题。

从社交关系的角度，虚拟社交的场景让主要面对陌生人的大众传播开始转向坚固对熟人的传播，也因为虚拟场景的形成拓展了与陌生人的社交关系，改变了熟人社交场景的固定性，但对任何人之间的信任也出现了现实场景社交与虚拟场景社交的矛盾，现实场景中的各种界线在网络直播中被打破，引起了观众的窥私欲，也激发了主播的表演欲、经济收入欲、渴望被认同的欲望等，所以形成了演员与观众的群体狂欢。

从心理因素的角度，手机"晒"功能的使用实质是获得角色认同和场景炫耀，而因为人机交互的深度性、虚实场景的一体化、场景的频繁切换造成了个人的交往压力、自我认同、隐私暴露等方面的焦虑。

第六章
场景传播的意义与反思

综合前两章的调研可以得出，场景传播给手机等移动终端传播一种新的启示是倡导一种基于人所处的环境、心理、社交氛围的传播观，其核心的要义在于"传播是场景化的"。这里的场景在于系统化地看待传播过程、人的身体、心灵、媒体之间的关系，摆脱了传统的对传播的一般性、普遍性的认识。移动终端的场景传播也倡导一种场景化的方法论，即传播与人所处的时间、空间、社交、心理（情绪）的契合，反对传播对所有人或者一类人的适用，倡导传播是针对众多的个人。

同时，移动终端的出现对于营造新的场景、构建新的时空、改变人在场景中的行为有着综合的意义，通过移动终端场景传播，人们似乎可以看到这样一个未来的智能传播图景：每个人都成为移动终端场景中的节点，每个人都拥有自己独一无二的数字身份，传播跨越了时空、虚拟的界限，社会成为一个流动的社会，智能虽然越来越先进，并且产生了更多的场景，但人性也因为更多的场景而更加丰富，所有的数据都是透明的，人与人之间因为场景而产生连接、传播。但这样的图景也意味着对未来人更高的要求，包括人与技术相处、信任、互为一体的能力。具体的包括人对于智能传播的研发能力、知识适应能力、让智能传播更贴近人需求的能力、数据透明化的能力等。场景传播与智能传播是并行的，可以说是智能传播的人性化的补充，技术的进步代表着传播的向前走，场景的进步在于让传播向前的同时，内容更加注重原始的面对面传播方式，让传播更贴近个人的需求，但也存在对传播、社会、文化方面的反思。

第一节　主观的融合：场景传播对传播的影响

一、传播内容：场景化的表达

吉登斯在《现代性的后果》中指出："货币是现代社会中诸种'流通手段'之一，其他的流通手段包括权力和语言。"[1] 语言作为现代社会中重要的流通手段，通过表达获得意义，而语言本身也包括有声语言和无声语言。媒介现象学认为，"表达在意指某物，并且正是因为它意指某物，它才与对象性的东西发生关系。这个对象性的东西或者由于有直观相伴而显现为现时当下的，或至少显现为被当下化的（例如在想象图像中）"[2]。

"表达既包括表达的内容又包括表达的手段，是表达内容与手段的统一。表达的内容是人们将自己隐藏于内心的感受、心理与意识（包括感性的或理性的形式）公开地展示出来，使人知晓。表达的手段是说任何形式的表达必须借助一定的手段，手段的不同，表达方式也就不同。这些表达的媒介或方式随着社会发展的日益丰富，从言论、出版到电影、电视乃至网络，不一而足。因此表达自由权利的内容，既要体现出表达的内容，又要体现出表达的手段与媒介。"[3]

新的媒介构建的新的场景也构建了新的表达，电子媒介让图文、视听成为表达的元素，新媒体环境下，文字、图文、视听并存并延伸了新的表达元素如表情包、定位系统、直播、短视频等。场景化的表达，即以个人所处的场景为轴选择适配的元素进行表达。第 28 届中国新闻奖融媒创新奖获奖作品《央广女主播王小艺的朋友圈》H5 视频，这一视频为竖版全

---

[1] 安东尼·吉登斯. 现代性的后果 [M]. 田禾，译. 江苏：译林出版社，2011：20.
[2] 胡塞尔. 逻辑研究（修订本）（第 2 卷·第 1 部分）[M]. 倪梁康，译. 上海：上海译文出版社，2006：45-46.
[3] 王锋. 表达自由及其界限 [M]. 北京：社会科学文献出版社，2006：5.

屏形式，点击后，就像是进入日常真正的微信朋友圈一样，央广女主播王小艺站在虚拟的朋友圈里，通过口播和肢体语言进行两会新闻播报。另外，王小艺点击朋友圈的图片进行放大时，用户与自己平时点击图片放大的体验效果几乎相同，每个用户就像是一边刷着自己的朋友圈一边观看了两会的内容。视频中还内嵌了小视频、九宫格、表情包等形式。所谓场景化所需要适配的场景，是现实生活中人们常用的场景，这样的例子还有《傅莹邀您加入聊天室》《您有一份来自总理的快递》等，将日常生活中的场景通过图文、H5、视频等适配移动终端的表达元素及界面设计表达出来形成表达场景的共鸣，新的媒体技术所形成的场景丰富也让表达的元素和形式更加丰富，让最初只能通过人际传播才能表达的东西，例如面对面才能收集到的人的表情、情绪不断的媒介化。从这种表达方式可以看到，内容虽然是重要的元素，但人们主观的愿望如独特性、与内容的联系性等成为了与内容同等重要的因素，甚至在某些情况下简单的内容配上场景化的表达方式能取得更好的效果。

二、传播形式：场景体验的适度与过度

因为传播的真实性对场景的依赖，移动终端的场景传播也出现了因过度体验而产生的问题，如用户心理安全的被入侵，有的甚至引发人身安全的问题。2016 年，一款增强现实的游戏 Pokemon Go（口袋妖怪 Go）在澳大利亚和新西兰地区上线后引起了较大反响，上线 5 天后，在安卓和苹果系统设备上的下载量就已超过 750 万次；发布不到一周时间，在美国的用户数已经超过了社交媒体巨头——推特。① 这款游戏的核心玩法是打开游戏通过地图和定位功能，在摄像头实时拍摄的画面中叠加皮卡丘等虚拟的

---

① 王小龙.《口袋妖怪 GO》引争议虚实间是否需要"防火墙"？［EB/OL］.（2016-07-15）. http://game.people.com.cn/n1/2016/0715/c40130-28556853.html.

动画小精灵形象，玩家只需发现它并且抓住它。这是一款典型的场景游戏，将虚拟场景和现实场景融合，基于移动设备的地图定位功能，让无数人仿佛在实际生活中遇见原本在动画中出现的形象一样，这种场景的体验一定程度上提高了玩家的真实在场感，也提高了游戏的互动性，但也因为接近真实的体验，出现了人身安全与数据泄漏的隐患。

因为游戏的设置基于地理位置在地图上的标记，玩家可以自由组队选择标志性的建筑进行"小精灵"的标记，但随着游戏的发展，有的"小精灵"等游戏中的物体被设置到了警察局、博物馆、医院、墓地、私人住宅等。有的商家利用寻找小精灵增加客源，但也有的不良分子利用游戏的标记引诱玩家到指定的地点实行抢劫等非法行为，更有玩家因为过度沉迷于游戏场景，发生坠落悬崖等安全事故。

虚拟现实、增强现实的游戏根本是提高用户使用游戏时的在场感，但这种在场感的体验是适度的而不是过度的，应以用户的人身安全为前提，因为涉及人在虚拟现实中的移动，容易处于对场景的过度沉浸，游戏设计者应确保游戏中有明确的安全防护设置及必要的防护设备。即便不涉及人身安全，数据隐私等伦理问题仍然是当下新媒体传播研究中的一大核心议题。

2018年度网络隐私及网络欺诈行为研究分析报告显示，用户在移动终端上安装的 APP 获取的个人的核心的、重要的隐私权限见表 6.1：

表 6.1 用户较常用的手机 APP 的隐私权限获取情况[①]

	隐私权限类型		
1	读取位置信息	6	打开摄像头
2	读取移动终端号	7	使用话筒录音

---

① 根据2018年度网络隐私及网络欺诈行为研究分析报告制作，参见：https://m.qq.com/security_lab/news_detail_490.html，2019-01-30。

续表

3	读取短/彩信记录	8	发送短信
4	读取联系人	9	发送彩信
5	读取通话记录	10	拨打电话

新的技术带来很多便利和享受的同时，也带来的场景中的"全景监狱"之忧，人们不仅被数据监测，还被在场景中的人监测，微信在 2017 年 3 月推出"仅展示最近三天朋友圈"的功能后，越来越多的人使用，微信事业群总裁张小龙在 2019 年初受访时表示使用"三天可见"的用户超过一亿人。[1] 这其中也有大部分人出于对隐私暴露的担忧，正如《大数据时代》指出，"我们时刻都暴露在'第三只眼'之下：亚马逊监视着我们的购物习惯，谷歌监视着我们的网页浏览习惯，而微博似乎什么都知道"[2]。场景传播期待人所处的场景与传播的适配，这一适配在某些程度上是基于万物互联的基础上的，必然引起对于隐私保护的挑战。

2018 年 3 月发生的脸书（facebook）数据泄漏事件，超过 8700 万条数据被泄露和滥用的事件刺激着隐私保护的神经。从国际到中国，对于隐私保护的努力从未停止。2018 年欧盟 GDPR（通用数据保护条例）的正式实施，这一条例被认为是对个人数据最严的保护。条例规定数据主体有权要求清除其个人数据、更正不准确的个人数据、得到数据控制者拥有的结构化的和机器可读格式的数据的拷贝、反对对其个人数据的处理或要求停止处理个人数据的权利。[3] 2017 年 6 月起，《中华人民共和国网络安全法》开始施行。法律规定，网络运营者不得泄露、篡改、毁损其收集的个人信息；

---

[1] 张小龙：有 1 亿用户使用朋友圈三天可见[EB/OL].（2019-01-13）. http://www.sohu.com/a/288710374_104421.

[2] 维克托·迈尔-舍恩伯格，肯尼斯·库克耶. 大数据时代[M]. 盛扬燕，周涛，译. 浙江：浙江人民出版社，2013：218.

[3] GDPR Key Changes[EB/OL].（2018-5-25）. https://eugdpr.org/the-regulation/.

未经被收集者同意，不得向他人提供个人信息。① 虽然看到了国内外对于隐私保护采取的各种积极措施，但新媒体环境下，个人的数据依然在人们无意识中"裸奔"于互联网上，或者即便对于有意识保护个人数据之人，也无力对抗技术使用者这一新的"把关人"对自己数据的利用，所以有学者呼吁建立独立的非商业的数据机构，对互联网上涉及个人隐私的数据进行法律意义上的保护，这也是大数据时代亟待平衡的工具理性和价值理性的问题。

三、传播过程：嵌入的关系互动与传统媒体的延伸

本研究多次提到，场景传播是在新媒体技术的背景下提出并引起广泛关注的，新技术的发展为传播提供了新的方式，人们正在一个开放的、有着无限想象的未来世界里。场景传播的出现改变了传播时空、传播者和受众的意义。如果说电子媒介让传播产生了时空离距，消除了传统沟通交往方式的时滞，让不同时空的人实现一种脱域的互动即与物质场所的时间、空间分离的互动。那么场景传播所倡导的则是一种嵌入人所处的时间、空间、社交、心理（情绪）的关系互动方式。互联网时期，传播者和受众二者的角色开始合二为一，传者即受者，移动终端传播时期的普通媒体场景中，传受者进一步突破人的限制，可以是虚拟的身体如虚拟人、机器人的出现。在社交场景中，传受者则成为数据的节点，或者叫节点型的身体，数据在场代替了身体在场，节点的连接能力代替了之前传播者、传播机构的影响力，场景的广度和深度由关系成网自行延伸。

对于传统媒体来说，媒介突破工具性质成为与人、传播融合的一部分，

---

① 中华人民共和国网络安全法第四章第四十二条．参见：http://nic.hrbeu.edu.cn/_upload/article/files/4d/a2/543a91024b739b31ebe631355019/3d713f50-e1a0-45ec-83b1-46629106262d.pdf.

很多学者预言未来报纸、广播、电视的消失。近几年，在全球陆续有传统媒体停刊、停播的现象，如 2016 年 3 月 1 日起，全球首家华语电视台香港亚视宣布停播。2017 年，《东方早报》《京华时报》《国际先驱导报》等相继停刊。作为现阶段的实体，传统媒体的确将逐渐成为一种艺术价值高于实用价值的媒体，但报纸、广播、电视曾经所营造的场景仍然可以发挥作用，并且有新的延伸，这种延伸不代表要抛弃传统媒体自身的特点，而是在现有的基础上，利用新的技术完成 2.0、3.0 甚至 4.0 的进化。2012 年，英国剑桥的 Novalia 公司与中央兰开夏大学、邓迪大学、萨里大学的研究者合作，以 2011 年 9 月发布的《兰开夏市晚报》(Lancashire Evening Post)为实验，推出以导电墨水为技术的新型交互新闻纸的印刷版，读者可以按下纸张上的按钮，通过无线耳机播放音频，音频片段提供了额外的内容来补充印刷的新闻报道。据项目负责人介绍，这一新闻交互纸还可以搜集点击量、浏览习惯等信息，成为一个在线分析平台。[1] 在这之前，大部分人认为报纸的互联网化只有电子报纸一种形式，而忽略了报纸本身作为媒介可以实现自己的延伸。

目前，国内传统媒体转型大多遵循网络化、数字化、全媒体化的趋势，从将原有的形式、内容展示在了互联网上到付费型的数据库再到和其他媒体联姻，代表性的有《纽约时报》把数字订阅作为报纸的主力业务，推出"付费墙""付费门"等，并且通过抓取用户数据判断读者阅读行为来实现新闻的精准推送，以满足读者的需求，数据主要来源于纽约时报的网站、客户端 APP。这样的发展趋势无疑是技术向前迈进的代表，但也忽视了传统媒体自身的延伸力，传统媒体所适应的场景依然存在，人们阅读、观看、收听的能力和需求依然存在，这些甚至不是向前迈进的，而是一直保持的，毫无疑问，技术延伸了人的身体和心灵，以致于当人们思考新的传播样态

---

[1] Nu Yang. Interactive Newsprint Project Puts Audio on Print[EB/OL]. (2012-12-13).https://www.editorandpublisher.com/a-section/interactive-newsprint-project-puts-audio-on-print/.

时总是往新的媒介、新的内容、新的表现方式上想,而忽视了传播场景本身就是最好的媒介。

四、传播的真实性:场景的促进与阻碍

新媒体环境下,海量的信息、海量的渠道使人们不再惧怕"未知",而开始困扰"已知",移动终端构建了人们对已知信息的接收、处理到再传播的场景,在这个场景中,加大了人们对真实的质疑,尤其是对新闻真实性的质疑,因为新闻的撰写、编辑、发布不再是专业人士、机构独有,也因为移动终端社交媒体的出现,人们意识到新闻可以被策划,"后真相时代"到来了,所谓后真相时代的"后",并不是时间上的"后",而是对于先验认知的否定与解构,简而言之,后真相就是人们不关心事实的真相,因为符合自己想象的就是真相,这种想象可以是基于个人所处的场景包括个人的经历、情绪等原因。正如黑格尔所说:"真实并非他物,而是一个逐渐发展乃至成熟的过程,它可能是一系列必然发生却可以自我修正的谬误,又或是一个个不断自行发展和自我完善的历程。"[1] 从这一点可以说,真实依赖于场景,符合个人所处的场景即是真实,这种真实必然伴随自我修复和完善,可以说场景促进了真实也阻碍了真实,但真实本身就是无底洞的底,移动终端场景的传播速度和关系的连接力总体上提高了相对真实的完善程度。

也有学者认为,关系的连接力能够解决新闻真实性的问题,例如区块链的出现,区块链是随着数字加密货币的日益普及而逐渐兴起的一种全新技术,它提供了一种去中心化的、无需信任积累的信用建立范式,本质上

---

[1] 转引自房也. 从"洗绿"到拟真:环境传播视域下电视广告空间修辞实践[J]. 东南传播, 2018(11):142-143.

是一个对等网络（peer-to-peer）的分布式账本数据库。① 这一技术倡导"信息共享是一种强有力的积极的善，对于黑客而言，编写自由软件，与他人共享其专业技术是一种伦理职责"②。因为其永久存储、不可更改的特点，确保了数据的完整性和安全性。这一点被认为是区块链技术在避免虚假新闻，维护新闻真实性上可以起到较大的作用，李普曼在《公众舆论》中也指出，新闻只能反应部分的真相，而真相的职能是"探照隐藏的事实，并使其彼此发生关联"③。但是当人们在移动终端场景中已经不关心彼此的关联，区块链等新媒体技术对数据完整性的作用对于普通人而言就是无意义的。

第二节　交流的无奈：场景传播对社会的影响

移动终端的场景在形成新的传播模式的同时，也影响着使用者的社会生活：大量低头族的产生对手机等移动终端的选择成为一种阶级象征，甚至是一种生活方式的理解和追求，人与人之间的关系、人对于世界的认知都在媒介化、去现实化。第86届奥斯卡金像奖最佳原创剧本奖获得影片《她》，是2013年由斯派克·琼斯执导并担任编剧的一部美国科幻片，讲述的是一名男子与人工智能开发出的女性声音之间的恋爱故事，虽然影片的内容是虚幻的，但其中涉及的是技术发展对未来社会结构的影响，科

---

① 邹均，张海宁，唐屹，等.区块链技术指南[M].北京：机械工业出版社，2016：24.
② 派卡·海曼，李伦，魏静，等.黑客伦理与信息时代精神[M].北京：中信出版社，2002：39.
③ 沃尔特·李普曼.公众舆论[M].阎克文，译.上海：上海人民出版社，2006：283.

技为沟通提供了便利，但人的感情在未来的技术社会中何处安放？现代人因为技术的进步在社会关系和认知中发生了怎样的改变？

一、社会关系：信任的普遍化与不稳定性

信任是一个古老的词，"我信任你"于是"我愿意将与自己利益相关的事务告诉你或者托付给你"是当下对于信任最基本的认识，相比于相信这种与认知相关的词，信任一词中包含人的需求与欲望以及与之相关的一种实在性。从根本上说，信任往往是信任者与被信任对象之间的交往和互动，这种互动有认知的成分，但更多的是一种行动以及情感关联。[1] 信任者和信任对象是多样的，主要指人和人、人和社会之间的信任，不同的传播方式和传播技术也影响着信任的对象、信任的程度和人们对信任的认知。

在互联网诞生前，熟人社会间的信任称为最基本的信任形态，对于陌生人，大部分是缺乏信任，甚至是抵触的，沃伦说，陌生人还没有理由去信任，也没有理由被信任，由于他们共有的行为虚无假设，他们不了解，因此在彼此遇见时是小心翼翼、互不信任的态度。[2] 熟人社会中的信任是缓慢而稳定的，且以一种理所应当的状态呈现，血缘、地域等关系因素保证了熟人交往之间的可信性。

互联网诞生后，熟人社会中人际信任的独特性和有限性被突破，熟人社会中的信任已无法满足当下人们的普遍需求。因为伴随人们交往的场景的扩大，角色的多元化，人类开始从有限的熟人社会的信任转向普遍的社会信任，例如移动终端的约会软件"陌陌""探探"的诞生，这种信任的建立通常依靠共同的场景，这种共同的场景是对熟人社会场景边界的延伸，也是对传统的熟人社会中需要人与人面对面建立信任方式的否定。虚拟场

---

[1] 郭慧云.论信任[M].四川：西南师范大学出版社，2016：20.
[2] 马克·E.沃伦.民主与信任[M].吴辉，译.北京：华夏出版社，2004：52.

景的出现使不同的陌生人因为共同的经历、爱好或者目的形成虚拟场景的共同体，并且依赖这一共同体中陌生人的信任而生存，这种依赖的基础是一种默认的"契约"精神，是在这个社会中的人自愿遵守的体现双方意志的协议。例如，人们现实生活中依赖权威机构、权威人士的专业性相信他们的产品品质，或者言语行为，并且也相信他们会以符合大多数人对权威的想象来表现，即便人们偶尔存在质疑，或者权威出现问题，但人们依然觉得这是很少的一部分，不影响人们继续对这种虚拟场景的信任。但同时，因为虚拟场景不像现实场景可以具体感知，其形成的不稳定性也给信任带来了不稳定性，当下的人们容易在这种普遍信任的趋势中陷入信任危机，即需要信任的方面增多，可信任的来源也增多，权威机构、权威人士也增多，意见的多元性、矛盾性也增多，人们在虚拟场景中不知道信谁，觉得谁都可以信谁都不可以信从而出现信任危机，甚至引发群体性事件，如2011年9月17日的"占领华尔街运动"，人们通过互联网发起，后又发展到全国的反对美国现存制度体制运行的群体性运动。这一事件反应了人与社会之间的信任危机，这也证明了虽然虚拟场景的诞生让信任更加普遍化，但人在虚拟社会场景中所遵循的"契约"还需要情感作为长久维持的动力，以承认、尊重、自主性、平等和民主为基础，具有可连续性、坦诚性和真实性。[1] 如今移动终端的场景传播具有较大的流动性、碎片性，与情感的稳定性、长久性是有矛盾的，人在迅速切换的场景中，个人的情感、心理也具有不稳定性，影响人与人、人与社会之间长久的信任。

除了虚拟场景带来的信任普遍化与不稳定性，场景的区隔也会引起人与人之间的不信任。很多人都有一种经验，在开车的时候容易发火，严重者被称为"路怒症"，指在路上容易发怒的病症，这也是移动场景中的人们常常出现的一种心理状况，移动过程中的车子好比一个场景，独自在这

---

[1] 郭慧云. 论信任 [M]. 四川：西南师范大学出版社，2016：141-146.

一场景中的人与周围的人信息是不对称的，在其中的人能流畅地看到周边的一切，但周围的人却不能流畅地看到自己，于是自己容易在遇到路上出现问题时抬高音量、放大情绪以表达对自己看到现象的不满，因为在自己的场景所观察的视野中，这种问题是可以避免或者有更好的解决办法的，但对于无法看清车中场景里的人的周围人而言，他们看到的是另一种时空场景。隔着车窗尚且有场景信息的不对称，隔着移动终端屏幕的时候这种场景及场景中信息不对称的现象更严重，人们在移动终端屏幕外所了解的场景通常带有场景局限，所以在微博、贴吧等互动平台上见到各种攻击性的言语，内容毫无逻辑毫无事实，发表这些内容的人被网络上称为"喷子""键盘侠"。总体说来，场景的同一性有助于同一场景中的人相互信任，场景的区隔性容易引起不在同一场景中的人之间因不信任而引起的矛盾。

二、社会认知：身份的叠加与认同的改变

认知心理学家安迪·克拉克提出"认知叠加框架"，他认为，"一切行为都有'叠加框架'的依托，就是说，它依靠某种外在的支撑。有些支撑来自工具的使用，或来自知识和技能的利用。换言之，'叠加效应'的含义是宽泛的物质、认知和社会的放大功能，这使我们能达到舍此难以达到的目标"[1]。克拉克和麦克卢汉一样认为人通过工具、媒介的使用来认知自己。

身份认同的概念起源于哲学的研究范式，大致包括三种研究模式：①以主题为中心的身份认同；②以社会为中心的社会性身份认同；③后现代去中心化的身份认同。[2] 杰克曼夫妇认为，主观的阶层认同是指"个人对

---

[1] Andy C. Being there: Putting brain, body, and world together again.Cambridge[M]. MA: MIT Press, 1997: 194.
[2] 陶家俊.身份认同导论[J].外国文学，2004（2）：37.

自己在社会阶层结构中所占据位置的感知"[1]。媒介影响下的身份认同主要以社会性身份为主。梅洛维茨从阶级的视角认为,传播媒介的变化促成了高低身份场景的融合,这里的高低身份通常与社会地位、权力的高低相关,在传统媒介主导的时期,梅洛维茨认为身份的高低意味着对信息传播内容的接触和控制,人们对身份有着与场景统一性的固定认识,因为场景的边界性,人们对于身份的想象性的认同,包括对权力、行为。虽然电子媒介在促进高低身份的融合中有积极的作用,但只是促进了媒介中的高身份与低身份的融合,因为无论是谁通过媒介所构建的是一个放大的、被建构的身份形象,人们与真实的身份形象之间永远有着无形的界限。

梅洛维茨分析了电子媒介让传统的权威处于一种非常不利的地位,他认为父母、教师、医生、公司总裁、政治领导人等角色失去了在印刷社会中支持其传统地位的控制元素,这些角色的地位因为电子媒介的出现而降低。如今,新媒体出现后尤其是自媒体的出现,因为场景的开放性进一步打破了人们对传统阶级身份的规定性想象,许多传统的高身份的人以更开发的姿态展现自己普通人、日常化的一面。可以说,新媒体场景淡化了身份的优势,普通人通过社交媒体、直播软件了解明星、领导的日常生活,明星、领导人通过新媒体与普通人对话、互动,让人与人之间的角色身份距离感觉上拉近了。皮埃尔·布尔迪厄曾说:"现代社会不是由相互层叠、边界清晰的群体构成,而是由同时具有多角色、多参照标的个体组成。根据社会条件和历史情境,他们根据自身个体或集体的以往经历来选择参照和身份认同的不同形式……现代社会建立在人们的流动之上,建立在他们忠诚或背叛的多元性之上,建立在他们身份的多元性之上。"[2] 新媒体环

---

[1] Jackman M. R., R. W. Jackman. An interpretation of the Relation Between Objective and Subjective Social Status[J]. American Sociological Review, 1973: 38.
[2] 阿尔弗雷德·格罗塞.身份认同的困境(第二版)[M].王鲲,译.北京:社会科学文献出版社,2010:3.

境下，对于不同身份的人的了解渠道的增多也增加了人们对不同身份所拥有的不同形象的认同程度，美国学者曼纽尔·卡斯特所言，认同（identity）是人们意义与经验的来源。认同的建构所运用的材料来自历史、地理、生物、生产与再生产制度、集体记忆与个人的幻想、权力机器与宗教启示等。[①]这说明认同是可变的，也不是单一的，更是主观的一种意识。

传统媒体时期，人与人有着身份角色的距离感，对身份的认同有着唯一性、固定性的特点，很少有人去了解不同身份的人的其他面，例如传统时期很少有普通人去了解领导人作为父母、家人的身份是怎样的。新媒体时期，因为距离感的拉近，信息的多渠道，人们对身份的认同出现了多样化，也伴随认同的不稳定性，人们开始探究不同的场景中人的不同的角色与身份，人们不再依赖主流媒体塑造的权威人物身份的形象，而新媒体所带来的除了对权威身份形象的消解，也对权威身份的媒体形象塑造提供了更多的方式，越来越多高身份扮演的日常生活中的角色出现，例如对领导人的亲民化举措的报道，通过自媒体人的转发消解了领导人权威形象的严肃性，有助于塑造领导人的普通人形象而维护其权威性。例如，2014年习近平总书记排队买包子、办公室发表新年贺词等引起了社交媒体、新闻媒体的热议，因为群众发现，国家最高领导人吃的是寻常百姓饭，办公室里摆的也是家人照片，以此拉近了领导人与群众的距离。

新媒体在丰富身份多元化的同时也会增强现代人对身份认同的焦虑。人们越来越不满足于对自我身份的单一描述或者"标签化"的身份，并且在新媒体带来的流动社会中出现对所处阶级的不认同性，例如，对高低身份界限的模糊出现个性化、不稳定性的特点，所谓身份认同危机的出现，其实也并非危机，而是一种新的身份认同方式，其原因在于身份认同是群体认同和个人认同的综合体，与社会发展密切相关，新媒体构建的新场景

[①] 曼纽尔·卡斯特.认同的力量[M].夏铸九，王志弘，译.北京：社会科学文献出版社，2003：2，4.

改变着社会中的人的思维、行为方式,作为媒介的场景建立了个人、群体与身份认同之间的关系,媒介、场景对个体、群体价值观的反应直接关系人们对身份的认同。

第三节 消失的边界:场景传播对文化的影响

法兰克福学派被认为是大众传播和文化的批判性研究的开创者。20世纪30年代法兰克福学派将媒体的政治经济学、文本的文化分析,以及在大众文化和传播的社会和意识形态影响下的受众接受研究等结合起来。他们提出了"文化工业"这个核心概念,以表明大量制作的文化的产业化过程和驱动整个体系的商业化规则。斯图亚特·霍尔指出:"文化已经不再是生产与事物的'坚实世界'的一个装饰性的附属物,不再是物质世界的蛋糕上的酥皮。这个词现在已经与世界一样是'物质性的'……商品与技术的物质世界具有深广的文化属性。"[1]"媒介即是文化",这里的媒介是广义上的媒介,这与"媒介是人的延伸"有着异曲同工之意,本文第三章也指出场景是人的延伸,作为媒介的场景也是一种文化,而移动终端的文化更是有别于之前传统媒体所创造的媒介文化。文化也是一个发展性的概念,19世纪时"文化"就已经和人类生活状况联系在一起,但直到马修·阿诺德1876年才将文化用作指人们具体的生活方式。[2] 文化发展的概念经历了从被简单视为政治、立法方面的意义,到被描述为精神、物质的结合,到能体现生活方式的总体性,总体说来,它是一个共同性的概念,不同的

---

[1] 转引自:传媒研究的文化转向[J].四川大学学报(哲社版),2006:124.
[2] 弗雷德·英格利斯.文化[M].南京:南京大学出版社,2008:3.

时代、不同的国家、不同的群体有着不同的文化，它也是一个被建构的概念，区分是文化的主要作用。而对于媒介与文化，美国人类学家爱德华·霍尔在《沉默的语言》一书中说："文化即传播，传播即文化。"[1]最先提出媒介文化的是道格拉斯·凯尔纳，他在1995年的《媒介文化》一书中率先将媒介文化纳入文化研究的框架，依据凯尔纳的观点，所谓的"大众文化"既包括"媒介文化"，也包括"消费文化"。[2]但是目前国内大部分学者认为大众文化是媒介文化的组成部分，或者认为媒介文化是文化媒介化的后果，有学者将其定义为"人们运用传播技术在特定社会环境下进行的文化产品的生产、流通和消费的活动和过程"[3]。从这一定义中可以看出，这里强调的文化是消费意义上的文化，且是有时间性和场景性的。

一、人的主体性的解放与束缚

对于媒介文化的研究主要在电视诞生之后，以格伯纳的"涵化理论"为代表，格伯纳及其同事在美国全国暴力成因预防委员会的资助下，对美国人的暴力经验进行全国性调查，对电视黄金时段节目中描述暴力的内容进行内容分析，指出观众的暴力行为与电视传播内容有较大的相关性。传播可以产生长期的潜移默化的效果，对人的意识具有建构作用，揭示了传媒对于个体人的改变与影响。[4]电视的涵化功能尚且如此，在视听兼备、跨越时空的移动终端媒体上，这种涵化的效应也得到加速发展，移动终端所形成的场景其实就等同于新的媒介文化，或者说为移动终端文化提供了

---

[1] 爱德华·霍尔.沉默的语言[M].刘建荣，译.上海：上海人民出版社，1991：206.
[2] 道格拉斯·凯尔纳.消费社会的批判：法兰克福学派与让·波德里亚[J].樊科，译.首都师范大学学报，2008（1）：45.
[3] 隋岩.媒介文化与传播[M].北京：中国广播影视出版社，2015：4.
[4] 高萍."批判"传播学：兼析传播学、新闻学、广告学之学科关系[M].北京：中国传媒大学出版社，2012：36.

土壤，因为移动终端所形成的新的场景的开放性、私密性、个性化、便携性等特点使人们的日常生活也开始随之发生改变。

首先，移动终端的场景延伸了人的行为场景，移动终端影响下的媒介场景是无边界的、流动的、叠加的……对于在这种场景影响下的人，他的主体性更加复杂和矛盾。黑格尔认为，主体性是"具有坚强的主体性格的自由自在的（尽管只是形式地）个性"，即一种主体形式上的自由自在性。黑格尔认为，主体性脱离普遍伦理力量和观念的指导、制约。即认为"丧失内容充实的独立自在性和自由"，是一种盲目的随心所欲。① 移动终端将人从传统的边界束缚中解放出来，让人的主体性得到了更多的自由，有了更多、更便利的交流、传播的方式，但也因为新的场景，人们的生活被植入了新的文化，现实、真实都失去了稳定性，所有的东西都为人所用却都不为人所用，人们的选择性提升了，看似也提升了人的主体性，但移动终端让人不知道自己是什么？新的场景、新的表演也创造了新的束缚。作为文化本身的移动终端，所营造的新的场景即新的生活方式和行为，在一定程度上改变了人的个性或人格。

日本学者林雄二郎早在20世纪70年代就提出了"电视人"的概念，指的是伴随着电视的普及而诞生和成长的一代，他们在电视画面和音响的感官刺激环境中长大，是注重感觉的"感觉人"，表现在行为方式上是"跟着感觉走"。② 中国学者刘德寰等人提出了"手机人"的概念，并给出定义：①使用手机的人，包括日常的通讯和上网的人；②在以手机为核心的"大互联网"时代，手机全面渗透到人的生活，影响人的行为，人和手机密不可分；③手机让人们真正进入信息智能社会，未来人人都是手机人，手机成为时代美学。③ 本研究认为，"电子媒介人""赛博人""电

---

① 朱立元. 美学大辞典修订本 [Z]. 上海：上海辞书出版社，2014：406.
② 李苗主. 新网民的赛博空间 [M]. 北京：经济日报出版社，2015：179.
③ 刘德寰，等. 正在发生的未来：手机人的族群与趋势 [M]. 北京：机械工业出版社，2012：1.

视人""手机人"等概念都是一种隐喻,强调媒介对人的影响,让人与媒介合二为一的状态,单纯使用手机这一移动终端的人并不能算作"手机人",只有觉得生活与移动终端无法分开,时刻通过移动终端与外界保持联系的人可以被称得上"手机人",如果有"手机人"的诞生,"手机人"所处的虚拟世界也是在完成他在这个世界中的人生,有研究将此称为"第二人生",在这样的"人生"中,"手机人"原意沉浸在手机的文字、图像、视听等元素融合在一起的手机世界里,不仅仅是接收,还有互动、参与,身心融合。

"手机人"的出现让人可以时时刻刻与世界相连,却也因为时刻保持联系,带来了"手机人"的焦虑,这种焦虑不仅在于拥有手机等移动终端的焦虑,也在于离开手机等移动终端的焦虑,大部分的受访者表示目前生活很难与手机等移动终端分开,甚至找不到移动终端尤其手机的时候会引起自身的焦虑。因为移动终端对日常生活的渗透性,手指的行为开始代替身体的行为,人可以每天出门包里什么都不带,但一定要带移动终端尤其是手机。"手机人"的出现意味着新的媒体不仅仅是一种工具,还是人的身体的主体属性的存在,移动终端即是身体。

二、场景化生存与人的异化

波兹曼在《娱乐至死》中指出,人类将沉溺于由电视所带给我们的娱乐世界而丧失了理性思考能力,并提出"媒介即隐喻"的论断。他认为,"媒介用一种隐蔽但有力的暗示来定义现实世界,不管我们是通过言语还是印刷的文字印刷或是电视摄像机来感受这个世界,这种媒介——隐喻的关系,都会对这个世界进行分类、排序、构建、放大、缩小、着色,并且证明一切存在的理由"①。波兹曼认为，媒介的发展让人们丧失了理性、客观、深刻、有序、富有逻辑的认知结构，造成了人的"异化"。

作为一个哲学概念，"异化"在不同时期有着不同的解释，总的来说是指人的物质生产与精神生产及其产品变成异己力量，反过来统治人的一种现象。马克思在 1844 年的《经济学哲学手稿》中就提出了"物的异化"与人的"自我异化"的命题。马克思指出，在对象化的劳动中，劳动结果表现为对人的本质力量的积极确证；而在异化劳动中，劳动结果表现为对人的本质力量的否定和消解。移动终端所带来的新场景在便利人的同时也带来人和移动终端越来越亲密的关系，因为移动终端的场景也是人的延伸，人也开始在这种延伸中丧失了本身应有的部分能力，如越来越多的人出门依靠移动终端的地图导航；越来越多的人提笔忘字；甚至因为移动终端的缺失而焦虑以及前面提到的"手机人"的出现，不仅如此，机器人、虚拟人的出现让引发媒介从业者的自危，人的角色成为消费的符号。

《灰犀牛》的作者米歇尔·渥克提出，在第四次工业革命的背景下，乌托邦式的场景和反乌托邦式的场景同时存在，乌托邦式的未来场景是人类和机器为了一个更好的未来共同工作、协调发展。反乌托邦的场景是因为高超的技术被少数的获得更多财富的人所占有，没有获得这些高科技技术的人就会失去生活目标感、没有盼头。我们不想看到这样的世界。②

场景传播所依靠的新媒体技术的力量消解了人的部分能力，但乌托邦式的场景是否可以存在依靠人与技术的共同努力，笔者认为，异化理论是对新媒体、新技术提供了一个批判性的思维，人们应该对异化的危害性引起重视，但异化也是可以克服的，正如马克思所说："人的最终解放是生产力的解放，人对异化的克服是对所有导致其产生的条件的克服，把属于

---

① 尼尔·波兹曼.娱乐至死[M].章艳,译.广西：广西师范大学，2004：16.
② 《灰犀牛》作者米歇尔·渥克发表演讲[EB/OL].（2019-01-05）.http：//cn.chinadaily.com.cn/a/201901/05/WS5c301009a3100a343d6f2182.html.

人的一切最终还给人本身，是以全面消除那些制约着中'还给'的因素为转移的，而消除的动力基础是高度发展了的以技术或工业为基础的社会生产力。"①

本章小结

  本章从传播、社会和文化三方面阐述移动终端的场景传播的影响，进行利弊分析，从而尝试探讨场景传播未来的趋势。从传播的角度，场景传播带来了传播内容、形式、过程及传播真实性的影响，新的媒体促进了传播的场景化的表达、体验，嵌入的关系互动及传统媒体的延伸，关系的连接也在一定程度上有助于遏制虚假信息和新闻，但也带来了表达的浅层化、体验的过度、数据隐私保护的挑战等负面影响。从社会的角度，场景传播普遍化了社会关系的信任却也带来了信任的不稳定性，对社会认知在丰富身份角色的同时带来了身份的叠加、转换及身份认同的危机，个性化、非标签化的身份认同普遍发展。从文化的角度，场景传播带来了人的主体性的解放和场景化的生存，同时也带来对人的新的束缚与异化。综合看来，媒介、传播、人与人、人与数据之间的信任、真实、认同都在新媒体的场景中被重新定义，当移动终端更广泛的应用场景和场景传播带来积极意义的同时，我们也要警惕被未来的场景、技术所控而影响到真实社会场景中人与人之间基本的感情。

---

① 乔瑞金. 技术哲学教程 [M]. 北京：科学出版社，2006：33.

场景传播

SITUATED COMMUNICATION

结 论

一、回到传播本身：从场景到场景传播

传播学的研究存在较长的范式之争，有行政研究、功能主义研究、实证主义研究、芝加哥学派、批判学派等。每一种范式都有研究的侧重和局限，即便到现在，传播学的研究都受到各个研究范式的影响，尤其是功能主义的影响，传播研究者往往不是去追寻事实本身，追寻从事实中发现问题，追寻从问题中展示理论意义，而是变成简单的事例归纳，至于分析和因果推究都是现成的，最终是一种符号式背景抑或口号。[1] 而对于新媒体的研究，研究者也多应用功能主义的研究范式，用新材料验证旧理论，将传播当成一种实践的研究。对于传播学的基本概念、历史溯源缺少基础性的研究，理论的原创性不足。

本文从对"场景""场景传播"的概念探究出发，试图从传播本身对其做一种历时的总结和对其当下意义的新的发现。"场景"在本文中不是一个新的概念，而是一个研究视野的"重返"。说重返是因为①传播从一开始就离不开场景，尤其是离不开时间、空间的维度，对场景的研究本质是对于传播过程本身的关注；②场景一开始更多的见于戏剧影视传播，这种"借"过来的概念一方面也说明当下传播的视觉化趋势，而视觉化依托的最重要的就是场景，新媒体在一定程度上是扩充了场景的维度，增加了社交关系、心理氛围等综合的因素，并且几种维度的内涵和外延还在逐渐扩大；③关于场景的研究早就零散地见于传播的研究中，只是未能形成像传播效果、传播技术、受众研究等类似的主流的研究方向，其代表的是媒介环境学派，主要从整体的视角研究媒介如何影响人的感知、感情、认识和价值，归根到底是对作为环境的媒介的研究，其逻辑也始终遵循梅洛维茨提出的新媒介—新场景—新行为的研究逻辑，但传播和生活一样是一种

---

[1] 黄旦. 由功能主义向建构主义转化[J]. 新闻大学，2008（2）：46-48.

循环往复的复杂过程，新媒介构建新场景、新行为的同时也受到行为和场景的影响。

相较于"场景"，"场景传播"的出现实际是对"场景"旧的含义的一种突破，其提出的意义在于从人性化传播的趋势、伴随万物皆媒的媒介演进路径，强调人、媒介、场景之间的融合、对话的生态传播，有较强的实践指导意义。

本研究对场景在传播中的角色和应用及场景传播持比较乐观的态度，之所以乐观是因为传播的对象是从面向集体到面向个人的过程，也是一种从"宽"的传播走向"窄"的传播的过程，在信息大爆炸的群体传播时代，传统的以传播者、传播机构，或者以媒介、受众为中心的传播理念在发生改写，以"人"为中心的智人传播生态正在建构，这里的"人"不同于受众、用户的概念，而是"生活者"的概念，甚至可以是虚拟的人，它所实现的是人类生活方式和文化的改变。

另一方面本研究也对场景传播的影响持有一定的谨慎态度，场景传播的影响力是建立在定位—连接—适配—体验—反馈这样一个循环往复的过程上的，完成这样一个过程需要以大数据和互联网为基础。新媒体带来的公私场景、虚实场景之间的融合也容易引发私人场景的过度公开化，现实场景的过度虚拟化的问题，而这些所引起的隐私的暴露、互联网对社会的逼视、用户过度沉浸虚拟场景世界而导致与现实物理场景的隔阂或者无法区分等伦理问题。所以本文认为，对于场景传播中数据的安全与虚拟场景中真实体验的适度需要有强有力的政策、技术和安全措施作保证。一方面，对于没有隐私的大数据传播，无论是算法传播、智能传播、机器人传播，都需要深入数据逻辑的内部，对背后隐藏的价值观进行考量，警惕其可能引起的偏差和风险，其内部的逻辑也需要成为展现在用户面前的一部分；另一方面，对于虚拟场景的传播需要实行安全的分级和配套的安全保护措施，以保护用户的人身安全。

二、传播与心理时空的统一：场景传播的主观性

作为当下使用最为广泛的媒体，手机等移动终端构建了相较于之前媒体完全不一样的传播场景，本文从调查的实证研究中可以看到，移动终端所构建的新的传播场景最突出的特点是移动和虚拟场景的出现。总体上人们在场景传播中呈现一种时空行为，这种时空行为是更偏向空间但不仅仅是空间，目前大部分对于移动终端等新媒体的场景研究都认为，因为新媒体让传播突破了时空的限制，于是将研究的重点放在传播对时空界限的突破上，认为人的传播行为是不受时空限制的。

无论是移动场景还是虚拟场景，人们在场景中的感受都是基于实时所处的时空环境的，人们的行为和现实的时空可以分离，但传播对人的接近实质是与时空的统一，与人的心理时空的统一，从这一点上，本研究认为场景传播是一种强调主观性的传播。

主观性的本质是"人性"。根据莱文森的"人性化趋势理论"，传播技术的发展让人们在对媒介的选择中，无论是在形式上还是功能上，都越来越支持技术还未出现时的人类传播模式。场景传播中，人是媒介的本体和最终状态，与其说是传播技术在传播中新的飞跃，不如说架构了人类传播和技术传播的桥梁。本研究所做的新媒体环境下场景传播模式的示意图，就是要表述场景在传播过程中对人的作用的表现，内外场景都是以人为中心，强调了人与媒介、场景之间彼此的融合。

这里的人性化趋势不仅是传播技术的趋势，也是媒介发展的趋势、场景设计的趋势、传播的趋势。这种的人性化不是方便化，而是感应化、贴近化、智人化，媒介的设计将更加贴近人的主观性的需求，并不是从设计上方便人们的使用，而是人的所有感觉都将被激活，人们不再用手拿着移动终端，或者移动终端不再被称为"移动终端"，叫"人机"，传感器、语音识别、穿戴设备、全息、虚拟现实（VR）、增强现实（AR）、混合

现实（MR）等技术的应用让显示可以无处不在，正如凯文·凯利所描绘的屏读（Screening）趋势，未来的屏幕没有实体，屏幕嵌入到场景中，与人的身体直接沟通，传播的场景也无处不在，作为当下使用最为广泛的移动终端的应用场景也将被无限地拓宽。传播和设计以人为中心，包括算法在内的新媒体技术的应用将更接近用户真实的行为和决策，虚拟场景的广泛应用也将更加拓宽人的情感感知。人们可以在虚拟场景中完成在现实场景才能完成的各种事，并获得真实感，但人们在移动终端中完成的仍然是与特定场景所匹配的行为，并非完全的时空分离。

然而，虚拟场景的传播并不是传播的人性化趋势的终点，智能、智人传播或许将是人性化传播的未来方向。目前智能传播包括火热的"元宇宙"传播还只是冰山一角，人工智能在传播中的应用还是初级阶段，算法新闻的出现只是在一定程度上接触到了人的行为习惯等特征，但还处于机械阶段，机器人开始代替人类从事部分工作，当前机器人的出现在一定程度上已经能够模拟人脑的部分功能，在某些方面甚至已经开始超过人脑，但人不仅有确定性还有不确定性，机器也有，如何让人与机器的两种特性互相融合是智能传播的发展方向，也是"智人传播"的开始，即人的情感、智能的传播，这也是场景传播主观性的未来延伸。像"阿尔法狗"一样能够像人一样决策和棋手对弈的人工智能机器人或将更多地出现，而且不仅拥有更多人的技能和思维方式，还能拥有人的情感，人的器官也将成为未来大网络的一部分，有关这方面的科学研究如脑联网也已在进行，以至于有学者将未来传播图景描绘为：超线域定，指人类全面进入地球脑时代，向宇宙大脑进发，脑电波被极大的开发利用，走向传播符号信号化阶段。[①]这样的图景是基于生物技术、神经科学技术、认知技术、信息技术等领域的交叉融合，即智人传播。

---

① 吕尚彬，黄荣.智能技术体"域定"传媒的三重境界：未来世界传播图景展望[M].现代传播，2018（11）：43.

智人传播的设想源于场景传播的主观性，它是基于最新的传递人的情感、需求的技术，其理念是一种回归人性化、接近人的主观性的传播理念，但这样的传播理念和未来传播的畅想对于未来人的素质要求是极高的，文明的发展相较于技术发展是更加缓慢的过程，在文明未达到一定程度之际也会引发一定的传播伦理问题。所以，本研究认同现阶段对于新媒体技术的相关管控，让算法、大数据等技术在伦理和价值的框架下运行。

三、研究局限与展望

（一）研究局限

1. 调查时间的限制

本研究从2019年完成答辩到2021年补充调查、更新数据，而有关场景和场景传播的研究在这几年又新增了不少，本研究力在后续补充的过程中力求相关研究文献的实时更新，但仍难免有遗漏之处。

2. 调查对象的限制

移动终端的实践发展一日千里，对于移动终端的场景传播的应用，未能穷尽更多的现实案例及推演想象。同时，本研究所关注的是用户在使用移动终端中的行为与场景的关系，主要是对用户的调查和随机访谈，如果兼具传统意义上的传播者、传播机构尤其是当下新媒体一线工作者的访谈，文章将更加丰满。

3. 研究的媒介终端的限制

场景传播强调传播与场景的融合，手机等移动终端只是众多媒介终端中的一类，媒介也应该做到适配，所以不同的场景下，移动终端不一定是最佳的适配媒介，但因为其广泛的使用程度和未来无限的可能性，因此作为本文研究场景传播的角度。

4. 研究方法与理论的契合程度

2018年问卷的问题设置较多、用户完成问卷的时间较长，2021年的问卷补充也有所重复，本人虽然对问卷进行了人工的一一比对和分析，但研究者本人的精力有限，对于问题的分析欠缺更深入、更细致的考量，有待于进一步的精细化，并与理论进行深入的勾连。

在研究进入到2019年2月的时候，刚好是国内部分商家折叠手机的发布，如今已投入市场，新的显示技术正是为了让移动终端适应更多场景的表现，未来移动终端的发展依然是以轻量、伴随为主，折叠的显示屏虽然已经应用到了屏幕柔性技术，但缺乏伴随的实用性，对于以移动场景为主的手机适用性并不强，这种折叠型在一定程度上满足的是人们日常面临的多种场景的融合，形式上接近手机和iPad（平板电脑）的结合。但融合不应仅是形式上的融合，还应该是媒介与人的融合，这样的新的技术带来的并不是新的传播方式或行为，某种程度上是传播的浪费。

（二）未来的研究展望

1. 对场景传播的反思研究

本研究也认识到场景传播及未来的融合传播可能带来的负面影响，尤其是对人与人自然关系的破坏，对于场景的过度渗透，本研究也倡导保持警惕与理性的态度，希望之后有深入的对场景的规避的研究。

2. 大数据、民族志等研究方法的应用

本研究是对于用户的研究，虽然认识到用户的文化背景在场景传播中的重要性和复杂性，但也仅限于问卷调查和深度访谈的研究方法的配合，对于新媒体场景中的用户行为研究需要历时性的比较和思考，在未来的研究中，研究者认为有必要通过大数据、民族志等研究方法的结合关注用户在场景中行为的持续性和变化过程，尤其是用户的心理场景，要更关注用户在场景中的无意识或者潜意识的行为特征。

3. 跨学科的研究思维

场景传播是一个伴随新媒体技术发展下的传播方式或者说是一种传播思维，其实质是关注传播与社会、与现实的关系。但场景传播涉及的人在场景中的行为、心理场景及社会场景的变化是一个复杂的过程，跨越了多种学科的想象。因此，在本次研究中，可以看到社会学、心理学、哲学等多个学科的理论视野，但本人是单一的新闻传播学背景，因此在使用的过程中难免有不专业的地方。希望未来的研究中，有更多不同学科背景的研究者以更专业的视角对场景传播与社会、文化等方面的关系进行深度关照。

后　记

　　2019 年 9 月，我从中国传媒大学博士毕业后来到北京印刷学院成为一名网络与新媒体专业的老师，每次去上课都会路过学校的秋实园，听着几声悠扬的鸟鸣，树影婆娑间看着来往或快步、或奔跑的学生，我感受这份职业带给自己的特殊待遇，那就是我所面对的永远都是二十几岁的年轻面庞，他们会时刻让我看到白衣胜雪、清澈如泉的模样。我也渐渐发现，这座代表整个中国记忆的城市因为自己热爱的职业已经成为我的此岸，对我有着不逊于彼岸沱江河畔家乡的吸引力，让我在远行中多了一份新的守望。

　　感谢传媒大学给予我在此岸研究生根发芽的土壤，感谢北印给予我继续成长的平台，感谢所行至此遇到的学生们！

　　本书是在我的博士论文基础上修改而成，从博士毕业至今的几年时间内关于场景的相关研究已成幂级增长。在这期间，我曾因为纠结自己的研究是否过时，理论是否扎实，结论是否可靠而迟于出版。我也在修改书稿中，理解当时自己写作的场景，研究的乐趣之一也在于此，修改的过程也是与不同时期的自己对话的过程，在和朋友倾诉纠结之余，我对自己说"好与不好总归是对初涉研究的交代"。

　　本研究从一开始试图做理论建构到聚焦研究对象，从新媒体到移动终端，研究视角上从技术、社会、文化的单一视角，到最终媒介、社会、文化结合的视角。方向的确立都离不开我的导师刘宏老师的指导，感谢导师在学生每次研究遇到困惑之时耐心、细致地点拨，学生愚钝，蒙恩师不弃。

从硕士有幸一直师从刘宏老师，导师在学生眼里可以用六个字形容：儒于行，雅于心。大师哥曾经形容导师为"飘逸的书生、平和的父亲、儒雅的学者"，深以为然。师生之间，彼此"打开"需要一颗对等的心，导师看中学生的观点和视野，偶尔的启发都在他日更的微博上。写作期间，对于场景传播的理论架构、观点、结构、行文上，都给以了方向上的意见和建议。导师尊重学生的研究兴趣和想法，与导师每一次的讨论是比较费脑细胞的，但也是收获甚大的"思维餐"。他每当遇到和场景有关的想法或者资料都会随手发给我和我讨论，无数次的60秒语音成为论文期间最好的回忆。

选题的确立还得益于我在读博期间在人民日报社的实习调研经历。2016—2017在人民日报社中央厨房实习调研期间的一次采访，受访老师提出传播的"场景化"促使了我对"场景"和"场景传播"的关注。在2018年于人民日报数字传播有限公司调研期间，参与了人民日报酷开电视版的上线项目，从实践中感受了电视传播的场景化栏目、内容的设置，对于本文调查的结论上给以了建设性的启发。感谢在人民日报媒体技术公司和数字传播有限公司实习调研期间遇到的领导、同事们。

感谢我的父母周明全先生和罗玉珍女士，以及亲人们的理解与支持，人生中每次选择父母都是无条件地站在我这边，写论文时他们还充当我的"调查员"和"心理辅导员"，罗女士帮我采访50岁及以上的手机用户，每日视频聊天说要缓解我写论文的压力，罗女士做调查员期间每完成一个都特别自豪地给我汇报，感觉爸妈因为我的论文调查，发挥了做销售的潜质。父母、朋友、小孩，你们在我生命中的角色都让我充满惊喜，一直期待如初，感恩生命相遇、一生陪伴。

在书稿撰写中，从初稿、二稿到N稿，经过了多次修改，这其中离不开老师们每一次的指导。感谢博士论文撰写期间帮助过我的老师们：中国人民大学的栾轶玫老师、中国新闻出版研究院的张立老师、《出版发行研究》

杂志编审李建红老师、中国传媒大学的曾祥敏老师、周文老师、何苏六老师、王甫老师、李智老师、宣宝剑师哥，老师们严谨认真负责的态度影响着我，感谢老师们每一次中肯的意见和建议。感谢内江师范学院范长江新闻学院的杨光辉老师、文学院王彤老师、同门许海滨师哥、谢圣华师哥、杨磊师姐、邱慧师姐、孟昭瑞师妹等对我书稿的行文、观点立意、调查研究方面的支持、指导，让本研究获益良多。在我读博和书稿撰写期间，我的同班刘昊老师在忙于自己的毕业论文时，对我书稿中的量化研究从问卷设计到数据分析都给以了耐心、细致的指导，偶尔与闫玉荣、孙璐、袁丽媛、陶梦頔等同学一起的讨论也经常能互相启发，我幸运地拥有电视学院和新闻学院两个学院的联合培养，两个学院班级的每一位同学都很优秀，在读博期间给予了我非常多的帮助。

除此之外，我还需感谢在读博期间的学友孙莹、宋成、耿恺斌、杨勇、刘伟、苏颜军、李洁、桂静。和你们在一起互相打卡的时光是调查写作清苦之时最好的慰藉。感谢我的挚友孙婷婷、桔桔、董静勇、李凤、牛倩茹、张黎蛟、安丽娇、李玉婷、杨舟、王彬、黄静、何双龙、王超慧、杜勇……优秀的你们都是我学习的榜样，感谢你们在工作之余帮我转发，甚至有时充当我的调查员，有的还帮我联系工人、农民做实地调研，每一次微信上的语音或是视频都是我读博期间感恩的汇聚。

感谢我的同门硕士师弟、师妹们，有2019年一起毕业的靳一然、张昕、张叶，还有同门黄笑、石璐、甄珍、张钰、张舒、董志奎、陈逍、王倩……传播研究院的师妹黄硕，在我读博期间感谢你们给予我各种帮助，我们一起筹办我的博士生论坛项目，一起讨论、畅聊，还有在中国传媒大学、首都师范大学科德学院代课时我的学生们……你们是我每一次心怀冲动年轻的影子，无法一一在此感谢，很高兴遇见！

在本书的出版中，离不开中国书籍出版社邹浩编辑的尽心协助，感谢您认真负责的督促与协调，感谢简如茵对于本书封面、图片的设计，感谢北京印刷学院学校基础研究重点项目科研经费的支持，感谢立信（重庆）数据科技股份有限公司在 2021 年期间提供的数据支持，感谢北印新媒体学院和新闻传播学院的领导、同事的帮助、鼓励，感谢参与到书稿整理、校对的同学们：阿依达娜、刘峻清、朱越璐、董佳慧、郑伊静、武宇晗、张安迅，以及对本课题进行评审的专家老师们！

  由于本人才疏学浅，时间精力有限，成书付梓之际仍然有很多遗憾和抱歉，未能在此详述，恳请各位专家批评指正，本书附表将以在线形式供大家学术研究使用，如在读取附表中遇到任何问题，或对于研究有任何疑问和建议可通过邮箱 zhouting@bigc.edu.cn 与我取得联系，期待新的对话和反思。

2023 年 1 月，于北京闲亭寓所

参考文献

外文专著、译著与文献

[1] Ardito, Rita B, Bara, et al. A Cognitive Account of Situated Communication. Proceedings of the Annual Meeting of the Cognitive Science Society, 2002, 24. 可参见：https://escholarship.org/uc/item/5zb956gh.

[2] Gergen K. J. The Challenge of Absent Presence. Perpetual Contact: Mobile Communication, Private Talk, Public Performance. Cambridge: Cambridge University Press, 2002.

[3] Guanqing Liang, Jiannong Cao. Social Context- Aware Middleware: A Survey. Pervasive and Mobile Computing Journal, 2015, 2.

[4] Lewis Mumford. *The Condition of Man*. New York: Harcourt Brace and Company, 1944.

[5] Mumford L. *Technics and Civilization*. New York: Harcourt Brace and Compang. 1934.

[6] Manoviech Lev. *The Language of New Media*. Cambrige: The MIT Press, 2001.

[7] McLuhan.M. *Understanding Media*: *The Extension of Man*.Cambrige: The MIT Press. 1964.

[8] Nu Yang. Interactive Newsprint Project Puts Audio on Print[EB/OL].

https://www.editorandpublisher.com/a-section/interactive-newsprint-project-puts-audio-on-print/.

[9] Short J., Williams E., Christie B.. The Social Psychology of Telecommunications. London: John Wiley, 1976.

[10] Tomas W L., Thomas D S.. The Child in American. New York: Knopf, 1928.

[11] Van Acker F., Vermeulen M., Kreijins K., et al. The Role of Knowledge Sharing Self-efficacy in Sharing Open Education Resources. Computers in Human Behavior, 2014.

[12] Yu L., Asur S., Huberman B. A.. Artificial Inflation: The True Story of Trends in Sina Weibo. Social Computing Research Lab, 2012.

[13] 埃德蒙德·胡塞尔. 现象学的观念. 倪梁康, 译. 上海：上海译文出版社, 1986.

[14] 阿尔文·托夫勒. 未来的冲击. 北京：中国对外翻译出版公司, 1985.

[15] 阿尔文·托夫勒. 未来的震荡. 任小明, 译. 四川：四川人民出版社, 1985.

[16] 安东尼·吉登斯. 社会的构成. 李康, 李猛, 译. 北京：三联书店, 1998.

[17] 安东尼·吉登斯. 历史唯物主义的当代批判：权力、财产与国家. 郭忠华, 译. 上海：上海译文出版社, 2009.

[18] 安东尼·吉登斯. 现代性的后果. 田禾, 译. 南京：译林出版社, 2011.

[19] 安东尼·吉登斯. 现代性与自我认同. 赵旭东, 方文, 译. 生活·读书·新知三联书店, 1998.

[20] 保罗·莱文森. 新新媒介. 何道宽, 译. 上海：复旦大学出版社,

2014.

[21] 保罗·莱文森. 移动终端：挡不住的呼唤. 何道宽，译. 北京：中国人民出版社，2004.

[22] Cresswell Tim. 地方：记忆、想象与认同. 徐苔玲，王志弘，译. 台北：群学出版有限公司，2006.

[23] 丹尼斯·麦奎尔，斯文·温德尔. 大众传播模式论. 祝建华，武伟，译. 上海：上海译文出版社，1987.

[24] 戴维·哈维. 后现代的状况——对文化变迁之缘起的探究. 阎嘉，译. 北京：商务印书馆，2004.

[25] Duane P. Schultz，Sydney Ellen Schultz. 现代心理学史（第10版）. 叶浩生，杨文登，译. 北京：中国轻工业出版社，2014.

[26] 道格拉斯·凯尔纳. 媒体奇观——当代美国社会文化透视. 史安斌，译. 北京：清华大学出版社，2003.

[27] 海德格尔. 海德格尔选集（下卷）. 孙周兴，译. 上海：三联出版社，1996.

[28] 哈罗德·伊尼斯. 传播的偏向. 何道宽，译. 北京：中国传媒大学出版社，2015.

[29] 哈罗德·英尼斯. 帝国与传播. 何道宽，译. 北京：中国传媒大学出版社，2015.

[30] 哈罗德·拉斯韦尔. 社会传播的结构与功能. 何道宽，译. 北京：中国传媒大学出版社，2013.

[31] 居伊·德波. 景观社会. 王昭凤，译. 南京：南京大学出版社，2006.

[32] 克劳斯·布鲁恩·延森. 媒介融合：网络传播、大众传播和人际传播的三重维度. 上海：复旦大学出版社，2012.

[33] 罗伯特·洛根. 理解新媒介——延伸麦克卢汉. 何道宽，译. 上海：

复旦大学出版社，2012.

[34] 罗伯特·戴维·萨克.社会思想中的空间观：一种地理学的视角.黄春芳，译.北京：北京师范大学出版社，2010.

[35] 兰德尔·柯林斯.互动仪式链.林聚仁，王鹏，宋丽君，译.北京：商务印书馆，2012.

[36] 雷吉斯·德布雷.普通媒介学教程.陈卫星，王杨，译.北京：清华大学出版社，2014.

[37] 罗伯特·洛根.理解新媒介——延伸麦克卢汉.何道宽，译.上海：复旦大学出版社，2012.

[38] 马克·波斯特.第二媒介时代.范静哗，译.江苏：南京大学出版社，2005.

[39] 马歇尔·麦克卢汉.理解媒介：论人的延伸.何道宽，译.北京：商务印书馆，2000.

[40] 麦克卢汉.麦克卢汉如是说：理解我.何道宽，译.北京：中国人民大学出版社，2006.

[41] 曼纽尔·卡斯特.网络社会的崛起.夏铸九，等，译.北京：社会科学文献出版社，2001.

[42] 莫里斯·梅洛-庞蒂.知觉现象学.姜志辉，译.北京：商务印书馆，2001.

[43] 诺尔曼·丹森.情感论.沈阳：辽宁人民出版社，1989.

[44] 欧文·戈夫曼.日常生活中的自我呈现.冯钢，译.北京：北京大学出版社，2008.

[45] 皮埃尔·布尔迪厄.文化资本与社会炼金术：布尔迪厄访谈录.包亚明，译.上海：上海人民出版社，1997.

[46] 齐格蒙特·鲍曼.流动的现代性.欧阳景根，译.上海：三联书店，2002.

[47] 斯蒂芬·李特约翰，凯伦·福布斯. 人类传播理论（第九版）. 史安斌，译. 北京：清华大学出版社，2009.

[48] 萨拉·L. 霍洛韦，斯蒂芬·P. 赖斯，吉尔·瓦伦丁. 当代地理学要义：概念、思维与方法. 黄润华，孙颖，译. 北京：商务印书出版社，2008.

[49] 伊丽莎白·诺尔-诺依曼. 沉默的螺旋. 北京：北京大学出版社，2013.

[50] 沃纳·塞佛林，小詹姆斯·坦卡得. 传播理论、起源、方法与应用（第4版）. 郭镇之，等，译. 北京：华夏出版社，2000.

[51] 文森特·莫斯可. 数字化崇拜. 北京：北京大学出版社，2010.

[52] 约书亚·梅罗维茨. 消失的地域：电子媒介对社会行为的影响. 肖志军，译. 北京：清华大学出版社，2002.

[53] 约瑟夫·R. 多米尼克. 大众传播动力学（第7版）. 蔡骐，译. 北京：中国人民大学出版社，2004.

[54] 约翰·罗布，奥利弗·J·T·哈里斯. 历史上的身体：从旧石器时代到未来的欧洲. 吴莉苇，译. 上海：格致出版社，上海人民出版社，2016.

[55] 尤根·哈贝马斯. 公共领域的结构转型. 曹卫东，等，译. 上海：学林出版社，1999.

[56] 詹姆斯·W. 凯瑞. 作为文化的传播——媒介与社会论文集. 丁未，译. 北京：华夏出版社，2005.

[57] 赵志裕，康萤仪. 文化社会心理学. 刘爽，译. 北京：中国人民大学出版社，2011.

[58] 林文刚. 媒介环境学：思想沿革与多维视野. 何道宽，译. 北京：北京大学出版社，2007.

[59] 段义孚. 空间与地方：经验的视角. 王志标，译. 北京：中国人民大学出版社，2017.

中文专著、文献与报告

[1] 冯雷. 理解空间：现代空间观念的批判与重构. 北京：中央编译出版社，2008.

[2] 宫承波. 新媒体概论. 北京：中国传媒大学出版社，2009.

[3] 龚维义，刘新民. 发展心理学. 北京：科学技术出版社，2004.

[4] 郭慧云. 论信任. 四川：西南师范大学出版社，2016.

[5] 闫峰. 场景即生活世界. 上海：上海交通大学出版社，2018.

[6] 关洪. 空间：从相对论到 M 理论的历史. 北京：清华大学出版社，2004.

[7] 何明升，白淑英. 网络互动：从技术幻境到生活世界. 北京：中国社会科学出版社，2008.

[8] 李沁. 媒介化生存. 北京：中国人民大学出版社，2019.

[9] 栾轶玫. 融媒体传播. 北京：中国金融出版社，2014.

[10] 李沁. 沉浸传播：第三媒介时代的传播范式. 北京：清华大学出版社，2013.

[11] 梁执群. 社交心理学. 北京：开明出版社，2012.

[12] 刘放桐. 现代西方哲学. 北京：人民出版社，1990.

[13] 马克思，恩格斯. 马克思恩格斯选集（第一卷）. 北京：人民出版社，1997.

[14] 秦艳华，路英勇. 全媒体时代的移动终端媒介研究. 北京：北京大学出版社，2013.

[15] 王昌龄. 诗格. 乾隆敦本《诗学指南》卷三。

[16] 邵培仁，杨丽萍. 媒介地理学：媒介作为文化图景的研究. 北京：中国传媒大学出版社，2010.

[17] 孙慧英.手机媒体与社会文化.广州：世界图书出版广东有限公司，2016.

[18] 隋岩.媒介文化与传播.北京：中国广播影视出版社，2015.

[19] 沙莲香.社会心理学.北京：中国人民大学出版社，2009.

[20] 徐祥运，刘杰.社会学概论（第四版）.大连：东北财经大学出版社，2015.

[21] 谢圣华.新媒体的新闻观.北京：中国传媒大学出版社，2014.

[22] 许慎.说文解字.北京：中华书局，2013.

[23] 王志弘.流动、空间与社会.台北：田园城市文化事业有限公司，1998.

[24] 喻国明，吴文汐，等.移动互联网时代我国城市居民媒介接触与使用.北京：人民日报出版社，2016.

[25] 中国社会科学院语言研究所词典编辑室.现代汉语词典（第六版）.北京：商务印书馆，2015.

[26] 张骋.传媒本体论——新媒体时代的理论转向.北京：中国社会科学出版社，2016.

[27] 张波.新媒体通论.山东：山东人民出版社，2015.

[28] 周鸿燕，戴元光.隐藏的维度——詹姆斯·W·凯瑞仪式传播思想研究.北京：中国大百科全书出版社，2012.

[29] 周鸿铎.应用传播学史纲.北京：中国纺织出版社，2005.

[30] 张立文.和合学概论——21世纪文化战略的构想（上卷）.北京：首都师范大学出版社，1996.

[31] 吕尚彬，黄荣.智能技术体"域定"传媒的三重境界：未来世界传播图景展望.现代传播，2018（11）.

[32] 栾轶玫，刘宏.渠道、介质与场景：媒介产品化的进路.现代传播，2018（11）.

[33] 刘宏. 传播的场所. 青年记者，2006（10）.

[34] 陈卫星. 新媒体的媒介学问题. 南京社会科学，2016（2）.

[35] 陈卫星. 媒介域的方法论意义. 国际新闻界，2018（2）.

[36] 陈力丹，王晶. 马克思"用时间消灭空间"的思想. 新闻前哨，2011（05）.

[37] 陈田雨. 场景传播：城市APP未来发展的一种探索——基于江苏省三家城市APP的考察. 青年记者，2017（11）.

[38] 冯炜. 社会场景传播主体的心理场. 全球信息化时代的华人传播研究：力量汇聚与学术创新——2003中国传播学论坛暨CAC/CCA中华传播学术研讨会论文集（上册），2004（1）.

[39] 黄旦. 由功能主义向建构主义转化. 新闻大学，2008（2）.

[40] 胡正荣. 传统媒体与新兴媒体融合的关键与路径. 新闻与写作，2015（5）.

[41] 胡翼青. 超越功能主义意识形态：再论传播社会功能研究. 现代传播，2012（7）.

[42] 彭兰. 场景：移动时代媒体的新要素. 新闻记者，2015（3）.

[43] 郜书锴. 场景理论：开启移动传播的新思维. 新闻界，2015（1）.

[44] 郜书锴. 场景理论的内容框架与困境对策. 当代传播，2015（4）.

[45] 蒋晓丽，梁旭艳. 场景：移动互联时代的新生力量——场景传播的符号学解读. 现代传播，2016（8）.

[46] 刘宏，周婷. 场景化时空：一种理解当今社会的结构性视角. 现代传播，2020（8）.

[47] 李静，杨晓冬. 社交媒体中"医疗众筹"信息分享行为研究：转发还是不转发？. 新闻与传播研究，2018（2）.

[48] 梁旭燕. 场景传播：移动互联网时代的传播新变革. 出版发行研究，2015（7）.

[49] 梁旭艳. 场景：一个传播学概念的界定——兼论与情境的比较. 新闻界，2018（9）.

[50] 刘海燕，闫荣双，郭德俊. 认知动机理论的新进展——自我决定论. 心理科学，2003（6）.

[51] 马宁. 移动互联网络的场景构建与传播模式变迁. 现代传播，2016（6）.

[52] 孙玮. 微信：中国人的"在世存有". 学术月刊，2015（12）.

[53] 邵培仁，黄庆. 媒介时间论——针对媒介时间观念的研究. 当代传播，2009（03）.

[54] 谭雪芳. 弹幕、场景和社会角色. 福建论坛（人文社会科学版），2015（12）.

[55] 喻国明，梁爽. 移动互联时代：场景的凸显及其价值分析. 新闻与传播研究，2017（1）.

[56] 喻国明. 用"互联网+"新常态构造传播新景观. 新闻与写作，2015（6）.

[57] 喻国明. 关系赋权范式下的传媒影响力再造. 新闻与写作，2016（7）.

[58] 严小芳. 场景传播视阈下的网络直播探析. 新闻界，2016（15）.

[59] 原平方. 情境即信息：兼论新媒体传播情境的三重特性. 现代传播，2015（6）.

[60] 赵建国. 身体在场与不在场的传播意义. 现代传播，2015（8）.

[61] 朱䶮. 近50年来发展心理学生态化研究的回顾与前瞻. 心理科学，2005，28（4）.

[62] 中国互联网络信息中心. 第42次中国互联网络发展状况统计报告. 2018（6）.

[63] 中国互联网络信息中心. 第43次中国互联网络发展状况统计报告. 2019（2）.

[64] 中国互联网络信息中心.第 50 次中国互联网络发展状况统计报告.2022（2）.

[65] 中国互联网络信息中心.2016 年中国互联网新闻市场研究报告.2017（1）.

[66]《灰犀牛》作者米歇尔·渥克发表演讲.（2019-01-05）.http://cn.chinadaily.com.cn/a/201901/05/WS5c301009a3100a343d6f2182.html.

附　录

一、附图表清单

扫码获取以下附表

第四章

附图 4.1　用户全天不同时段使用手机的时长（2018 问卷）

附表 4.1　用户全天使用手机的现实场景分布（2018 问卷）

附表 4.2　用户全天使用手机的社交关系分布（2018 问卷）

附表 4.3　用户全天使用手机的心理情绪分布（2018 问卷）

第五章

附表 5.1　用户人口特征与手机内容选择原因的相关性（2018 问卷）

附表 5.2　用户 8:01—12:00 使用手机的功能与性别的相关性（2018 问卷）

附表 5.3　用户 8:01—12:00 使用手机的功能与年龄的相关性（2018 问卷）

附表 5.4　用户 8:01—12:00 使用手机的功能与职业的相关性（2018 问卷）

附表 5.5　用户 8:01—12:00 使用手机的功能与学历的相关性（2018 问卷）

附表 5.6　用户 8:01—12:00 使用手机的功能与收入的相关性（2018 问卷）

二、用户的手机使用行为与场景关系调查问卷（2018）

亲爱的朋友：

您好！我是中国传媒大学新闻学院 2019 级的博士研究生，非常感谢您能抽空参加这次问卷调查，本问卷旨在调查不同场景下用户手机使用的行为与心理调查问卷。本次问卷共四组题，系统将根据您的选项作出调整，需要花费您 20—30 分钟的时间，请根据您的实际情况填写，这将对我的毕业论文的研究意义重大！该问卷的填写是匿名的，我承诺不对外公布您的任何信息，所有数据仅用于学术研究，感谢您的配合。

说明：关于本次调查涉及的手机使用时间，如果您的手机是苹果系统，可以在答题前升级到 IOS12.0，使用手机中的"设置"—"屏幕使用时间"功能帮助您进行答题；如果您的手机是安卓系统，可以在答题前下载"24pi"或"应用计时"的应用来帮助您进行答题。

本组题旨在总结您日常作息和使用手机的情况，共 1—15 题，大约花费您 1—5 分钟的时间

1. 您平日常用的手机是 [单选题]*
○ 非智能手机 ○ 智能手机 ○ 没有手机（请停止答卷）

2. 您的职业为：[单选题]*
○ 农林牧渔劳动者
○ 农村外出务工人员
○ 个体户 / 自由职业者
○ 制造生产型企业工人
○ 商业服务业职工

○ 专业技术人员

○ 企业／公司一般职员

○ 企业／公司中高层管理人员

○ 党政机关事业单位一般职员（包括教师）

○ 党政机关事业单位领导干部

○ 学生

○ 退休

○ 失业或待业人员

3. 一般情况下，您平均每天使用手机多长时间？[单选题]*

○ 1 小时以下（含 1 小时）

○ 1—2 小时（含 2 小时）

○ 2—3 小时（含 3 小时）

○ 3—4 小时（含 4 小时）

○ 4—5 小时（含 5 小时）

○ 5—6 小时（含 6 小时）

○ 6—7 小时（含 7 小时）

○ 7—8 小时（含 8 小时）

○ 8 小时以上

4. 一般情况下，您在无线／移动网络环境下会在哪些情况下使用手机？[多选题]*（至少选择 3 项）

□ 家中／个人住所：在床上／醒来或睡前

□ 家中／个人住所：上厕所

□ 家中／个人住所：聚会

□ 家中／个人住所：做饭

□ 家中／个人住所：吃饭

□ 家中/个人住所：在客厅/书房的时候
□ 家中/个人住所：在其它空间的闲暇时
□ 学习/工作：上课/开会时
□ 学习/工作：个人场所工作或学习如：个人办公室、个人工位、个人学习场所
□ 学习/工作：公共场所工作或学习如：图书馆、公共工作空间等
□ 学习/工作：休息间隙
□ 学习/工作：吃饭
□ 休闲娱乐：乘坐公共交通工具
□ 休闲娱乐：乘坐私人交通工具
□ 休闲娱乐：排队/等待时
□ 休闲娱乐：健身运动
□ 休闲娱乐：朋友聚会
□ 休闲娱乐：逛街
□ 休闲娱乐：旅游
□ 不固定
□ 其他 _____ *

5. 您早上一般几点起床？ [单选题]*
○5:00 之前（包括 5:00）
○5:01—6:00
○6:01—7:00
○7:01—8:00
○8:01—9:00
○9:00 之后

6. 您晚上一般几点睡觉？ [单选题]*

○21:00 之前（包括 21:00）

○21:01—22:00

○22:01—23:00

○23:01—24:00

○24:00 之后

○不固定

（退休或失业、待业人员不需要答此题）

7. 您早上一般几点上班／上学（开始工作／学习）？ [单选题]*

○8:00 之前（包括 8:00）

○8:01—9:00

○9:01—10:00

○10:01—11:00

○11 点之后

○不固定

（退休或失业、待业人员不需要答此题）

8. 您下午一般几点下班／放学（结束工作／学习）？ [单选题]*

○16:00 之前（包括 16：00）

○16:01—17:00

○17:01—18:00

○18:01—19:00

○19 点之后

○不固定

9. 您午饭一般几点？ [单选题]*

○11:00 之前（包括 11:00）

○11:01—12:00

○ 12:01—13:00

○ 13:00 之后

○ 不固定

10. 您晚饭一般几点？[单选题]*

○ 17:00 之前（包括 17:00）

○ 17:00—18:00

○ 18:00—19:00

○ 19:00—20:00

○ 20:00 之后

○ 不固定

11. 一般情况下，您在使用手机时是否经常同时使用其他媒介？[矩阵单选题]*

如我在看手机的时候经常同时看电视，选择"大部分"

	从不	偶尔	一般	大部分	几乎所有
报纸					
广播					
电视					
书/杂志					
电影					
移动车载电视					
户外电视					
楼宇电视					

12. 以下为一般情况下，您使用手机的情况，请根据您的个人情况进行选择。[矩阵单选题]*

	非常不符合	比较不符合	一般	比较符合	非常符合
我工作日比节假日的时候更多使用手机					
我在重要严肃的场合通常不使用手机					
我过马路、下楼梯等有可能有危险的情况下经常使用手机					
我一个人的时候通常不使用手机					
我无聊的时候经常玩手机					
我随时随地都在使用手机					

13. 您在使用手机时，在电量等硬件因素允许的前提下，您对手机内容的表现形式有所选择么？[单选题]*（如手机里的内容如果是文字、图片或者视频的话，您不同时间和地点是不是选择不同，还是无所谓？）

○ 不挑剔，无所谓什么形式（请跳至 15 题）

○ 会有选择

14. 除手机电量等硬件因素外，以下哪些因素会影响您在使用手机时对表现形式的选择？[多选题]*（至少选择 1 项）

□ 移动流量费用

□ 是否有 Wi-Fi，如没有无线网，无论什么都不看

□ 个人惯常喜好　如关于爱豆的所有内容不在乎流量

□环境　如跑步时候更喜欢听音乐，地铁里更喜欢看视频等
□能否互动　如更愿意选择小游戏、有抽奖活动的内容
□视觉体验　如更喜欢看竖屏的内容，需要把手机横起来就不看
□内容长短　如更愿意看短小精干的文字或短视频
□内容价值　如内容如果有深度和价值，长文、长视频也会看
□个人可以观看的时长　如还有一分钟就下车了，就选择看短一些的内容
□其它 _____ *

15. 您觉得未来的手机是什么样的？[多选题]*（至少选择2项）
□不是实体，不用手拿　如随时随地出现在任何地方
□不用手操作，只需眼神、声音
□私人管家，帮我提前安排所有事　如智能推送我感兴趣的内容，预测我即将干什么，做出提示等
□家庭管家，智能生活　如我要到家时，自动感知我的手机为我开门
□工作学习管家，帮我安排工作学习　如自动做课堂或会议笔记，自动导出并做出安排、提醒
□休闲娱乐管家如：自动做旅游计划，订票、选酒店、餐馆并下单等
□其它 _____ *（如选择，必须填空）

本组题旨在调查您在手机的社交媒体上发定位的情况，共2—4题，大约花费您2分钟的时间

16. 您在微信朋友圈或微博等社交媒体发定位的频率？[单选题]*
我的朋友圈发了一张在北京天安门的照片，并使用了朋友圈的定位功能

○每条（约100%）
○几乎每条（75%—100%）

○ 超过一半（50%—75%）
○ 少于一半（25%—50%）
○ 偶尔（1%—25%）
○ 从不（请跳至第 19 题）

17. 您什么时候会在微信朋友圈或微博等社交媒体发定位？[矩阵单选题]*

	非常不符合	比较不符合	一般	比较符合	非常符合
到一个新的地方工作或者学习的时候					
在国内旅游的时候					
在国外旅游的时候					
日常学习或者工作的时候					
回家／个人住所的时候					
在网红地点或餐厅的时候					
参加有意义的事情的时候（如：毕业典礼、演唱会、展览等）					
发现了有趣的地点的时候					
遇到奇葩的人和事的时候					
任何时候我都喜欢发定位					

18. 您为什么会在微信朋友圈或微博等社交媒体上发定位？[矩阵单选题]*

	非常不符合	比较不符合	一般	比较符合	非常符合
为了炫耀					
为了分享					

	非常不符合	比较不符合	一般	比较符合	非常符合
为了吐槽					
为了证明					
为了记录					
为了求关注					
为了求关心					
为了获得共鸣					
只是一种习惯					
为了对文字、图片、视频等内容补充					

19.如果您看到别人在微信朋友圈或者微博发定位时,您的心情是?[矩阵单选题]*

	非常不符合	比较不符合	一般	比较符合	非常符合
感到羡慕					
找到共鸣					
感到好奇					
表示感激					
感到无所谓					
感到嫉妒					
感到反感					

本组题以您一般情况下(如周一至周五)的 24 小时为例,调查您不同时间段使用手机的情况,共 7 个时段,每个时段 1—14 题,大约花费您 10—30 分钟的时间

20. 以一天 24 小时计，您在 6:01—8:00 使用手机的时长大概是？[单选题]*

○ 0 小时（请跳至 36 题）

○ 0.1—0.5 小时（包括 0.5 小时）

○ 0.5—1 小时（包括 1 小时）

○ 1—1.5 小时（包括 1.5 小时）

○ 1.5—2 小时（包括 2 小时）

21. 这时使用手机的您通常在哪里？[多选题]*（至少选择 1 项）

□ 家中 / 个人住所（请同时选择 22 题）

□ 工作 / 学习的地方（请同时选择 23 题）

□ 休闲娱乐场所（请同时选择 24 题）

□ 交通工具上（请同时选择 25 题）

□ 不确定

□ 其它 _____*（如选择，必须填空）

22. 这时使用手机的您通常在做什么？[多选题]*（至少选择 1 项）

□ 在床上 / 醒来或睡前

□ 在客厅 / 书房的时候

□ 其它空间的闲暇时

□ 聚会

□ 做饭

□ 吃饭

□ 上厕所

□ 其它 _____*（如选择，必须填空）

23. 这时使用手机的您通常在做什么？[多选题]*（至少选择1项）
□ 上课／开会时
□ 个人场所工作或学习　如个人办公室／工位
□ 公共场所工作或学习　如图书馆上自习，工作中的其它公共场所
□ 吃饭
□ 休息间隙
□ 其它＿＿＿＿＿＿＿＿＿＿*（如选择，必须填空）

24. 这时使用手机的您通常在做什么？[多选题]*（至少选择1项）
□ 逛街
□ 旅游
□ 朋友聚会
□ 健身运动
□ 吃饭
□ 闲暇
□ 其它（填空）＿＿＿＿

25. 这时使用手机的您通常在做什么？[多选题]*（至少选择1项）
□ 乘坐公共交通工具　如公交车、地铁等
□ 乘坐私人交通工具　如私家车、私人飞机等
□ 排队／等待多选题
□ 其它＿＿＿＿＿＿＿＿＿＿*（如选择，必须填空）

26. 这时使用手机的您有过怎样的情绪？[多选题]*（至少选择1项）
□ 积极的　如快乐、满意、兴趣、自豪、感激、爱等
□ 消极的　如忧愁、悲伤、愤怒、紧张、焦虑、痛苦、恐惧、憎恨等
□ 中性的　如平静、惊讶等
□ 其它＿＿＿＿＿＿＿＿＿＿*（如选择，必须填空）

27. 这个环境中,您经常和谁待在一起? [多选题]*(至少选择1项)

□ 独自一人

□ 和家人/舍友

□ 和同事/同学

□ 和亲戚朋友

□ 和陌生人

□ 其它 _____*(如选择,必须填空)

28. 这时您通常使用手机干什么? [多选题]*(至少选择1项)

□ 基本功能(请同时选择29题)　如通话、日历、天气等

□ 社交(请同时选择30题)　如聊天、评论、转发等

□ 娱乐(请同时选择31题)　如浏览新闻、游戏、音视频等

□ 消费(请同时选择32题)　如手机购物、外卖等

□ 交通(请同时选择33题)　如打车、查路线等

□ 学习(请同时选择34题)　如上课拍老师课件、背单词等

□ 工作(请同时选择35题)　如收发邮件、编辑文稿等

29. 这一时间段,您通常使用手机的什么基本功能? [矩阵单选题]*

	从不	偶尔	一般	大部分	几乎所有
通话					
短信(非微信)					
与他人视频					
生活服务(日历、天气等)					

30. 这一时间段,您通常怎么使用手机社交? [矩阵单选题]*

	从不	偶尔	一般	大部分	几乎所有
查看、回应好友动态					

	从不	偶尔	一般	大部分	几乎所有
使用聊天软件					
拍照、上传照片/视频					
社交网站转发、评论、互加粉丝					
与直播博主互动					
参加论坛讨论					
与所在地理位置周围的人互动（如微信的摇一摇、陌陌、探探）					

31. 这一时间段，您通常怎么使用手机娱乐？[矩阵单选题]*

	从不	偶尔	一般	大部分	几乎所有
浏览搜索新闻或感兴趣的内容					
查询所在地理位置周边的信息（如大众点评等）					
看小说					
听音频					
看视频					
看直播					
发表原创内容					
玩手机游戏					

32. 这一时间段，您通常怎么使用手机消费？[矩阵单选题]*

	从不	偶尔	一般	大部分	几乎所有
逛淘宝等网络购物网站					

游戏充值					
点外卖					
线下支付					
手机银行、理财等					
旅行预定					

33. 这一时间段，您通常使用手机的什么交通功能？[矩阵单选题]*

	从不	偶尔	一般	大部分	几乎所有
查询到某地路线					
查询路况					
约租车					
共享单车/汽车					

34. 这一时间段，您通常怎么使用手机学习？[矩阵单选题]*

	从不	偶尔	一般	大部分	几乎所有
上课拍老师课件					
阅读电子书					
背单词					
在线课堂					
查询、下载学习资料					
分享学习心得					

35. 这一时间段，您通常怎么使用手机工作？[矩阵单选题]*

	从不	偶尔	一般	大部分	几乎所有
使用聊天软件沟通					

搜索资料					
编辑、撰写资料					
收发邮件					

（36-135题目分别为8:01—12:00，12:01—14:00，14:01—18:00，18:01—22:00，22:01—24:00，0:01—6:00时间段，每组时间段与6:01—8:00的问题题目相同）

136. 您的性别是？ [单选题]*

○男

○女

137. 您的年龄：[单选题]*

○19岁及以下

○20—29岁

○30—39岁

○40—49岁

○50—59岁

○60岁及以上

138. 您目前的最高学历是？ [单选题]*

○初中及以下

○高中／中专／技校

○大专

○大学本科

○硕士及以上

139. 您每月可支配的收入金额为：[单选题]*

○1500 元以下

○1501—3000 元

○3001—5000 元

○5001—7000 元

○7001—9000 元

○9001—11000 元

○11001 元以上

140. 您每月的手机移动流量费用有多少？[单选题]*

○没有流量费

○50 元及以下

○51—100 元

○101—200 元

○201—300 元

○301—500 元

○500 元以上

141. 请列举你平日最常打开的三款手机应用 [填空题]*

_____

三、用户的移动终端使用行为与场景关系调查问卷（2021）

亲爱的朋友：

您好！我们是北京印刷学院"5G背景下移动终端的场景传播"课题组团队，非常感谢您能抽空参加这次问卷调查。本问卷旨在调查不同场景下用户移动终端使用的行为与心理调查问卷。本次问卷共四组题，系统将根据您的选项作出调整，需要花费您不到10分钟的时间，请根据您的实际情况填写，该问卷的填写是匿名的，我们承诺不对外公布您的任何信息，所有数据仅用于学术研究，感谢您的配合。

本组题旨在总结您使用移动终端的基本情况，共5题，大约花费您1—3分钟的时间

1.您使用以下几类移动终端的频率 [频率题/排序题]*

○笔记本电脑

○平板（IPAD）

○智能手机

○非智能手机

○车载移动设备（汽车自带的导航、音响等）

○可穿戴设备（智能耳机、智能手表、智能眼镜等）

○其他（如选择必填）：_____

2.一般情况下，您平均每天使用移动终端总共多长时间？[单选题]*

○1小时以下（含1小时）

○1—2小时（含2小时）

○2—3小时（含3小时）

○3—4小时（含4小时）

○4—5小时（含5小时）

○5—6小时（含6小时）

○6—7小时（含7小时）

○7—8小时（含8小时）

○8小时以上

3.一般情况下，您最多同时使用几种移动终端？[单选题]*

○两种

○三种

○三种以上

○只使用一种

4.和传统传播终端如报纸、广播、电视相比，您认为移动终端传播突出的优点是什么？[多选题，至少2项]*

○便于携带

○及时性强

○共享性强

○互动性强

○随时随地传播，方便快捷

○可以充分利用空闲时间

○其他_____（必填）

5.您认为移动终端传播突出的缺点是什么？[多选题，至少2项]*

○时间碎片化，不易集中精神

○沉浸虚拟空间，干扰个人在现实中的生活

○传播载体只能在固定场合

○价格比较贵

○ 内容没有营养，浪费时间精力

○ 其他 _____（必填）

本组题旨在总结您使用移动终端的时间情况，共 5 题，大约花费您 3 分钟的时间

6. 您在早上醒来到出门之前的晨起时间内常使用移动终端 APP 的哪些功能？（多选，至少 2 项）

□ 通讯 [语音通话、电话、短信（非微信）]

□ 工具服务（日历、天气、计算机等）

□ 搜索（在微博、APP、浏览器里搜感兴趣的内容）

□ 新闻浏览（在 APP、公众号、朋友圈等浏览新闻）

□ 社交（打卡、发照片、发评论、加好友、点赞等）

□ 拍摄录像（拍照、录像，用美图秀秀等软件修图、剪辑视频）

□ 短视频（刷抖音、快手等短视频平台等）

□ 直播（看抖音、快手、B 站等直播网站）

□ 长视频（看电影、电视剧等）

□ 音乐（听网易云等音乐 APP）

□ 游戏（王者荣耀等移动端游戏等）

□ 小说（在公众号、电子书上看网络文学等）

□ 医疗（查医院、挂号、指南等）

□ 教育（网课、查询、下载学习资料、背单词等）

□ 工作（远程办公、收发邮件、编辑、撰写文档等）

□ 购物（逛淘宝、点外卖、旅游预订等）

□ 支付（支付宝、微信支付、充值等）

□ 理财（手机银行、股票、基金等）

□ 出行（约车、共享单车、发定位、地图导航等）

□ 健康（用 Keep，体脂秤等运动健身类 APP）

□ 其他 _____*

7. 您在上下班坐车或步行通勤的时间内内常使用移动终端 APP 的哪些功能？（多选，至少 2 项）

□ 通讯 [语音通话、电话、短信（非微信）]

□ 工具服务（日历、天气、计算机等）

□ 搜索（在微博、APP、浏览器里搜感兴趣的内容）

□ 新闻浏览（在 APP、公众号、朋友圈等浏览新闻）

□ 社交（打卡、发照片、发评论、加好友、点赞等）

□ 拍摄录像（拍照、录像，用美图秀秀等软件修图、剪辑视频）

□ 短视频（刷抖音、快手等短视频平台等）

□ 直播（看抖音、快手、B 站等直播网站）

□ 长视频（看电影、电视剧等）

□ 音乐（听网易云等音乐 APP）

□ 游戏（王者荣耀等移动端游戏等）

□ 小说（在公众号、电子书上看网络文学等）

□ 医疗（查医院、挂号、指南等）

□ 教育（网课、查询、下载学习资料、背单词等）

□ 工作（远程办公、收发邮件、编辑、撰写文档等）

□ 购物（逛淘宝、点外卖、旅游预订等）

□ 支付（支付宝、微信支付、充值等）

□ 理财（手机银行、股票、基金等）

□ 出行（约车、共享单车、发定位、地图导航等）

□ 健康（用 Keep，体脂秤等运动健身类 APP）

□ 其他 _____*

8. 您在一天中学习或工作的时间内常使用移动终端 APP 的哪些功能？（多选，至少 2 项）

☐ 通讯 [语音通话、电话、短信（非微信）]
☐ 工具服务（日历、天气、计算机等）
☐ 搜索（在微博、APP、浏览器里搜感兴趣的内容）
☐ 新闻浏览（在 APP、公众号、朋友圈等浏览新闻）
☐ 社交（打卡、发照片、发评论、加好友、点赞等）
☐ 拍摄录像（拍照、录像、用美图秀秀等软件修图、剪辑视频）
☐ 短视频（刷抖音、快手等短视频平台等）
☐ 直播（看抖音、快手、B 站等直播网站）
☐ 长视频（看电影、电视剧等）
☐ 音乐（听网易云等音乐 APP）
☐ 游戏（王者荣耀等移动端游戏等）
☐ 小说（在公众号、电子书上看网络文学等）
☐ 医疗（查医院、挂号、指南等）
☐ 教育（网课、查询、下载学习资料、背单词等）
☐ 工作（远程办公、收发邮件、编辑、撰写文档等）
☐ 购物（逛淘宝、点外卖、旅游预订等）
☐ 支付（支付宝、微信支付、充值等）
☐ 理财（手机银行、股票、基金等）
☐ 出行（约车、共享单车、发定位、地图导航等）
☐ 健康（用 Keep，体脂秤等运动健身类 APP）
☐ 其他 _____*

9. 您在晚间回家休息的时间内常使用移动终端 APP 的哪些功能？（多选，至少 2 项）

□ 通讯 [语音通话、电话、短信（非微信）]
□ 工具服务（日历、天气、计算机等）
□ 搜索（在微博、APP、浏览器里搜感兴趣的内容）
□ 新闻浏览（在 APP、公众号、朋友圈等浏览新闻）
□ 社交（打卡、发照片、发评论、加好友、点赞等）
□ 拍摄录像（拍照、录像，用美图秀秀等软件修图、剪辑视频）
□ 短视频（刷抖音、快手等短视频平台等）
□ 直播（看抖音、快手、B 站等直播网站）
□ 长视频（看电影、电视剧等）
□ 音乐（听网易云等音乐 APP）
□ 游戏（王者荣耀等移动端游戏等）
□ 小说（在公众号、电子书上看网络文学等）
□ 医疗（查医院、挂号、指南等）
□ 教育（网课、查询、下载学习资料、背单词等）
□ 工作（远程办公、收发邮件、编辑、撰写文档等）
□ 购物（逛淘宝、点外卖、旅游预订等）
□ 支付（支付宝、微信支付、充值等）
□ 理财（手机银行、股票、基金等）
□ 出行（约车、共享单车、发定位、地图导航等）
□ 健康（用 Keep，体脂秤等运动健身类 APP）
□ 其他 _____*

10. 您在吃饭、等待这些时间中常使用移动终端 APP 的哪些功能？（多选，至少 2 项）

□ 通讯 [语音通话、电话、短信（非微信）]
□ 工具服务（日历、天气、计算机等）

□ 搜索（在微博、APP、浏览器里搜感兴趣的内容）
□ 新闻浏览（在 APP、公众号、朋友圈等浏览新闻）
□ 社交（打卡、发照片、发评论、加好友、点赞等）
□ 拍摄录像（拍照、录像、用美图秀秀等软件修图、剪辑视频）
□ 短视频（刷抖音、快手等短视频平台等）
□ 直播（看抖音、快手、B 站等直播网站）
□ 长视频（看电影、电视剧等）
□ 音乐（听网易云等音乐 APP）
□ 游戏（王者荣耀等移动端游戏等）
□ 小说（在公众号、电子书上看网络文学等）
□ 医疗（查医院、挂号、指南等）
□ 教育（网课、查询、下载学习资料、背单词等）
□ 工作（远程办公、收发邮件、编辑、撰写文档等）
□ 购物（逛淘宝、点外卖、旅游预订等）
□ 支付（支付宝、微信支付、充值等）
□ 理财（手机银行、股票、基金等）
□ 出行（约车、共享单车、发定位、地图导航等）
□ 健康（用 Keep，体脂秤等运动健身类 APP）
□ 其他 ＿＿＿＿＿＿＿＿＊

本组题旨在总结您使用移动终端的空间情况，共 5 题，大约花费您 2 分钟的时间

11. 一般情况下，您在无线／移动网络环境下会在哪些场景中使用笔记本电脑？（多选，至少 2 项）

□ 床上/醒来或睡前

□ 卫生间

□ 聚会吃饭时

□ 工作或学习时

□ 休息时

□ 乘坐交通工具时

□ 排队等待时

□ 健身运动时

□ 逛街旅游时

□ 从不使用

12. 一般情况下，您在无线／移动网络环境下会在哪些场景中使用平板电脑？（多选，至少2项）

□ 床上/醒来或睡前

□ 卫生间

□ 聚会吃饭时

□ 工作或学习时

□ 休息时

□ 乘坐交通工具时

□ 排队等待时

□ 健身运动时

□ 逛街旅游时

□ 从不使用

13. 一般情况下，您在无线／移动网络环境下会在哪些场景中使用手机？（多选，至少2项）

□ 床上/醒来或睡前

□ 卫生间

□ 聚会吃饭时

□ 工作或学习时

□ 休息时

□ 乘坐交通工具时

□ 排队等待时

□ 健身运动时

□ 逛街旅游时

□ 从不使用

14. 一般情况下，您在无线／移动网络环境下会在哪些场景中使用车载移动设备（汽车自带的导航、音响等）？（多选，至少2项）

□ 床上／醒来或睡前

□ 卫生间

□ 聚会吃饭时

□ 工作或学习时

□ 休息时

□ 乘坐交通工具时

□ 排队等待时

□ 健身运动时

□ 逛街旅游时

□ 从不使用

15. 一般情况下，您在无线／移动网络环境下会在哪些场景中使用可穿戴设备（智能耳机、智能手表、智能眼镜等）？（多选，至少2项）

□ 床上／醒来或睡前

□ 卫生间

□ 聚会吃饭时

□ 工作或学习时

□ 休息时

□ 乘坐交通工具时

□ 排队等待时

□ 健身运动时

□ 逛街旅游时

□ 从不使用

本组题旨在总结您使用移动终端的社交关系情况，请按照您的实际情况选择相应的数字，共 10 题，大约花费您大约 5 分钟的时间

	1. 完全不符合	2. 较不符合	3. 一般	4. 较符合	5. 完全符合
1. 我大部分使用平板电脑的时候是一个人					
2. 我大部分使用笔记本电脑的时候是两个人及以上					
3. 我大部分使用穿戴设备（智能耳机、智能手表、智能眼镜等）的时候是两个人及以上					
4. 我在和家人、朋友或同学（同事）聚会中喜欢玩手机					

5. 我在有重要严肃的人在场时通常不使用移动设备					
6. 不管周围什么人，我随时随地都在使用一种或多种移动设备					
7. 我选择什么移动终端的品牌不会受到周围人的影响					
8. 我不经常转发家人、朋友或同事（同学）刷屏的信息					
9. 我更愿意点赞、转发和自己有相同年龄、爱好、职业、阶层的人的信息					
10. 我不在意熟人或陌生人对我使用移动终端品牌或传播内容的看法					

本组题旨在总结您使用移动终端的心理情况，请按照您的实际情况选择相应的数字，共12题，大约花费您大约6分钟的时间

	1. 完全不符合	2. 较不符合	3. 一般	4. 较符合	5. 完全符合
1. 我在任何时候都希望呈现自己状态较好的一面					

	1. 完全不符合	2. 较不符合	3. 一般	4. 较符合	5. 完全符合
2. 我认为移动终端的品牌或传播的内容可以彰显自我个性					
3. 我担心自己在移动终端发布的内容会影响别人对我的看法					
4. 我担心我使用的移动终端品牌会遭到人嘲笑、嫌弃					
5. 我会更愿意在移动终端上点赞、转发引起我积极情绪（开心、快乐）的内容					
6. 我会更愿意在移动终端上点赞、转发引起我消极情绪（悲伤、痛苦）的内容					
7. 我会更愿意在移动终端上点赞、转发无情绪的内容					
8. 我以前喜欢的传播内容隔一段时间就不喜欢了					
9. 我认为现阶段移动终端的传播满足了我的实用性需求					

	1. 完全不符合	2. 较不符合	3. 一般	4. 较符合	5. 完全符合
10. 我认为现阶段移动终端传播的内容满足了我的社交性需求					
11. 我认为现阶段移动终端的传播满足了我的尊重性需求					
12. 我认为现阶段移动移动终端的传播满足了我的自我实现需求					

您的基本信息

1. 您的性别是？ [单选题]*

○ 男

○ 女

2. 您的年龄：[单选题]*

○ 19 岁及以下

○ 20—29 岁

○ 30—39 岁

○ 40—49 岁

○ 50—59 岁

○ 60 岁及以上

3. 您目前的最高学历是？ [单选题]*

○ 初中及以下

○ 高中 / 中专 / 技校

○ 大专

○ 大学本科

○ 硕士及以上

4. 您每月可支配的收入金额为：[单选题]*

○ 1500 元以下

○ 1501—3000 元

○ 3001—5000 元

○ 5001—7000 元

○ 7001—9000 元

○ 9001—11000 元

○ 11001 元以上

5. 您的职业为：[单选题]*

○ 农林牧渔劳动者

○ 农村外出务工人员

○ 个体户 / 自由职业者

○ 制造生产型企业工人

○ 商业服务业职工

○ 专业技术人员（工程师、建筑师、教师等）

○ 企业 / 公司一般职员

○ 企业 / 公司中高层管理人员

○ 党政机关事业单位一般职员

○ 党政机关事业单位领导干部

○ 学生

○ 退休

○ 失业或待业人员

6. 您现在的居住地：[单选题]*
○ 城市
○ 乡镇

7. 如果您愿意就使用移动终端的情况接受课题组的访谈，请留下您的称呼和联系方式（QQ或者微信），课题组将有专员联系您，如不愿意接受请填写"无"，同时课题组也对您表达衷心的感谢！[填空题]*

_____

北京印刷学院"5G背景下移动终端的场景传播"课题组